Tod und Wandel im Märchen

Erich Röth Verlag Regensburg

Die Deutsche Bibliothek — CIP-Einheitsaufnahme

Tod und Wandel im Märchen/im Auftr. der Europäischen
Märchengesellschaft hrsg. von Ursula Heindrichs...
Regensburg: Röth. 1991
(Veröffentlichungen der Europäischen Märchengesellschaft; Bd. 16)
ISBN 3-87680-360-8
NE: Heindrichs, Ursula (Hrsg.): Europäische Märchengesellschaft;
Veröffentlichungen der Europäischen...

Abbildung auf dem Schutzumschlag: »Gevatter Tod«, von Maurice Sendak;
aus: Maurice Sendak & Brüder Grimm, Märchen der Brüder Grimm,

Aus der Garamond-Antiqua gesetzt und gedruckt
von Druckerei Szegedi, Ungarn
ISBN 3-87680-360-8

Brecht sagte: Was heißt eigentlich »Totsein«? Tot ist, wer aufhört zu lernen. Aber lernen heißt eben »sich verändern zu können«. Die Märchen lehren Unsterblichkeit des jungen Helden, aber vielleicht wäre es nötig, beizeiten auch die Notwendigkeit des Sterbens zu lehren, um daraus etwas Wichtiges für das Leben zu lernen. Es ist möglich, daß just das Todesbewußtsein, der Glaube an die Sterblichkeit den Menschen erst zum Menschen machen. Wer Märchen hört und liebt, wer auch über den Tod im Märchen nachdenkt, erlebt eine Veränderung, eine Verwandlung.

Isidor Levin
(anläßlich der Verleihung des Märchenpreises der Märchen-Stiftung Walter Kahn in Salzburg 1989)

Ursula Heindrichs

EINFÜHRUNG

»Jede Sicherheit, jeder Besitz wankt auf seinem Grund. Die alten Reiche stürzen. Gott bricht zusammen. ›Nichts ist, nichts ist!‹, so geht ein Raunen durch die überladenen Gehirne dieses Jahrhunderts, und ruft dort größere Aufregung hervor als der Spazierstock in einem Ameisenhaufen. Wahrhaftig, nichts schützt uns noch. ›Ausgesetzt auf den Bergen des Herzens ...‹ Und wenn wir nun sagen wollten: ›endlich‹? Wenn diese Gefahr, statt unsere Vernichtung zu besiegeln, unsere Auferstehung ermöglichte? Wenn die Zerstörung etwas anderes offenbarte als Zerstörung?«

Der apokalyptische Tenor dieser Worte erschreckt! Der französische Lyriker, Prosaist, Übersetzer und Kritiker Philippe Jaccottet (geb. 1925), der so spricht, entwickelt indessen das Thema von der »fortwährend ersten Stunde«, deren Bedingung der Untergang sei (Elemente eines Traumes, 1961/88, S. 140 f):
»Komm, drohender Winter. Traum, knospe im Frost.«

Winter – als Bedingung für Frühling,
Nacht – als Voraussetzung für Morgen,
Tod – als Zeugung für Leben!
Welche Paradoxien!

Goethe reizt zum Widerspruch, wenn er sagt:
»Das Lebend'ge will ich preisen,
das nach Flammentod sich sehnet.«
Der Dichter weiß, daß die Menge (ihn) verhöhnen wird; aber mit dem »Weisen« ist er im Einverständnis: ihm wird er sein Geheimnis anvertrauen:

»Und so lang du das nicht hast,
dieses: Stirb und werde!
bist du nur ein trüber Gast
auf der dunklen Erde.«

Sterben, um zu leben! Wissen die Märchen davon ebenso? Erzählen sie uns von dieser alten Erfahrung der Weisen, daß der Abstieg in das Reich des Todes höheres Leben, neue Geburt, Glück erst ermöglicht?

Oft wird der Märchenmensch von Widersachern in den Tod geschickt: der Sohn der armen Leute, dem bei der Geburt geweissagt wird, er werde die Tochter des Königs zur Frau bekommen, wird von eben diesem König – verpackt in einer Schachtel – ins Wasser geworfen, aber – einem Moses gleich – gerettet: der König, der seinen Mordplan vereitelt sieht, schreibt zur Vernichtung des Knaben einen Uriasbrief, der indessen, von Räubern umgeschrieben, zur Erfüllung des frühen Orakelspruches beiträgt; da schickt der zornige König den ungewollten Schwiegersohn aus, vom Haupte des Teufels drei goldene Haare zu holen und hofft so, ihn »auf immer loszuwerden«. Der in die Hölle »Abgestiegene« aber kommt zurück, reich an Wissen um Krankheit und Not in der Natur und bei den Menschen: er heilt sie; er ist begabt mit der Weisheit des »Stirb-und-werde«, das im Bilde der drei goldenen Haare aufleuchtet, die er aus dem Reich jenseits des Flusses mitbringt. Sein Leben ist gesteigert um geheimnisvolles Wissen, er stirbt nicht (wie Odysseus und Orpheus) in der Welt des Todesdämonen, während der böswillige König zu der nicht endenden, immer sich wiederholenden Fährmannarbeit verflucht wird (einem Sisyphos oder den Danaiden in der Unterwelt der Griechen vergleichbar): er ist tot als ein zu ewiger Qual Verdammter. (KHM 29 – Der Teufel mit den drei goldenen Haaren)

Die Schöne und Fleißige, die auf Geheiß der bösen Mutter die Spule, welche ihr in den Brunnen gefallen war, wieder heraufholen soll, springt in ihrer »Herzensangst ... in den Brunnen hinein, um die Spule zu holen«: die feindliche Mutter will die Vernichtung der gehaßten Tochter, aber die Schöne kommt aus dem Reich der Tiefe reif geworden, gewandelt und von Gold strahlend zu der zurück, die ihr den Tod im Brunnen zugedacht hatte. (KHM 24 – Frau Holle)

Ermordet, in Stücke gehackt, gekocht und vom Vater gegessen, steht der Knabe, dessen Gebein die Schwester im seidenen Tuch unter den »Machandelboom« gelegt hatte, als Vogel von den Toten auf: er erfliegt und ersingt die kostbaren Geschenke für Vater und Schwester und auch den Mühlstein, der die Böse erschlägt; als aber die Mörderin vernichtet ist, da ersteht aus Licht und Feuer der Bruder, gewandelt zu dem, der nun imstande ist, Vater und Schwester ins Haus zu geleiten und zur gemeinsamen Mahlzeit. Er, der durch Tod und Verwandlung geschritten ist, nimmt die anderen bei der Hand und führt sie zum Tisch, an dem sie nun fröhlich miteinander essen. (KHM 47 – Von dem Machandelboom)

Aus dem Grab der Mutter wächst der Haselbaum, den »Aschenputtel« um »Gold und Silber« bittet, und der weiße (Seelen-) Vogel, die gewandelte Mutter, wirft dem Mädchen die kostbaren Kleider und Pantoffeln herab. (KHM 21 – Aschenputtel)

Die sieben Brüder, die alle das Taufwasser für ihr Schwesterchen holen wollen, vom Vater, der sie verkennt, durch ein böses Wort aber in Raben verwünscht werden, diese Brüder sind »im Glasberg«, im Reich des Todes; die Schwester erlöst sie nach einer Jenseitswanderung nur, indem sie Hand an sich legt: sie schneidet »sich ein kleines Fingerchen ab« und schließt damit den Glasberg auf. Ein Stück vom eigenen Leib und Leben hinzugeben, ist Voraussetzung für die Rettung der Geschwister. (KHM 25 – Die sieben Raben)

Die Liebe ist die verwandelnde Kraft, die Lenchen und Fundevogel ihren Verfolgern entrückt: vor dem Tode fliehend, werden sie zu Rosenstöckchen und Röschen, zu Kirche und Krone, zu Ente und Teich, in dem schließlich die Tödin – die alte Sanne – ertrinkt. Diese Überwindung des Todes durch die Liebe ist am Ende des Märchens durch nichts schöner und heiterer ausgesprochen als durch seinen letzten Satz, der – obwohl eine Einmaligkeit – für viele zum Märchenschluß schlechthin geworden ist, weil er die Dauer des erreichten Glückszustandes geradezu fortschreibt in die Zeitlosigkeit, in den »nunc stans«, den ewigen Augenblick: »und wenn sie nicht gestorben sind, leben sie noch«. (KHM 51 – Fundevogel)

Das Märchen kennt keinen wirklichen Tod, seine Moral ist das Glück, wie Bausinger sagt, und die Permanenz dieses Glücks ist Leben; das Böse wird zwar vernichtet, spricht sich selbst das Todesurteil (KHM 89 – Die Gänsemagd) oder zerstört sich gar selber (KHM 55 – Rumpelstilzchen), aber der Reine, den die Dämonen vernichten wollen, geht

durch den Tod hindurch und steigt gewandelt aus ihm hervor: er stirbt nicht, er lebt.
Vielleicht erzählt kein anderes Märchen aus der Sammlung der Brüder Grimm knapper und weiser von dem Geheimnis zwischen »Tod und Wandel« als das erste: Der Froschkönig oder der eiserne Heinrich (KHM 1). Wenn die jüngste Königstochter, die so schön war, »daß die Sonne selber, die doch so vieles gesehen hat, sich verwunderte, sooft sie ihr ins Gesicht schien«, wenn diese unvergleichlich Schöne vom Frosch, dem sie die Gemeinschaft von Tisch und Bett versprochen hat, erpreßt wird mit den Worten: »Heb mich herauf, oder ich sags deinem Vater«, dann findet sie in einem einzigen Augenblick zu sich selber, indem sie nicht wie zuvor widerwillig dem Befehl des Vaters gehorcht, sondern zum ersten Male das tut, was ihr eigenes Gefühl ihr sagt. »Aus allen Kräften« wirft sie den garstigen Frosch »wider die Wand«, und damit leistet sie das, was auf andere Weise Heinrich von Kleist seine »Marquise von O.« tun läßt: »Durch diese schöne Anstrengung mit sich selbst bekannt gemacht ...«, findet sie ihre eigene Identität in dieser selbständigen Handlung, und die so zu sich gekommene junge Frau kann denjenigen lieben, der ihr bestimmt ist. – Der Frosch aber, den sie »aus allen Kräften wider die Wand« wirft, wird vernichtet: »Nun wirst du Ruhe haben, du garstiger Frosch.« Das Wunder seiner (Ver- und Ent-) Wandlung, das sich im Wortverstande schlag-artig vollzieht, ereignet sich um den Preis seiner Zerstörung, und der Vorgang, den das Märchen als eine Momentaufnahme im Herabfallen gleichsam skizziert (»als er aber herabfiel«), dieses schlagartige Wunder, diese plötzliche Wandlung des Tieres zum Menschen, die offenbart ein Geheimnis: der Tod ist die Verwandlung.
Die durch den Tod erst ermöglichte Qualität des Entwandelten, Erlösten wird im Märchen so einfach benannt, daß es erschüttert: »war er ... ein Königssohn mit schönen freundlichen Augen«. Die Augen als Ausdruck, als Spiegel der Seele, offenbaren die hohe, gesteigerte Qualität dessen, der zuvor, »von einer bösen Hexe verwünscht«, in der Gestalt des Frosches mit »seinem dicken häßlichen Kopf« in die Brunnentiefe verbannt war.
Die Märchen aller Völker erzählen auf immer neue und andere Weise vom Tod als Wandel, und damit erzählen sie vom Leben.

Das vorliegende Buch möchte diese Weisheit vielen Menschen anvertrauen, auf daß sie im Einverständnis mit Goethes Gedicht »Selige Sehnsucht« zu den Weisen gehören mögen:

Sagt es niemand, nur den Weisen,
weil die Menge gleich verhöhnet,
das Lebend'ge will ich preisen,
das nach Flammentod sich sehnet.

In der Liebesnächte Kühlung,
die dich zeugte, wo du zeugtest,
überfällt dich fremde Fühlung,
wenn die stille Kerze leuchtet.

Nicht mehr bleibest du umfangen
in der Finsternis Beschattung,
und dich reißet neu Verlangen
auf zu höherer Begattung.

Keine Ferne macht dich schwierig,
kommst geflogen und gebannt,
und zuletzt, des Lichts begierig,
bist du, Schmetterling, verbrannt.

Und solang du das nicht hast,
dieses: Stirb und werde!
bist du nur ein trüber Gast
auf der dunklen Erde.

Otto Betz

LEBENSWEG UND TODESREISE

»Wer erzählt, erwandert unter Abenteuern manche Station«, heißt es im Josephsroman von Thomas Mann[1]. Und wer sich horchend der Erzählung überläßt, der wird auf eine Reise mitgenommen, von der er nicht weiß, wo sie hinführt. Ins Leben soll sie führen, in die paradiesische Fülle der Glückserfahrung, aber unversehens geraten wir als Hörer auch in die Stromschnellen gefährlicher Situationen oder in die Nähe des Todes. Die Erzählung lockt uns nicht nur in schwindelnde Höhen, sondern auch in die Abgründe, in den Wurzelbereich des Daseins. Vielleicht wollen wir uns ja auch – wenigstens unbewußt – vertraut machen mit dem abstoßenden und anziehenden Todesbereich. Thomas Mann hat diese Ambivalenz unseres Suchverlangens so ausgedrückt:

»Wir kosten vom Tode und seiner Erkenntnis, wenn wir als erzählende Abenteurer in die Vergangenheit fahren: daher unsre Lust und unser bleiches Bangen... Ihr Gegenstand ist der erste und letzte unseres Redens und Fragens und all unserer Angelegentlichkeit: das Menschenwesen, das wir in der Unterwelt und im Tode aufsuchen... um es zu erkennen dort, wo das Vergangene ist«.[2]

Was weiß das Märchen, so fragen wir uns, von unserem Lebensweg, was weiß es vom Tod und von der Totenwelt? Wohin werden wir geführt, wenn wir uns hörend den Geschichten überlassen?

I

Iwan Zarensohn kommt auf seiner Reise, auf der er den Spuren seines Vaters folgt, zu einer Wegscheide und muß sich zu einem von drei möglichen Wegen entscheiden. Auf den Tafeln liest er: »Wer den rechten Weg reitet, wird satt, aber sein Roß bleibt hungrig; wer den linken Weg reitet, dessen Roß wird satt, aber er selbst bleibt hungrig;

wer den mittleren Weg reitet, wird den Tod erleiden«.[3] Die Brüder Iwans haben die weniger gefährlichen Wege gewählt, Iwan aber entschließt sich zu dem Weg, der als Todesweg gekennzeichnet ist. Würde er einen Seitenweg einschlagen, dann hieße das, sich mit einem verkümmerten Schicksal zufriedenzugeben und auf die »große Lösung« zu verzichten. Er geht »aufs Ganze«, aber mit der Gefahr, nicht mehr zurückzukehren. Der rechte und der linke Ausweg scheinen ungefährlicher, aber es wäre auch ein Ausweichen vor den bedrängenden Konflikten. Entschlossen geht er also in die Todeszone hinein, gibt damit auch seine ihn bis dahin bestimmende Gestalt auf, möchte nicht das krampfhaft festhalten, was ihn bis jetzt gekennzeichnet hat. Der Weg führt von allem weg, was Sicherheit und Verläßlichkeit bot.

Aber warum sollen denn diese gefährlichen Wege überhaupt beschritten werden? Die Lebenden sollen doch ihre Lebenswege gehen, mögen die Toten ihre Todesreise antreten. Es scheint so, als könne man das Leben nicht gewinnen, ohne dem Tod begegnet zu sein, als wären die Lebenswege nicht zu finden, wenn man sie nicht auch als Todeswege erkennt. Führen nicht alle unsere Wege zum Tod, ist nicht jeder Tag eine Annäherung an das Sterben, wie es Michel de Montaigne in seinen Essais ausgedrückt hat: »Alle Tage gehen zum Tode, der letzte langt an.«[4] Ist diese Grundrichtung unseres Lebens akzeptiert, kann auch die Kostbarkeit des Lebens wahrgenommen und durchlebt werden.
Aber unser Märchen hat eine andere Zielrichtung: die Söhne des Zaren sollen sich auf den Weg machen und die Spuren ihres Vaters finden. Es gilt, den Bereich der Ahnen kennenzulernen. Jede Generation fängt zwar wieder ein neues Leben an – und trotzdem muß sich jeder auf die Reise begeben, um die Vergangenheit aufzusuchen, wo die überkommene Weisheit verborgen und das Geheimnis zu finden ist. Und weil in dem, was zugänglich und vertraut ist, der Wurzelbereich des Daseins nicht entdeckt werden kann, deshalb müssen die Zonen des Unbekannten und Unbewußten besucht, muß sogar die Totenwelt gefunden werden. Die Gabe der Unsterblichkeit wird nicht in den Gefilden des natürlichen Lebens gefunden, dazu muß erst die Nacht durchschritten und der Eintritt in die Totenwelt gewagt werden. Das Leben wohnt da, wo auch der Tod sich befindet, die Ursprünge des Daseins muß man da aufspüren, wo das Leben wieder endet, sich aber auch erneuert.

Die Reise des Märchenhelden ist eine Fahrt ins Unbekannte, aber sie geht nicht ins Beliebige oder Wesenlose, sondern hat eine innere Notwendigkeit und Zielstrebigkeit. Er muß sein Schicksal erfüllen und durch Leiden und Bewährungsproben zu seiner wahren Gestalt kommen. So ist er ein »Fahrender«, weil er nicht seßhaft werden kann, bevor er sich, seinen »Ort« und seine Aufgabe gefunden hat.

Martin Ninck[5] hat darauf aufmerksam gemacht, daß das Verbum »fara« im Nordischen unterschiedliche Bedeutungen haben kann, man kann »in den Schlaf fahren« und »zur Hel fahren«, kann fahrend »Schaden erleiden« und »in den Tod fahren«. Eine Fahrt – im Sinne der Lebensreise – ist immer auch eine Reise in den Tod, aber der Held tritt diese Reise nicht fatalistisch an, sondern will den Tod überwinden, den Tod töten, um das Leben wiederherzustellen. Die Hadesfahrt ist also ein kühnes Unternehmen, das auf Hoffnung aus ist. Nicht der Untergang soll am Ende stehen, sondern die Erneuerung des Daseins und die glückliche Heimkehr.

Der Märchenheld ist ein »Mann ohne Eigenschaften«, er ist der Inbegriff der Lernbereitschaft, der noch nicht festgelegt ist, sondern sich wandeln kann und sich auf das Unbekannte einläßt. Mit Halbheiten gibt er sich nicht zufrieden, er resigniert nicht, wenn Gefahren auftauchen oder der Untergang droht. Deshalb wird dann auch erzählt, daß er durch seinen Gang in die Totenwelt nicht endgültig verschluckt wird, sondern eine Einweihung erfährt und zu einem Leben auf einer höheren Stufe gelangt.

II

Es ist erstaunlich, wie verbreitet das Motiv von der Reise in die Totenwelt in der frühen epischen Überlieferung der alten Kulturen ist. Als Gilgamesch seinen Freund Enkidu verloren hatte, erschrak er, weil er nunmehr erfährt, daß er auch selbst dem Tode verfallen ist. Also sagte er sich: »Zum mächtigen Utnapischtim, meinem Ahnherrn, will ich gehen. Er gelangte hinein in die Versammlung der Götter, suchte und fand das Leben. Nach Tod und Leben will ich ihn fragen«.[6]
Aber es ist ein mühsamer Weg zu wagen, eine grausig finstere Schlucht ist zu durchwandern, die noch kein Mensch bezwungen hat. Es ist der

Sonnenweg der Nacht, nur wer ihn ganz durchschreitet und die Wanderung durch die Tunnelröhre des Himmelsberges aushält, kann zum Ahnherrn gelangen. Zwölf Stunden dauert die Nachtwanderung, bis der neue Tag anbricht. Und als er endlich in den »anderen Bereich« gelangt ist, muß er die niederschmetternde Nachricht von Schamasch vernehmen. »Gilgamensch, wohin läufst du? Das Leben, das du suchst, findest du nicht!« Und die weise Frau vom Himmelsberg, Siduri Sabitu, sagt ihm sogar: »Als die Götter die Menschen schufen, bestimmten sie den Tod für die Menschen, das Leben behielten sie für sich selbst«.[7] Gilgamesch läßt sich durch alle Warnungen und Vorhaltungen nicht von seinem Weg abbringen, überbrückt sogar die Wasser des Todes. Und dennoch verliert er das endlich gewonnene Wunderkraut wieder, das Leben verleiht, und so bleibt er der todverfallene Mensch.

Es gibt also offensichtlich nur eine Möglichkeit, dem Todesschicksal zu entkommen: man muß zu seinem Ahnherrn oder überhaupt zu den Ahnen durchstoßen und von ihnen das Heilmittel erlangen. Wenn auch Odysseus in die Unterwelt hinuntersteigt, dann deshalb, weil er sich vom Seher Teiresias Auskunft erhofft, wie er nach den vielen Jahren des Herumirrens endlich in die Heimat Ithaka zurückkehren kann. Achilleus empfängt ihn im Hades: »Welch ein Wagnis, zum Hades zu steigen, dort, wo die Toten ohne Bewußtsein weilen«.[8] Warum ist es so gefährlich, das Totenreich zu besuchen? Dort herrscht der »untere Zeus«, Hades, der Beherrscher der Unterwelt. Er lauert seinen Opfern auf, überrascht sie und entführt sie in sein Reich der Schatten. Er scheint gastlich zu sein, jeder darf eintreten, aber er läßt keinen mehr ziehen, den er in seinen Machtbereich eingelassen hat. Mitleid kennt er nicht, deshalb kann man von ihm keine Rücksicht erwarten und schon gar keine Liebe. »Steil geht nieder ein Pfad«, heißt es deshalb auch in den Metamorphosen des Ovid. Der Pfad führt »durch schweigende Stille« hinab in das untere Reich. Dort herrscht ewiger Winter und alles ist in eine graue Farbe getaucht.

»Zahllos sind an der Stadt Zugäng' und offene Tore
allseits, und wie das Meer die Flüsse von allen den Ländern –
also empfängt dies Reich die sämtlichen Seelen, und nimmer
wird es dem Volke zu eng, noch merkt es der Menge Vermehrung.
Ohne Gebein und Leib gehn blutlos irrende Schatten«.[9]

Auch wenn die Abgestorbenen Schrecken erregen und ohnmächtige

Trauer heraufrufen, so muß der Held trotzdem den Abstieg wagen, sonst kann er nicht der Held werden und seinen Auftrag erfüllen.

Ähnlich wie Odysseus muß auch Aeneas in den Nachtbereich der Toten hinab, damit seine Irrfahrt ein Ende nimmt und er in Italien seine neue Heimat finden kann. In einer Riesengrotte befragt er zunächst die Kumaeische Sibylle, sie weist ihm den Weg zum unteren Bereich, obwohl sie ihn auch warnt:

»Leicht ist zum Avernus der Abstieg,
Nacht und Tag steht offen das Tor des düsteren Pluto.
Aber zurückzulenken den Schritt zu den Lüften des Himmels,
Leistung ist es und Last«[10]

Auch Aeneas läßt sich nicht von seinem Abstieg abhalten, er möchte, daß ihm die Geheimnisse enthüllt werden, »die tief in finsterer Erde versunken«. Hier ist also noch eine Erinnerung daran geblieben, daß im Dunkel der Totenwelt Geheimnisse verborgen sind und daß nur die Ahnen (Aeneas möchte seinen Vater Anchises sprechen) einen Schlüssel für das Dasein haben. Wer das Künftige erfahren will und die Kraft nötig hat, um zu einem Retter und Gründer zu werden, der darf sich vor der gefährlichen Wanderung nicht fürchten.
Noch ein letztes Beispiel sei herangezogen, das die Notwendigkeit der Unterweltsfahrt deutlich macht: das finnische Epos Kalevala. Dort wird erzählt, wie Väinämöinen um die Nordlandtochter, die Luftjungfrau, wirbt, um sie zur Frau zu gewinnen. Aus den Splittern einer Spindel soll er ein Boot verfertigen, was nur auf magische Weise gelingen kann. Da ihm die geheimnisvollen Beschwörungsworte fehlen, beschließt er, in die Totenwelt zu gehen, um dort die nötigen Kenntnisse zu erlangen. Er ruft die Tochter des Totengottes an:

»Bring ein Boot her, Tuonis Tochter, einen Kahn, du Kind Manalas,
Um die Enge zu durchqueren, um den Fluß zu überwinden!«

Aber so leicht wird es ihm nicht gemacht, denn Lebende dürfen die Grenze nicht passieren, zunächst muß man seine Krankheit und die Ursachen seines Todes benennen. Tuonis Tochter warnt ihn:

»Besser wärs, du zögest wieder heim in deine eignen Lande;
Viele sinds, die hierher finden, wenige, die Heimkehr haben.«[11]

Als Väinämöinen erkennt, daß er tatsächlich dort nicht die gesuchten Worte auffinden kann und die Zauberkniffe nicht erkunden wird, schlüpft er schnell wie eine Otter aus dem Totenreich hinaus, damit er in dem eilig geknüpften Maschennetz nicht hängen bleibt.

In den verschiedenen epischen Dichtungen ganz unterschiedlicher Kulturen wird also erzählt, daß der Held sich in den Nachtbereich und die Totenwelt hinunterwagen muß, um ein Heilmittel gegen den Tod zu finden oder eine notwendige Auskunft oder ein Orakel zu bekommen, die ihm die Heimkehr ermöglicht oder die neue Heimat bekannt macht. In der Kalevala erhofft der Held die Kenntnis von drei Zauberformeln, die ihm dazu verhelfen sollen, eine schwere Aufgabe zu erfüllen, die als Vorbedingung für eine Hochzeit gestellt wurde.

Die Totenwelt wird als ein Bereich geschildert, der zwar nicht anziehend wirkt weil dort nur die Schatten wohnen, aber dort ist Weisheit und geheimes Wissen zu gewinnen; wer es fertig bringt, die benötigten Auskünfte zu erhalten, kann endlich seiner Aufgabe gerecht werden und zum gefeierten Retter aufsteigen. Vielleicht sollte man daran erinnern, daß im antiken Mythos Pluto auch der Gott des Reichtums ist. In der Tiefe des Abgrunds lauert zwar die Gefahr, aber dort im Dunkel ist auch der unermeßliche Schatz versteckt. Den Schatz kann nur heben, wer es wagt, in den geöffneten Schlund hinunterzusteigen und es fertigbringt, auch den Rückweg wieder zu gewinnen.

III

Dahinter steht aber noch eine andere Frage: Warum ist der Mensch sterblich und dem Tod ausgeliefert? Auf diese Frage haben die Mythen der verschiedensten Kulturen antworten müssen. Und es sind nicht selten Antworten gegeben worden, die mit denen anderer Kulturen vergleichbar sind. Die existentiellen Fragen sind dem Menschen überall gleich gestellt.

Die Forschungen von Claude Lévi-Strauss bei den Indianerstämmen des Amazonasgebietes ergaben, daß auch diese Menschen bewegt werden von der Frage, warum alle Lebewesen dem Tod verfallen sind, warum überall die Vergänglichkeit herrscht. Ihre Antworten werden nicht theoretisch und lehrhaft gegeben, sondern in eine mythische Erzählung gekleidet. Bei einem Stamm heißt es deshalb: »Zu Beginn der

Zeiten lebten die Menschen mit ihrem Ahnen Kaboi im Schoß der Erde.« Der Schrei eines Savannenvogels lockte die Bewohner der Tiefe zu einer Öffnung. Als sie sie durchschritten, entdeckten sie die »obere Welt«, wo es zwar viele Früchte und kostbare Dinge gab, aber auch verfaulendes Holz. Daraufhin kehrten manche wieder zu ihrem ursprünglichen Wohnort zurück, andere blieben im oberen Bereich, in einer vom Tod geprägten Welt. Das lockende Geräusch des Vogels hatte sie in das früchtereiche Land geholt, wo man aber sterben muß.[12]

Bei einem anderen Stamm wollte ihre Gottheit sie unsterblich machen. Sie sagte den Menschen, es kämen auf dem Wasser drei Boote vorbei, erst das dritte sollten sie anhalten und den darin befindlichen Geist freundlich begrüßen. Das erste Boot enthielt faulendes Fleisch, das ließen sie vorüberfahren, weil es stank. Im zweiten Boot saß – in menschlicher Gestalt – der Tod: ihn begrüßten die Menschen jubelnd und umarmten ihn. Im dritten Boot saß ihr Stammesgott, er sah, daß seine Leute das falsche Boot gewählt hatten, nun mußten sie mit dem Tod leben.[13]

Wie im Gilgamesch-Epos scheint die Gabe der Unsterblichkeit in erreichbare Nähe gerückt, aber durch die Unwissenheit oder durch Verschulden wird die Chance verspielt und die Menschen müssen sich mit dem Schicksal ihrer Endlichkeit abfinden.

IV

Welche Bedeutung haben diese Motive einer Jenseitsreise in den großen Epen für die Bildwelt der Volksmärchen? Ohne eine Abhängigkeit zu behaupten, kann beobachtet werden, daß auch viele Märchen davon berichten, daß der Held in einen gefährlichen jenseitigen Bereich geschickt wird, um dort eine Nachricht oder eine Kostbarkeit zu holen. Das wohl bekannteste Beispiel der Grimm' schen Sammlung ist »Der Teufel mit den drei goldenen Haaren« (KHM 29). Es ist die Geschichte vom Aufstieg eines armen Jungen, der schließlich König wird. Er war mit einer »Glückshaut« geboren, was als Zeichen besonderer Erwählung und Vorbestimmung angesehen wurde. Ein glückliches Schicksal muß ihm beschieden sein – und wirklich schlägt alles, was er erlebt, selbst die gewaltsamen Eingriffe und Todesurteile, zu seinem Vorteil und zur Erfüllung der Vorhersagen aus. Der alte König will mit aller Macht verhindern, daß dieser hergelaufene Kerl seine Tochter heiratet; was er aber auch immer unternimmt, um dem Schicksal in die Speichen zu greifen, trägt im Gegenteil dazu bei, daß sich die Glücksverheißung erfüllt.Das in der Schachtel liegende Kind wird ins Wasser geworfen, aber – wie Mose – von hilfreichen Menschen gefunden, aus der Flut gerettet und aufgezogen. Die Schachtel, als Sarg gedacht, wird zur Arche, zum rettenden Schiff: was als Ende angesehen wurde, wird zu einer neuen Geburt. Und auch der »Uriasbrief« des Königs, der das Todesschicksal der Jungen besiegeln soll, wandelt sich zu einem glückverheißenden Brief: die alte Frau, die den Räubern den Haushalt führt, setzt sich für ihn ein und sorgt dafür, daß die Räuber den unheilvollen Brief umformulieren. So ist plötzlich der junge Mann zum Bräutigam der Königstochter geworden, ohne daß er recht wußte, was mit ihm geschah.

Damit endet aber das Märchen nicht. Bisher war der Held der Geschichte eher passiv, der Hoffnungsträger, dem das Schicksal hold ist, der aber noch nicht wirklich geprüft wurde und sich bewähren konnte. Gute Mächte haben ihre Hände über ihn gehalten, gerettet wurde er, als er im Schlaf lag. Nun aber muß er selbst Entscheidungen treffen, muß sich auf die Reise begeben und zeigen, daß er wirklich das Vertrauen verdient, das man in ihn gesetzt hat. Der alte König schickt ihn in die Hölle, damit er die drei goldenen Haare des Teufels hole. Der »Teufel« unseres Märchens hat natürlich nichts mit der biblischen Teufelsgestalt zu tun, es ist der Herr der Unterwelt, der Herrscher über die Toten, der Hüter der verborgenen Schätze.[14] Wer in seinen Machtbereich kommt, wird Mühe haben, ihm wieder zu entrinnen. Aber auch jetzt bleibt ihm das Glück gewogen, wieder steht ihm eine alte Frau bei und hilft ihm nicht nur, die goldenen Haare zu gewinnen, sondern auch die drei Fragen zu beantworten, die ihm bei seiner Reise in das Dunkelreich gestellt worden sind. Der Totenherrscher ist also nicht nur der Besitzer großer Schätze, sondern auch der Kenntnisreiche, der geheime Auskünfte geben und Hinweise zur Rettung aus der Not vermitteln kann. Allerdings rückt er mit seiner Weisheit nicht aus freien Stücken heraus, man muß sie ihm listig abtrotzen und abjagen.

Als der Held den Nachtbereich verlassen hat, ist er nicht nur um die Erfahrung dieser gefährlichen Reise reicher geworden, er hat nicht nur die Trophäen der goldenen Haare mitbekommen, ihm sind auch die Augen geöffnet worden, wie er den bedrängten Menschen helfen kann: die Stadt, in der der Marktbrunnen weder Wasser noch Wein spendet, bekommt Hilfe gewährt, sodaß sie wieder zum lebenspendenden Wasser und zum freudenspendenden Wein gelangen kann, die Stadt, in der der Apfelbaum keine goldenen Äpfel mehr trägt, bekommt die Weisung, wie sie wieder zu den Glücksäpfeln kommen kann. Und dem Fährmann, der unermüdlich seine gleiche Tätigkeit ausüben mußte, ohne die Aussicht, davon erlöst zu werden, der – wie Sisyphos – nicht einsehen konnte, worin der Sinn seines Tuns bestand, wird ein Weg gewiesen, aus dem ewigen und sinnlosen Einerlei herauszukommen. Es war also nötig, daß der Held der Geschichte das Wagnis der Reise auf sich genommen hat. Er muß »hüben und drüben« gewesen sein, muß den Nachtbereich kennengelernt haben, um im Tagbereich wirken zu können, muß die Todesnähe geschmeckt haben, um den Geschmack des Lebens verkosten zu können. Erst in der Tiefe kann man die Schlüssel für die Wirklichkeit bekommen. »Raubet das Licht aus dem Rachen der Schlange«, hat Hans Carossa über sein Rumänisches Tagebuch geschrieben.[15] Zum Kundigen, Schauenden und Wissenden kann nur werden, wer auch die Abgründe kennen gelernt hat. Nun wird er zum herrscherlichen Tun fähig, ist in der Lage, den neidischen und egozentrischen König abzulösen.

V

In vielen Varianten wird in den Märchen davon erzählt, wie ein junger Mann auszieht, um die Welt kennenzulernen, wie er in den Machtbereich des Todes gerät und erst dadurch zu seiner wahren Gestalt findet. In der Geschichte »Der König vom goldenen Berg« (KHM 92) ist der Junge schon bald dem »Schwarzen« verfallen, weil sein Vater in seiner Not ihn einem kleinen schwarzen Männchen versprochen hat, das ihm zu neuem Reichtum verhalf. Aus dem Bereich der dunklen Macht kann der Junge zwar befreit werden, aber seinem Vater gehört er auch nicht mehr an. War dem Vater doch die Erhaltung von Besitz und Vermögen wichtiger als sein Sohn, in dem sich seine Zukunft darstellt. So wird der Sohn dem Fluß übergeben, in einem kleinen Schiffchen muß er sich der Strömung überlassen und sein Vater muß das Schiffchen noch selbst abstoßen. Und weil das Schiffchen umschlägt, scheint der Sohn endgültig verloren. Während der Vater der Inbegriff des Beharrenden und Festhaltenden ist, ist der Sohn »im Fluß«, ist der Strömung überlassen. Nach diesem symbolischen Wassertod wird er aber gerettet und sieht, ans unbekannte Land verschlagen, ein schönes Schloß vor sich liegen. Nun ist er zwar zu einer neuen Existenz erwacht, aber gleich muß er sich bei einer schwierigen Aufgabe bewähren. Das Schloß ist verwunschen, alle seine Räume und Säle sind leer und unbewohnt, nichts ist belebt, alles wartet darauf, zum wahren Leben erweckt zu werden. Die Frau des Schlosses ist zu einer Schlange geworden, die sich ringelt und auf einen Erlöser hofft. Drei Nächte muß er im Schloß ausharren, zwölf schwarze Gestalten werden ihn quälen, schlagen und stechen, er aber darf sich nicht zur Wehr setzen und nicht einmal sprechen. In der dritten Nacht sind es sogar vierundzwanzig Männer, die ihm den Kopf abhauen werden. Wenn er aber aushält und kein Wörtchen redet, erlöst er die Prinzessin und ihr ganzes Schloß. Dann wird sie kommen und mit ihrem Wasser des Lebens den Toten wieder lebendig und gesund machen.

Auch in diesem Märchen begegnet der Held dem Totenreich, nicht indem er in den Hades hinuntersteigt, sondern indem er mit dessen Wirkungsmacht konfrontiert wird. Sein erster »Tod« im Fluß befähigt ihn, auch die schwerere Probe zu bestehen, es war gleichsam seine Taufe. Die eigentliche Bewährung ereignet sich im Schloß. Nun muß er Schmerzen erdulden, ein Schweigegebot einhalten und sogar den Tod erleiden. Erst durch diese Erprobung und nach diesem Durchgang durch einen Tod kann er zum Erlöser werden, die Frau aus ihrer Tiergestalt befreien und zum König vom goldenen Berg aufsteigen. Psychologisch gesprochen: der Lichtheld muß in die Finsternis des Unbewußten hinuntersteigen, muß das Dunkel annehmen, um die Anima aus ihrer Eingebundenheit ins Tierisch-Dunkle zu befreien. Aber auch die Rettergestalt braucht Hilfe. Die Frau im Schloß wird zwar erlöst, da sie aber den Zugang zum Lebenswasser hat, kann sie ihrerseits den Retter aus der Todverfallenheit herausholen. Gegenseitig können sie sich also beistehen, jeder braucht Hilfestellung, im Miteinander und Zueinander können sie erst zu ihrer wahren Gestalt gelangen, was dann auch der weitere Gang des Märchens deutlich macht, den wir hier nicht mehr verfolgen.

In dem russischen Märchen »Geh nach Ich-weiß-nicht-wo, bringe Ich-weiß-nicht-was«[16], wird der Held von seinem König in ein Land geschickt, aus dem man nicht mehr zurückkehren kann, also ins Totenreich. Der König hat sich nämlich in die schöne Frau seines Jägers verliebt und will ihn deshalb los werden.

»Du mußt mir noch einen Dienst erweisen: Geh nach Ich-weiß-nicht-wo und bringe Ich-weiß-nicht-was! Aber wisse: Wenn du es nicht bringst – das Schwert, das straft, ist mein, und der Kopf, der rollt, ist dein!« Aber die Frau des Jägers ist nicht nur schön, sondern auch klug, sie sorgt dafür, daß ihr Mann wirklich dieses geheimnisvolle Land erreicht, indem er über den »feurigen Fluß« gelangt, die Grenze zwischen der Welt der Lebenden und der Toten. Dort trifft er den geheimnisvollen Helfer, der mit ihm nach Hause zieht und dafür Sorge trägt, daß der alte habgierige König verschwindet.

Auch in einem anderen russischen Märchen, »Die weise Ehefrau«[17] wird ein Mann »in die andere Welt« geschickt, weil der König dessen Frau heiraten will. Er soll im Totenreich fragen, wo der gestorbene König den Thronschatz versteckt hat. Die Frau gibt ihrem Mann ein Knäuel, das er vor sich her abrollen lassen soll und das ihm den Weg weist – aber vor allem auch den Heimweg ermöglicht. So gelingt ihm der Zugang zum (höllischen) Totenreich, er bekommt auch die nötige Auskunft über den verborgenen Thronschatz, aber vor allem wird ihm eine dringliche Mahnung für den König mitgegeben, er solle endlich Gerechtigkeit walten lassen in seinem Reiche. Diese Auskunft interessiert aber bei der Heimkehr des Jenseitswanderers den König nicht, er will nur wissen, wo die Schätze versteckt sind. Damit hat er seine Lebens-chance verspielt und büßt mit seinem Königtum auch noch sein Leben ein.

Was bei diesen und vielen anderen Märchen auffällt, ist, daß sie von der großen und gefährlichen Reise erzählen, die nicht einfach in die Ferne und in unbekannte Länder führt, sondern über den Bereich der irdischen Wirklichkeit hinaus bis in verbotene und entzogene Gebiete, wo die Ahnen und überhaupt die Toten wohnen, wo ein dunkler Machthaber seine Herrschaft ausübt. Es gehört nicht nur Mut zu dieser Fahrt, man muß auch einen Beistand haben, einen Helfer, der einem

Weisungen gibt und die Gefahren erschließt, sodaß auch der Rückweg gelingt. Wem aber diese Reise gelungen ist, wer die geheimen Gaben aus der dunklen Welt mitgebracht hat, der ist zu großen Taten befähigt, auf ihn warten die Menschen, daß er sich als Heilbringer erweist und die Not lindert, das Unglück abwendet, eine gerechte Herrschaft heraufführt und eine heilsame Glückszeit eröffnet.

VI

Auf ein weiteres Märchenmotiv müssen wir eingehen, es ist der weitverbreitete Typos vom »dankbaren Toten«. Der junge Mann, der sich auf die große Bewährungsreise gemacht hat, trifft in einer Stadt auf eine merkwürdige Szene: ein Toter wird dort nicht beerdigt, sondern geschlagen und angespuckt. Auf seine Rückfrage erfährt der Wanderer, daß es sich um einen Menschen handelt, der seine Schulden nicht bezahlt hat, der sich vergangen hat und nun unversöhnt daliegt und über den Tod hinaus drangsaliert wird. Der junge Fremde hat Mitleid mit dem Toten, gibt sein Reisegeld her, um die Schuld des Toten zu begleichen und sorgt für ein ordentliches Begräbnis. Als der junge Mann weiterwandert, gesellt sich ihm ein Unbekannter zu, der sein Reisebegleiter wird und ihm in der Folgezeit so hilfreich beisteht, daß er alle Gefahren besteht und die Frau gewinnt, in die er sich verliebt hat.

Erst auf der Heimfahrt gibt sich der Unbekannte zu erkennen: es ist der Tote, dem sich der junge Mann so barmherzig erwiesen und für den er sein Reisegeld hergegeben hat. Er war ihm zu Hilfe geeilt, hatte sich dankbar engagiert und war ihm als magischer Helfer beigestanden, nun verabschiedet er sich von ihm, da seine Aufgabe erfüllt ist: der junge Mann ist zu Mündigkeit und Reife gelangt, hat seine wahre Gestalt erreicht und kann nun – zu Hause angekommen – seine Aufgaben erfüllen. Nun kann der Tote wieder in seinen Bereich zurückkehren, zumal ihm durch die rechtmäßige Beerdigung der Weg nach drüben geebnet ist.

Nach der Vorstellung vieler Menschen in vielen Kulturen gibt es eine Verbindung zwischen den Lebenden und den Toten. Die Lebenden haben eine Verpflichtung für die Verstorbenen. Werden die Toten nicht so begraben, wie es ihnen zukommt, dann können sie keine Ruhe finden. Sie haben noch unsere Teilnahme nötig: wir müssen uns solidarisch erweisen und dafür Sorge tragen, daß eventuelle Aufgaben, die liegengeblieben sind, nicht-abgetragene Schulden, »unerledigte Geschäfte« (wie Fritz Perls sagen würde), aufgegriffen und stellvertretend bereinigt werden. Wenn ein Lebender *das* tut, was der Tote nicht mehr selbst vollziehen kann, dann wird sich auch der Tote für den Lebenden einsetzen und ihm beistehen, damit er zu seinem Ziel gelangt. Vergessen die Lebenden die Toten nicht, dann bekommen sie aus der anderen Welt einen Beistand, der sie auf ihren Wegen begleitet.

Es mag aber noch eine andere Schicht unserer Geschichte geben, die nicht unberücksichtigt bleiben soll. Der unbekannte Tote kann nämlich auch der Ahn sein, einer der eigenen Vorväter. Die Märchen sind zutiefst davon überzeugt, daß jeder Mensch eine Brücke zu seinen Ahnen bauen muß. Er soll einen Weg suchen, um mit den Vätern und Müttern früherer Zeiten in Verbindung zu treten, um sich mit ihnen zu beraten und von ihnen den Segen zu bekommen. Erst wenn das geschehen ist, kommt ein Mensch zu sich selbst und kann seinen eigenen Weg gehen. Diese Reise zu den Ahnen ist aber gefährlich, weil jeder Brückenschlag in die Totenwelt mißlingen kann und man in den magisch anziehenden Bereich verstrickt wird. Es müssen Bedingungen erfüllt sein, damit sich die Toten nicht feindlich erweisen, sondern ihre Hilfe anbieten.

In den meisten Geschichten dieses Typs ist es die teilnehmende Art des Märchenhelden, die Bereitschaft, seine Barschaft herzugeben, damit der Tote von seiner Schuld befreit wird und begraben werden kann, – die dazu führt, Verbindung zu den Toten aufnehmen zu können, ohne selbst dem Totenreich zu verfallen.[18]

VII

Die ethnologische und religionshistorische Forschung hat uns in den vergangenen Jahrzehnten bedeutsame Einsichten vermittelt, die uns auch helfen können, das Märchengeschehen auf neue Weise zu begreifen. In sehr vielen Kulturen auf der ganzen Erde ist es (oder war es) üblich, die jungen Männer und die jungen Mädchen durch eine rituelle Initiation für das Leben der Erwachsenen vorzubereiten. Sie wurden vom übrigen Stamm isoliert, lebten unter Leitung erfahrener Menschen zusammen, mußten aber auch Einsamkeit und Schweigen ertragen, mußten sogar Schmerzen aushalten und Quälereien über sich ergehen lassen.

Im Mittelpunkt dieser Initiationsriten standen die religiösen Geheimnisse des Stammes: die jungen Menschen sollten Erfahrungen mit dem nahen und wirksamen Gott machen. Sie sollten die geheiligten Mythen hören und behalten, um Anteil zu bekommen am Antwortschatz der Gemeinschaft: wo kommen wir her, was war am Anfang, aus welchen Kräften leben wir, wo gehen wir hin, wie können wir gerettet werden? Der Mythos verrät, wie die Dinge entstanden sind; und wer die Anfänge kennt, der weiß auch um das Wesen der Welt, dann weiß er auch, was uns erwartet.

Die Initiation ereignete sich nicht als eine theoretische Unterweisung, sondern als ein rituelles Geschehen mit Ereignischarakter. Wer in die Geheimnisse eingeweiht wurde, mußte einen kultisch-rituellen Tod sterben, manchmal wurde er sogar in ein Grab gelegt oder er schlief einen todesähnlichen Schlaf. Er mußte Ängste aushalten und ans Ende seiner Kräfte gelangen, schließlich wurde er von den Göttern »verschlungen«, mußte einen Gang durch jenseitige Reiche antreten und kam an das Ende seiner bisherigen Existenz. Oft wurden die Novizen den Tieren oder den Geistern gleichgehalten. Die verbundenen Augen suggerierten eine rituelle Erblindung: die äußeren Sinne sollten sich schließen, damit sich die inneren Sinne umso intensiver öffneten. Sie sollten mit dem Mund essen wie Tiere, wurden weiß angestrichen wie die Geister der Toten. Nach dieser »Todesphase« wurden sie wieder neu aufgebaut. Weil das Vergessen ein Symbol des Todes ist,[19] sollten sie ihren bisherigen Namen und ihre Herkunftsfamilie vergessen, damit sie mit dem neuen Namen gleichsam eine neue Identität annehmen konnten. Weil die Ahnen meist in Tieren vermutet und verehrt wurden, trugen auch die Neophyten Tierfelle, sie konnten sich so mit den großen Ahnen identifizieren , ihre Kraft konnte in sie übergehen.

Die entscheidende Erfahrung, die in der Initiation vermittelt werden soll, könnte umschrieben werden: Der Tod hat keine Endgültigkeit, die Toten kehren zurück in gewandelter Form. Weil die Toten klüger und wissender sind als die Lebenden, müssen sie befragt werden und Auskunft erteilen. Und wer selbst ein Wissender werden will, muß selbst durch den Tod gehen, auf die andere Seite des Daseins geraten, um dort kundig zu werden. Wer in die Welt der Mütter und Väter hinabgestiegen ist und wieder zurückkam, braucht den Tod nicht mehr zu fürchten, er hat ja schon einmal die Grenze überschritten, nun kann er sich den großen Aufgaben des Stammes widmen, er hat den Lebensbaum entdeckt und das Lebenswasser gefunden.

Die erzählten Mythen hatten neben den leibhaftig erfahrenen Riten eine bedeutsame Funktion. Der Mythos kann verstehbar machen, wie die Dinge entstanden sind, wie die großen Helden der Ursprungszeit gelebt haben. In gewisser Weise ist der Mythos das heilige Gedächtnis eines Stammes, er wird den jungen Menschen übermittelt, damit sie Anteil bekommen am geheimen Wissen des Volkes.

VIII

Der rituell erfahrene Tod soll auch auf den leiblichen Tod vorbereiten. So wie die Welt veraltet, müde und verbraucht erscheint und zum schöpferischen Anfang zurückgeführt werden muß, wird auch der Mensch irgendwann dem Tod überantwortet, damit er, den Werdekräften des Uranfangs anheimgegeben, in ein erneuertes Dasein geführt wird. Was zunächst wie ein fressender und verschlingender Rachen erscheint, kann das Eingangstor zum Bauch eines Mutterschoßes sein. Wer nichts aufgibt, kann nichts gewinnen, wer aber dem Sterben zustimmt, gelangt in einen Prozeß der Wiedergeburt.

Wie Jona von dem gewaltigen Fisch verschlungen wird und mit seinem Ende rechnet, dort aber eine bergende Höhle findet und wieder ausgespien wird, als es an der Zeit war, so kann sich für den »Untergehenden« ein Perspektivewechsel ergeben: aus dem Untergang wird ein Aufgang, dem Zerbrechen folgt ein neues Zusammenfügen. »Der Aufenthalt im Magen eines Tiers verlieh dem Zurückgekehrten magische Fähigkeiten«, so resümiert Vladimir Propp die Initiationsriten.[20] Wer von dem Totemtier gefressen wird, gewinnt eine geheimnisvolle Identität mit ihm und partizipiert an seiner Kraft. Er nimmt teil an der Souveränität des Herrn der Tiere, wird kundig der

Tiersprachen und findet das Kraut, das sich als Heilmittel gegen die Krankheiten eignet.

Ein bedeutsames Symbol der Todeserfahrung als eines Durchgangs zum Leben ist das Labyrinth.[21] Der linksläufige Gang ins Labyrinth ist der Todesweg. Wer in die Mitte gelangt ist, kann durch den rechtsläufigen Weg wieder aus der Todeszone heraus zum neuen Leben gelangen. Alle verschlungenen Wege müssen ausgeschritten werden, dann kommt man auch zum Umschlag, wo die Todesverfallenheit sich zum Durchbruch zu einer verjüngten Lebenskraft wandelt. Auf der Insel Malekula wird angenommen, daß der Tote das Geheimnis des Labyrinths kennen muß, damit er den Weg zum erneuerten Leben findet. Eine weibliche Göttin hat nämlich die Labyrinthzeichnung auf dem Boden zur Hälfte ausgelöscht. Wer aber die Struktur kennt und sie sich im Laufe seines Lebens angeeignet hat, der findet auch mit Sicherheit den Weg durch die Totenwelt.

Viele Kulturen kennen Totenrituale, in denen sich eine gewisse einheitliche Struktur der Vorstellungen findet von den Geschehnissen, die den Verstorbenen erwarten. Folgende Stationen lassen sich unterscheiden:
1. Das alte Leben ist in seinem Energiepotential aufgezehrt oder gefährdet, sodaß das alte Leben nicht weitergehen kann wie bisher.
2. Ein Abschied muß genommen und eine Reise gewagt werden. Dabei stößt der Sterbende auf einen undurchdringlich erscheinenden Wald, eine erschreckende Finsternis umgibt ihn, eine ängstigende Einengung oder ein Widerstand müssen durchschritten werden. Die alten Maße und Wertvorstellungen reichen nicht mehr aus.
3. Die Grenze zum »anderen Bereich« wird oft durch einen Fluß gebildet, der überschritten werden muß, oder es muß ein Meer durchfahren werden. Es sind die Wasser der Trennung und des Vergessens. Ein Fährmann steht den Toten bei, damit das andere Ufer erreicht werden kann. Manchmal hilft ein guter Geist als magischer Helfer, der das »bessere Ich« repräsentiert, aber es kann auch schon ein dämonischer Geist als Ankläger erscheinen. – Der Übergang kann auch durch das Überschreiten einer gewaltigen Brücke möglich werden.
4. Die menschliche Seele nimmt wieder eine gewisse Gestalt an, wenn es auch eine schattenhafte und nur umrißhafte ist.
5. Der Tote wird gewogen und beurteilt, sein bisheriges Leben wird

»durch-schaut«, sodaß sich von daher ergibt, ob er aufsteigt oder in den Abgrund muß oder ob er wieder zur Erde zurückgeschickt wird.
6. Nun bekommt die Seele ihren neuen »Ort« zugewiesen in himmlischen oder höllischen Gefilden oder wieder auf der Erde. Ein neues Leben oder der endgültige Zustand kann beginnen.[22]

Es ist erstaunlich, wie sehr ethnologische, religionswissenschaftliche und tiefenpsychologische Erkenntnisse und Einsichten sich gegenseitig ergänzen und befruchten. In seinem Aufsatz »Seele und Tod« weist C. G. Jung auf die Beobachtung hin, daß die Einstellung zum Tod wesentlich von der Einstellung zum Leben abhängt. »Ich habe die Erfahrung gemacht, daß gerade jene jungen Leute, welche das Leben fürchten, später ebensosehr an Todesangst leiden«.[23] Wer die aufsteigende Linie der sich-steigernden Lebenskraft erfahren durfte, der muß auch der absteigenden Linie zustimmen. »Von der Lebensmitte an bleibt nur der lebendig, der mit dem Leben sterben will.«[24] Das Sterbenlernen scheint eine wesentliche Aufgabe des Menschen zu sein, zumal der Tod bei den Völkern und Religionen nicht als pures Aufhören des Lebens, als Abbruch, verstanden wird, sondern als das erreichte Ziel des Lebens. »Es scheint der allgemeinen Seele der Menschheit mehr zu entsprechen, wenn wir den Tod als die Sinnerfüllung des Lebens und als sein eigentlichstes Ziel betrachten statt als ein bloß sinnloses Aufhören.«[25]

Menschen träumen immer voraus, der junge Mensch malt sich sein künftiges Leben aus, der alternde Mensch kann gar nicht anders, er muß sich auf das Sterben einstellen, will er nicht sein Leben in eine Verblendung und Verlogenheit hineinmanövrieren. Aus seiner Praxis berichtet Jung: »In der Regel wurde das nahende Ende mit jenen Symbolen angezeigt, mit welchen auch im normalen Leben psychologische Zustandsveränderungen angedeutet werden, nämlich Wiedergeburtssymbole, wie Ortsveränderungen, Reisen und dergleichen«.[26] Auch wenn sich das menschliche Bewußtsein gegen den Todesgedanken zur Wehr setzt und ausweicht, das Unbewußte scheint eine Vorbereitungsarbeit zu leisten und den fällig werdenden Abschied in einer Bildsprache zu signalisieren. Die Metamorphose, der Gestaltwandel, das Eintauchen in eine völlig andere Sphäre, das scheint die Psyche zu ahnen. Jung vermutet: »Das Wesen der Psyche reicht wohl in Dunkelheiten weit jenseits unserer Verstandeskategorien«.[27] So verwundert es uns nicht, daß die religiösen Traditionen in den verschiedensten Kulturen auffällig übereinstimmen, was die Existenz der Psyche angeht, jenseits unserer Raum- und Zeitvorstellungen.

IX

Vielleicht taucht die Frage auf, was denn die Initiationsriten und die Begräbnissitten und die Vorstellungen von den Jenseitsreisen mit unseren Volksmärchen zu tun haben. Seit Vladimir Propp[28] schlüssig nachgewiesen hat, wie stark die rituellen Bräuche der Initiation und die Begegnungen mit der Totenwelt auf die Bilderwelt der Märchen eingewirkt haben, hat sich wohl die Überzeugung durchgesetzt, daß wir diese Motive – in mehr oder weniger versteckter Form – in vielen Märchen finden, auch wenn sich die Geschichten gewandelt haben mögen und manche Zusammenhänge auch dem Erzähler nicht mehr erklärlich waren. Sehr viele Reisen der Märchenhelden und – heldinnen sind als Proben und Bewährungssituationen im Initiationsprozeß zu verstehen. Die Ähnlichkeiten liegen auf der Hand. In wievielen Märchen verirren sich Held oder Heldin in einem Wald und geraten dann in den Machtbereich dunkler Gestalten. Wie häufig verwandeln Hexen und Zauberer die Protagonisten in Tiergestalt, sodaß sie erst wieder mühsam erlöst werden müssen, damit sie ihre menschliche Gestalt zurückerhalten.

»Reise« ist eine symbolische Umschreibung eines Wandlungsprozesses. Das Verschlungenwerden macht deutlich, daß in unserem Leben immer wieder etwas zuende geht und etwas Neues beginnen kann. Wir sterben in unserer irdischen Existenz nicht nur einmal und wir werden nicht nur einmal geboren, sondern können mit einer durchgestandenen Krise ein neues Dasein geschenkt bekommen. Festhalten und in einem konkreten Zustand verbleiben, das können wir nicht. »Die großen Lebensprobleme sind nie auf immer gelöst«, sagt Carl Gustav Jung[29] »Sind sie es einmal anscheinend, so ist es immer ein Verlust. Ihr Sinn und Zweck scheint nicht in ihrer Lösung zu liegen, sondern darin, daß wir unablässig an ihnen arbeiten. Das allein bewahrt uns vor Verdummung und Versteinerung«.

Der Entschluß, sich auf die Suchwanderung zu machen und die Bereitschaft, sich zu wandeln, gehören sicher zu den charakteristischsten Eigenschaften des Märchenhelden. Oft gemahnen auch die »Orte« des Märchens, darauf zu achten, was dort geschieht. In dem Grimm' – schen Märchen »Der arme Müllerbursch und das Kätzchen« (KHM 106) spielt natürlich die Mühle eine wichtige Rolle. Die Mühle hat eine verwandelnde Funktion, sie zerquetscht die Getreidekörner, »tötet« sie gewissermaßen, damit Mehl entsteht, das seinerseits wieder »verwandelt« werden muß, damit es – mit Wasser und Sauerteig vermengt – in der Hitze des Backofens (der wiederum ein Wandlungssymbol ist) zu eßbarem Brot werde und seine lebenerhaltende Funktion erfüllen kann.

Das Wasserrad einer Mühle erinnert an das Schicksalsrad, das sich immer weiter dreht und nicht aufgehalten werden kann. Es wird von der Kraft des Wassers – wie von der weiterfließenden Zeit – angetrieben, aber es kann nichts bleiben, wie es ist. Nach vielen Sagen und Volkserzählungen soll es ja auch eine Mühle geben, die alte Leute verjüngt. Humpelnd kommen die alten Männer und Frauen daher, lassen sich zermahlen, um verjüngt und jugendschön wieder herauszukommen.[30]

Auch Tiere können für das Wandlungsgeschehen stehen und den Übergang zwischen den Welten veranschaulichen. Vor allem Tiere, die zwischen den elementaren Bereichen stehen, zwischen Wasser und Land (wie die Frösche und Kröten), zwischen Luft und Erde (wie die Vögel), zwischen Nacht und Tag (wie die Eulen, aber auch die Mäuse und Ratten) und zwischen den »unteren Bereichen« und der sichtbaren Erde (wie die Schlangen), eignen sich dafür, um als Mittler zu den verborgenen Dimensionen zu fungieren, Sie bringen von anderen Reichen Kunde, können in geheimnisvolle Zonen geleiten oder in unbekannte Länder übersetzen.

Weil aber in Tieren auch die Ahnen erscheinen können oder ein Tier zum Totemtier einer Familie oder eines Stammes werden kann, deshalb müssen solche Tiere respektiert oder sogar verehrt werden. Andererseits erweisen sich Tiere auch als hilfreich, kennen doch die Schlangen verborgene Geheimnisse, z. B. das heilende Kraut, mit dem man sogar Tote zum Leben erwecken kann (vgl. »Die drei Schlangenblätter«,

KHM 16). Wer etwas von der weißen Schlange ißt (vgl. »Die weiße Schlange«, KHM 17), der wird in die Sprachwelt der Tiere eingeführt und hat damit Anteil am Geheimwissen der Welt.

X

»Wer erzählt, erwandert unter Abenteuern manche Station«, haben wir Thomas Mann zitient. Aber es gibt nicht nur das geruhsame Erzählen, das in die Vergangenheit ausgreift, um die eigene schmale Gegenwart aufzuweiten, es gibt auch das Erzählen, bei dem es um Leben und Tod geht. Scheherezade erzählt um ihr Leben, sie erzählt Geschichten gegen den Tod. Jede Nacht muß sie einen Kampf ausfechten, weil ihr Mann, der König, beschlossen hat, sie am Morgen hinrichten zu lassen. Und wenn sie am Morgen wieder einen Aufschub gewährt bekommt, dann ist eine weitere Etappe gewonnen, ein Stück Leben gegen das Verhängnis des Todes erkämpft und dem Tod abgetrotzt.

Menschliches Leben ist immer von der Gefahr der Verzweiflung bedroht, alles scheint ins Sinnlose abzusinken, in die Vergeblichkeit und Nichtigkeit. Dagegen richtet sich der Geschichtenerzähler, er ruft das Vergangene wieder herauf, er beschwört das, was noch gar nicht erschienen ist. So erzählt er gegen den Tod an und baut mit seinen Geschichten einen Grund auf, der zur Plattform wird für neues Leben!

Wenn die Nacht hereinbricht und das Dunkel sich ausbreitet, da kommen auch die Ängste herauf, da scheint der Tod schon nach uns zu greifen. Von den Tröstungen des Lichts ist nichts mehr wahrzunehmen, die Hoffnungen verflüchtigen sich im grauen Nebel. Aber dem Erzähler gelingt es, eine tröstliche Welt der Zuversicht aufzubauen, die nicht vom Dunkel verschluckt wird. Wenn Scheherezade erzählt, hat der Tod seine Macht verloren, der König muß ihr zugestehen: „Wie schön ist deine Erzählung und wie entzückend, und wie lieblich und wie berückend«. Und er nimmt sich vor: »Bei Allah, ich will sie nicht töten lassen, bis ich den Schluß ihrer Geschichte höre«.[31] Und wir wollen nicht aufhören mit dem Geschichtenerzählen, bis uns die Rätsel von Tod und Leben aufgelöst worden sind.

Anmerkungen

1 *Thomas Mann*, Joseph und seine Brüder. Die Geschichte Jaakobs, Frankfurt 1971, 37.
2 AaO 38.
3 Die Jungfrau Zar, in: Russische Volksmärchen, übertragen von *August von Löwis of Menar*, Düsseldorf 1959, 217.
4 *Michel de Montaigne*, Essais, übertragen von *Herbert Lüthy*, Zürich 1953, 141. Im gleichen Essay steht auch der Satz: »Wer die Menschen sterben lehrte, würde sie leben lehren« (133).
5 *Martin Ninck*, Wodan und germanischer Schicksalsglaube, Jena 1935, 111. Vgl. auch *Martin Ninck*, Götter und Jenseitsglauben der Germanen, Jena 1937. Besonders hingewiesen sei auf *Hedwig von Beit*, Symbolik des Märchens, Bern 1975[5].
6 *Gilgamesch*, Erzählfassung von *Georg E. Burckhardt*, Leipzig o. J., 36. Vgl. auch: Das Gilgamesch-Epos, übersetzt von *Albert Schott*, Stuttgart 1958, hingewiesen sei auch auf die freie Nachdichtung von *Hella Krause-Zimmer*, Dürnau 1986.
7 *Georg E. Burckhardt* aaO 42.
8 *Homer*, Odyssee, übertragen von Roland Hampe, Stuttgart 1979, 187 (Elfter Gesang, Vers 475f).
9 *Ovid*, Die Furien, in: Metamorphosen, übertragen von *Ernst Günther Schmidt*, Wiesbaden 1986, 98.
10 *Vergil*, Aeneis, übersetzt von Johannes Götte, in: Sämtliche Werke, München 1972, 224.
11 *Kalevala*. Das finnische Epos des *Elias Lönnrot*, übertragen von *Lore* und *Hans Fromm*, München 1979, 98.
12 *Claude Lévi-Strauss*, Mythologica I. Das Rohe und das Gekochte, Frankfurt 1976, 198f.
13 AaO 205.
14 Im russischen Märchen »Marko der Reiche und Wassilij Ohnglück« wird der Held zum »Zar Drachen« geschickt, vgl. dazu: *A. N. Afanasjew* Russische Volksmärchen, übertragen von *Swetlana Geier*, München 1985, 712–720.
15 *Hans Carossa*, Rumänisches Tagebuch, im fünften Band der Jubiläumsausgabe seiner Werke, Frankfurt 1978, 62.
16 *A. N. Afanasjew* aaO 490—508.
17 AaO 509–518.
18 Vgl. *Max Lüthi*, So leben sie noch heute, Göttingen 1969, 85–100. Vgl. auch *Joh. Bolte/G. Polivka*, Anmerkungen zu den Kinder- und Hausmärchen der Brüder Grimm, Band III, Hildesheim 1982[3], 490–517: »Der dankbare Tote und die aus der Sklaverei erlöste Königstochter«.
19 Vgl. zum Ganzen: *Mircea Eliade*, Das Mysterium der Wiedergeburt. Versuch über einige Initiationstypen, Frankfurt 1988, 67 und passim.
20 *Vladimir Propp*, Die historischen Wurzeln des Zaubermärchens, München 1987, 286. – Vgl. auch die Szene aus dem finnischen Epos Kalevala, in der erzählt wird, wie Väinämöinen sich vom Riesen Vipunen verschlucken läßt, um sich in dessen Bauch niederzulassen und ihn zu zwingen, ihm das »wirkungsvolle Wissen« und die »Tausende von Zauberformeln« mitzuteilen. Dann heißt es: Vipunen »öffnete der Worte Arche, breitete der Lieder Lade, um ihm guten Sang zu singen, Zauber aus der Zeiten Anfang... Sang, wie einst der Mond entstanden, wie die Sonne eingesetzt ward. Aufgestellt der Lüfte Stützen, Sterne ausgestreut am Himmel« (aaO 108). Man muß verschlungen werden und einen geheimnisvollen kultischen Tod erleiden, um der Weisheit teilhaft zu werden.

21 Vgl. *Hermann Kern*, Labyrinthe, München 1983[2]. *John Layard*. Der Mythos der Totenfahrt auf Malekula, in: Eranos Jahrbuch 1937, Zürich 1938, 241–291.

22 Vgl. *Detlev-I. Lauf*. Im Zeichen des großen Übergangs. Archetypische Symbolik des Todes in Mythos und Religion, in: *Gunther Stephenson* (Hg.), Leben und Tod in den Religionen. Symbol und Wirklichkeit, Darmstadt 1980, 81–100.

23 *Carl Gustav Jung*, Seele und Tod, in: Wirklichkeit der Seele, Olten 1978[5], 154.

24 AaO 156.

25 AaO 159.

26 AaO 160.

27 AaO 163.

28 *Vladimir Propp* aaO, (s. Anmerkung 20).

29 *Carl Gustav Jung*, Die Lebenswende, in: Die Dynamik des Unbewußten, Olten 1967.

30 *Vgl. Luc Gobyn*, Verjüngungsmotive im Märchen und in der volkstümlichen Bilderkunst, in: *Ursula und Heinz-Albert Heindrichs* (Hg.), Die Zeit im Märchen, Kassel 1989, 116–141.

31 Die Erzählungen aus den Tausendein Nächten, übertragen von *Enno Littmann*, Bd. I, Wiesbaden 1953, 37.

Leander Petzoldt

TOD UND JENSEITS IN MÄRCHEN UND SAGEN

I. Die Todesauffassung des Märchens

In seinem esoterischen Werk »Reise nach Ixtlan« läßt Carlos Castaneda seinen geistigen Führer, den Yaqui-Zauberer Don Juan Matus, sagen: »Der Tod ist der einzige Ratgeber, den wir besitzen« (NY 1972, p. 55). Man muß die Paradoxie dieses Satzes genießen, um seinen Sinn begreifen zu können, der in seiner Vieldeutigkeit dem delphischen Orakel Ehre gemacht hätte. In der Tat ist der Tod ein unerbittlicher Ratgeber, an dem keiner der Menschen vorbeikommt. Jeder Mensch trägt ihn von Geburt an in sich, und wenn er reif ist, wird er dem Tod zur Beute. Wer die Zeichen zu deuten weiß, erkennt schon früh die Botschaften des Todes und lebt nach seinem Rat, denn der Tod meldet sich immer an. In dem Märchen »Die Boten des Todes«[1], das die Brüder Grimm in der vierten Auflage (1840) der ›Kinder und Hausmärchen‹ nach Hans Wilhelm Kirchhoffs 'Wendunmuth' (1563 bzw. 1581) einfügten, schickt der Tod dem Jüngling seine Boten: das Fieber, den Schwindel, Gicht und Schmerzen, aber der Jüngling erkennt sie nicht. Schließlich spielt der Tod seinen letzten Beweis aus: »Hat nicht mein leiblicher Bruder, der Schlaf, dich jeden Abend an mich erinnert? Lagst du nicht in der Nacht, als wärst du schon gestorben?« Dieser Argumentation kann sich der Jüngling nicht entziehen, er »ergab sich in sein Geschick und ging mit dem Tode fort«.

Wie im Märchen der Tod als dem Leben immanent gezeichnet wird, als eine Lebenstatsache, der sich niemand entziehen kann, wird auch das Sterben als ein Übergang betrachtet, als eine Etappe auf dem Weg in eine andere Welt. Der Mensch als Bestandteil zweier Welten, die als ein Kosmos verstanden werden, der irdischen Immanenz und einer jenseitigen Transzendenz, vertauscht nur seine Wohnstätte. Aber auch die Toten leben, wie wir schon aus den ältesten germanischen Quellen erfahren. Die Toten der Isländersagas leben in »Hügeln und Bergen: in diesen spielt sich das posthume Leben ab, und es ist eine wahre

Existenz«[2]. Das Leben in der anderen Welt ist organisiert wie das Leben im Diesseits. Thorstein Ochsenfuß tritt auf Einladung eines Toten in dessen Grabhügel ein und »erblickt dort eine große Halle mit Bänken, worauf zwei Gruppen von zwölf Männern einander gegenübersitzen«[3].

Die Mythologien vieler Völker sprechen von einem unterirdischen Totenreich, und allein die altnordische Mythologie hat drei Totenreiche, das der Meeresgöttin Rán, eine große Halle, das Reich der Göttin der Unterwelt Hel, das im äußersten Norden der bewohnten Welt liegt, und schließlich Odins Walhall[4].

Die im isländischen Landnahmebuch erwähnten Ansiedler glauben, daß sie nach ihrem Tode in einem Berg weiterexistieren werden[5], und im Märchen wie in der Volkssage hat dieser Gedanke von dem Reich der Toten im Berg in vielfältiger Form Ausdruck gefunden. Der Berg ist Mittler zwischen den Göttern, die seine Gipfel bewohnen, und den Menschen; in seinem Inneren ist die Wohnstätte der Toten, die Unterwelt.

Die mächtigen Herrscher der Vergangenheit, von denen man sich nicht vorstellen kann, daß sie mit dem Tod für immer verschwunden seien, halten sich im Berg auf; und das Volk hat die Gewißheit ihrer Wiederkunft. Die altgermanische und die mittelalterliche Welt ist voll von Wiedergängern, lebenden Leichnamen und Untoten, oder wie immer man sie nennen will. Sie nehmen Anteil am Geschick der Lebenden, und sie greifen in ihr Leben ein. Ihr Charakter und ihr Wirken ist durchaus ambivalent: die tote Mutter im Märchen erscheint des nachts und säugt und pflegt ihr Kind, wie es im Märchen von ›Brüderchen und Schwesterchen‹ heißt.[6]
Überhaupt tut sich das Märchen leicht im Umgang mit den Toten: Dornröschen wird durch einen Kuß aus dem Todesschlaf erweckt[7], Schneewittchen wird wieder lebendig, als ihr der vergiftete Apfelbissen aus dem Mund fällt[8], der tote Jäger im Märchen von den zwei Brüdern[9] wird durch eine wunderbare Wurzel wieder lebendig gemacht, drei Schlangenblätter vermögen in dem gleichnamigen Märchen[10] zwei Tote wieder zum Leben zu erwecken; archaischere Vorstellungen werden im Märchen ›Fitschers Vogel‹[11] angesprochen, wenn die zerhackten Leichenteile der gemordeten Schwestern durch Zusammenlegen wieder

lebendig werden, deutlicher wird diese Vorstellung noch im Märchen vom »Bruder Lustig«[12], wo es darum geht, die Knochen in der richtigen Reihenfolge zu legen, um die Königstochter wieder zum Leben zu bringen. Hier werden Vorstellungen wirksam, die auf eine archaische Jägerkultur zurückgehen. Einfacher geht es schließlich im Märchen »Ferenand getrü un Ferenand ungetrü«[13] zu, wo es genügt, dem Toten den Kopf aufzusetzen, um ihn wieder lebendig zu machen.

Die Beispiele aus den ›Kinder- und Hausmärchen‹ zeigen die Ungeschiedenheit der Welt der Lebenden und der Toten, das, was Max Lüthi mit dem Begriff der ›Eindimensionalität‹ gemeint hat. Im Gegensatz zu den Gestalten der Volkssage besitzt der Umgang der Märchenfiguren mit dem Jenseitigen und den Toten keinen Schrecken; sie alle bewegen sich in derselben Dimension. Die Gestalten der ›anderen Welt‹ sind nicht qualitativ andere als die Gestalten dieser Welt, und das Jenseits wird im Märchen nur durch örtliche Ferne signalisiert.[14]

Von daher scheint der Tod im Märchen eigenartig blaß und wenig eindrucksvoll geschildert, oder um wiederum mit Max Lüthi zu sprechen, er wirkt ohne Tiefe und undifferenziert. Sein Bild erscheint wie eine schwarze Silhouette vor dem goldenen Hintergrund des Märchens; er ist flächenhaft und wie alle anderen Gestalten isoliert. Zwar repräsentiert er eines der wesentlichen Seinselemente des Menschenlebens, zu dem die Auseinandersetzung mit dem Sterben und dem Jenseits gehört, doch bietet sich die Begegnung mit dem Tod im Märchen in sublimierter Form dar, es fehlt der jeweils konkrete Wirklichkeitsbezug, das Grauen und die Sterbensangst, wie sie in der Sage vorhanden sind. Im Märchen gewinnt er geradezu ›menschliche‹, um nicht zu sagen skurrile Züge, wenn er etwa als der dürrbeinige »Gevatter Tod«[15] auftritt, der dem Kind des Armen als Patengeschenk die Einsicht in Leben und Sterben verleiht, oder wenn er zur Spottgestalt wird, weil ein Soldat ihn in einen Sack sperrt und diesen sieben Jahre an den Ofen hängt, bis er ganz ausgedörrt ist, wie in den »Kinder- und Hausmärchen aus Süddeutschland«, d.h. in Zingerles Tiroler Märchen, erzählt wird.[16]

So kann nur einer mit dem Tod umgehen, der ihn nicht ganz ernst nimmt.

Im Märchen ist der Tod zu einer Metapher verblaßt; er verbreitet keine Furcht, und sein Auftreten, wie auch das Erscheinen von Toten überhaupt, erregt im Märchen keinerlei numinose Angst wie in der Sage.[17] Ihnen fehlt jene Aura des Dämonischen, die die Gestalten der Sage umgibt und die in ihrer schreckhaften Wirkung auf den Menschen bleibende psychische oder gar physische Schäden hinterläßt, so daß man diesen Unterschied auf der Erlebnisebene in bezug auf das Märchen so ausdrücken kann: »Es ist nicht Erschrecken vor einem Numinosen, sondern ein inneres Betroffensein.«[18]

Der Tod und die Toten spielen denn auch im Märchen bei weitem nicht eine solch dominierende Rolle wie in den Sagen. Der personifizierte Tod im Märchen sieht aus wie der Nachbar; in den meisten Fällen wird er gar nicht näher beschrieben, weil er sich in keiner Weise von den Sterblichen unterscheidet. Auch die Toten im Märchen weisen sich nicht durch eine besondere Gestalt als solche aus, und das Verhältnis des jüngsten Sohnes, der auszog, das Fürchten zu lernen[19], und sich zuerst sieben Gehenkte ans Lagerfeuer holt und später einen Toten zu sich ins Bett nimmt, um ihn zu wärmen, kann geradezu als beispielhaft für den Umgang mit Toten im Märchen gelten. Anders die Sage; wenn hier der Tod in Person auftritt (oder in osteuropäischen Sagen die Tödin), verbreitet er Unheil[20], und die Gefährlichkeit umgehender Toter, die als schwarze oder feurige Gestalten, als furchterregende Dämonen, auftreten, ist notorisch. Totensagen weisen auf die enge Beziehung des Menschen zum Bereich des Übernatürlichen hin, das als drohend und schreckhaft empfunden wird. Sie bilden nicht umsonst die größte, zugleich aber auch die am meisten heterogene Sagengruppe innerhalb der populären Erzählüberlieferung, denn hier dokumentiert sich das intensive Interesse des Menschen an dem, was ›nachher‹ kommt. In den Totensagen verbinden sich älteste archaische Vorstellungen des gefährlichen Wiedergängers und Nachzehrers mit jüngeren christianisierten Vorstellungen der büßenden Armen Seelen und erlösungsheischenden Totengeister. Dementsprechend uneinheitlich sind die Vorstellungen von den Toten in den Sagen, sie reichen vom körperlich gedachten Wiedergänger, dem ›Lebenden Leichnam‹, bis zur spiritualisierten Form der ›Armen Seelen‹, wobei in der Sage sogar die Armen Seelen irgendwie körperlich, d.h. materiell dargestellt werden.[21]

II. Das Reich der Toten im Berg

Im Jahre 1782 erschien in Brixen ein kleines Büchlein, von rund vierzig Seiten, mit dem Titel:
»Sagen der Vorzeit, oder ausführliche / Beschreibung von dem berühmten / Salzburgischen / Untersberg / oder / Wunderberg. / Wie solche Lazarus Gitschner, ein frommer Bauers= / mann von der Pfarr Bergheim, vor seinem Tod seinem / Sohn Johann Gitschner in Gegenwart mehrerer geistl. und / weltlicher Personen geoffenbahret, und dieses alles nach / seinem Tod bey vorgenommener Inventur / schriftlich vorgefunden worden«[11].

So weit der umfangreiche Titel, der uns sogleich in die Problematik dieses Volksbuches, wie man es wohl nennen kann, einführt. Das Büchlein sammelt die im 18. Jahrhundert virulente, populäre Überlieferung um den Untersberg und faßt sie in einer fiktiven Erzählung des Reichenhaller Stadtschreibergehilfen Lazarus Gitschner (oder Gizner) zusammen, der »im Untersberg gewesen und die dort geschaute Wunderwelt selbst beschrieben haben soll«.[22] Es ist eine Geschichte, die in der Tradition mittelalterlicher Jenseitsreisen steht, und wie diese scheint sie nur dazu da zu sein, einen Rahmen für die Prophezeiungen abzugeben, die der Mönch, welcher den Lazarus Gitschner durch den Berg führt, ihm bei seinem Abschied mitgibt. Diese eigentliche ›Lazarusgeschichte‹, wie sie Wilhelm Herzog bezeichnete, der eine kritische Sichtung der Untersbergsage und einen Handschriftenvergleich vornahm, umfaßt etwa die Hälfte des Büchleins.[23] Herzog konnte Ende der zwanziger Jahre rund 15 Handschriften und Drucke nachweisen und ihre Filiationen untersuchen und stellte auf dieser Grundlage eine kritische Ausgabe her. Das bereits erwähnte ›Brixener Volksbuch‹ aus dem Jahr 1782, das seinerseits wieder nachgedruckt wurde bzw. verschiedene Auflagen erlebte, dürfte wohl in vieler Hinsicht repräsentativ für die volkstümliche Erzählüberlieferung um den Untersberg sein. Es repräsentiert mehr oder weniger den Endstand der populären Überlieferung vom Untersberg und umfaßt alle wesentlichen Motive, die in der handschriftlichen Tradition vorkommen.

Es soll hier jedoch nicht die Rede sein von den Erzählmotiven, die sich mit dem Untersberg verbinden und die durch die Sageneditoren vor und nach den Brüdern Grimm immer wieder als aus dem ursprünglichen Erzählrahmen losgelöste Sagenüberlieferung über ihre Sammlungen in die Öffentlichkeit gebracht wurden, wie noch zu zeigen ist, sondern von den volksglaubensmäßigen Vorstellungen vom Reich der Toten und der ›anderen Welt‹, die in Bergen lokalisiert wird.

Das Spektrum populärer Vorstellungen vom »Fortleben Einzelner, Mehrerer oder ganzer Scharen und Heere in Bergestiefen«[24] ist überaus umfangreich, sowohl was die topographische Verbreitung der hier in Frage kommenden Berge betrifft, als auch hinsichtlich der Persönlichkeiten und Namen der im Berg fortlebenden Gestalten.[25] Aber uns interessieren hier nicht die zahlreichen Orte und Namen, die diese Vorstellungen belegen, noch die Verhaltensweisen und Eigenschaften der temporär oder perpetuell bergentrückten Persönlichkeiten. In unserem Zusammenhang scheint jene Vorstellungsschicht von Wichtigkeit, die wohl als die älteste und ubiquitär verbreitete gelten kann, die in dem Berg den Aufenthaltsort der Verstorbenen, das Reich der Toten, sieht. Wesentlich erscheint auch, welche religiöse und darüberhinaus ideologische Funktion diesen Vorstellungen zuerkannt wird, d.h. wie sie beispielhaft etwa im 19. Jahrhundert für nationale, d.h. politische Zwecke instrumentalisiert wurde.

Das Volksbuch steht nicht nur formal, sondern auch inhaltlich am Ende einer Entwicklung, deren Wurzeln in archaische Epochen zurückreichen. Die Vorstellung vom Untersberg, in dem (nach dem Volksglauben bzw. dem Volksbuch) Kaiser Karl (V.) oder in den älteren Handschriften Kaiser Friedrich entrückt ist und auf seine Wiederkunft wartet, bildet den Ausgangspunkt für die Botschaft dieses Traktats, das im wesentlichen Vehikel für die negativen Prophezeiungen einer Verfallszeit ist.
Daher ist auch die Frage, welcher Kaiser sich in dem Berg aufhält, von peripherer Bedeutung; auch das Volksbuch geht nur am Rande darauf ein. Es lassen sich deutlich zwei Teile unterscheiden: Die sagenhaften Zeugnisse, die den wunderbaren Charakter des Berges betonen und von Leuten berichten, die in dem Berg waren oder zumindest eine übernatürliche Begegnung in seinem Umkreis hatten. Dies ist wohl die eigentlich volkstümliche Überlieferung, die sich an den Untersberg geheftet hat, sie erzählt von Riesen, die in das Dorf Feldkirch kamen,

um die Einwohner zu einem christlichen Lebenswandel zu ermahnen, von Wilden Frauen, die Knaben rauben oder mit den Bauern eine Liebesbeziehung eingehen, von einem Bergmännlein, das an einer Bauernhochzeit teilnimmt, von einem Weinfuhrmann, der seine Fuhre in den Berg verkaufen muß, von dem Jäger Holzögger, der sich im Berg verlor und über 28 Tage ausblieb und danach verschlossen und nachdenklich war, sodaß der Bischof ihn vor sich kommen und berichten läßt, woraufhin er ebenfalls »tiefsinnig und nachdenkend«, bestürzt und traurig sein Leben beschließt; er wird wiederum indirekt als Zeuge für Lazarus Gitschners Bericht angeführt.

Der zweite Teil enthält die für uns in diesem Zusammenhang wichtige sogenannte ›Lazarusgeschichte‹, den Bericht des Lazarus Gitschner von seinem sechstägigen Aufenthalt im Untersberg mit der fiktiven Jahresangabe 1529. Auf der Suche nach einer in einem Felsen eingehauenen Buchstabenfolge verspätet er sich in einer Klamm des Untersbergs, der hohe Thron genannt, und wird am nächsten Morgen von einem »baarfüßigen Mönch« in den Berg geführt. Drinnen sieht er auf einer schönen Wiese ein klosterähnliches Gebäude, Brunnen und Quellen. Der Mönch führt ihn in die Kirche, die über 200 Altäre und über 30 Orgeln hat. Er sieht die Mönche, es sind über 600, das Chorgebet halten, »so wie es in der Domkirche zu Salzburg gewöhnlich ist«. Dann beginnt das Hochamt, und die Orgeln sowie Musikinstrumente begleiten es, »so daß Lazarus sich nicht anders vorstellen konnte, als daß er wirklich im Himmel wäre.«[26]

In der Tat entsteht hier die Frage, wo sich Lazarus wirklich befindet. Es ist eine andere Welt, die durch ihre Großartigkeit beeindruckt, ein himmlisches Paradies, das ähnlich wie ein Kloster organisiert ist. Es ist eine Welt der Abgeschiedenen, denn der Mönch erklärt Lazarus in einer Aufzählung nach Art der Totentänze: »Diese Leute sind gewesen Kaiser, Könige, Fürsten, Bischöfe, Prälaten, Ritter, adeliche und unadeliche Herren und Frauen, Klosterleute, Knechte und Dienstmägde, Reiche und Arme ...«[27] Trotzdem wird der eigentliche Charakter dieser anderen Welt im Untersberg nicht ganz deutlich; er sieht viele, die er gut von Angesicht kennt, den Fürsten von Salzburg, Leonhard von Keutschach, und Herzog Albrecht von Bayern , die Prälaten von St. Peter in Salzburg und St. Zeno in Bayern, aber »er konnte jedoch während dieser Zeit (der 6 Tage) nicht wirklich abnehmen (=erkennen), ob diese Wundersbergbewohner Geister seyen oder nicht«.[28] Das klingt zunächst seltsam, da Lazarus sich durchaus hinsichtlich der übernatürlichen Natur seines Besuches im Untersberg klar ist, er weiß, daß er in einer ›anderen Welt‹ ist, die er von der Wirklichkeit unterscheidet. »Es kam auch dem Lazarus ... vor, als hätten sie das nämliche Tageslicht, als in der äusseren Welt, jedoch sah er keine Sonne«[29], heißt es an einer Stelle. Die Schwierigkeit zu erkennen, ob es Geister seien, soll wohl nur den wesenhaft konkreten Charakter dieser zweiten Wirklichkeit in der anderen Welt unterstreichen. Hierzu gehören auch die Vergleiche, die der Besucher im Untersberg anstellt und die sich auf ihm bekannte Verhältnisse beziehen. Als er im Refektorium des Klosters im Untersberg gespeist wird, es gibt »Fleisch, Kraut, dazu Gersten und ein Leibl Brod sammt einem Becher guten Wein«, fügt er dieser Beschreibung hinzu: »wie man sonst in dem uralten Stift und Kloster St. Peter in Salzburg zu traktiren pflegte«.[30] Diese Vergleiche lassen wohl den Schluß zu, daß der Autor im klösterlichen Bereich zu suchen ist, was auch noch durch andere inhaltliche und intentionale Indizien zu belegen ist. Die ganze Erzählung gleicht mehr dem Besuch in einem Kloster als in der anderen Welt. Märchenhafte Elemente: Er darf mit niemandem außer dem Mönch, seinem Führer, sprechen; die prachtvollen Baulichkeiten, die Gegenstände sind aus Gold, Messing und Marmor; Bücher, die aus Baumrinden gemacht sind (S. 30), die schöne Wiese und der Wald, alle diese Beschreibungen gehen nicht über den Erfahrungshorizont eines klösterlichen oder weltlichen Schreibers hinaus. In der Nacht geht Lazarus mit seinem Begleiter durch unterirdische Gänge zu verschiedenen Kirchen in der Umgebung, wo die Mönche aus dem Untersberg nächtlich eine Messe feiern. Insgesamt ist der Berg durch unterirdische Gänge mit 12[31] Kirchen, von St. Bartholomä in Berchtesgaden bis Marie Eck in Traunstein verbunden.

Schließlich sieht Lazarus auch ein gekröntes Haupt, das er nicht erkennt. Der Mönch klärt ihn auf: »Dieser ist der Kaiser Karl ... der auch auf dem großen Welserfeld nächst des Wunderberges einst verzuckt worden, und ist jetzt in jener Gestalt, wie er in der zeitlichen Welt war, gewesen.«[32] Damit wird das mythische Motiv vom Kaiser im Berg angesprochen, das wohl als auslösendes Moment für die ganze Erzählung angesehen werden muß. Aber abgesehen von der Erwähnung des Kaisers und seines langen grauen Bartes, der an seinem Fest- und Ehrentag in zwei Teile geteilt wird, »einer liegt auf der rechten, der andere auf der linken Seite, mit einem von kostbaren Perlen gemachten Band eingewickelt«[33], wird dieses Motiv nicht weiterverfolgt.

Schließlich entläßt der Mönch den Lazarus nicht, ohne ihn zu ermahnen, sich die Prophezeiungen (die im gedruckten Text rund sieben Seiten ausmachen), zu Herzen zu nehmen. Es sind harte Klagen über den Zustand bzw. schleichenden Verfall aller Ehrbarkeit und guten Sitten, Verachtung der Religion und Gottesfurcht in Deutschland. »Untreue, Ehebruch und Hurerey sowohl vom männlichen als weiblichen, mit ledigen als geehelichten Personen (werden) zur Mode.« »Redliche Prediger, die dem Worte Gottes nachkommen, (fallen) bey den Vornehmen in Ungnaden.« »Es wird an den Christenleuten ... kein äußerliches Zeichen des Christenthums mehr zu sehen seyn, und bey wem man noch einen Rosenkranz, Skapulier, Kreutz- oder Bethbüchlein sehen wird, wird als ungescheiter Bethbruder ... verlacht werden.« »Der Untergebene wird seinen Vorgesetzten keinen Gehorsam mehr leisten ...«, und auch die Wissenschaft bekommt in dieser kulturpessimistischen Aufzählung ihr Teil ab. »Zu selbiger Zeit (gemeint ist die zweite Hälfte des 18. Jahrhunderts, d.h. die Epoche der Aufklärung) werden die Wissenschaften auf denen Universitäten ... zwar auf das höchste übertreiben aber nur auf bloße zeitlich und eitle philosophische Künste und Verwirrungen getrieben werden, und die Studierenden werden ... trachten, alle gelehrte Wissenschaften ihrer Vorfahren lächerlich und verdächtig zu machen ... Daher wird unter den Gelehrten des Disputirens über alle Dinge kein Ende seyn, und jeder wird Alles und Nichts wissen.«[34]

Die Prophezeiungen des Mönchs führen noch weitere Beispiele für den Verfall der Werte und der Ordnung an und sagen Teuerung und Krieg voraus. Bis schließlich alles mit der Endschlacht auf dem Walserfeld bei Salzburg enden wird: dort werde »ein so schreckliches Blutbad seyn ... daß den Streitenden das Blut vom Fußboden in die Schuh rinnen wird«. Und wie im Blick auf die Französische Revolution heißt es bildhaft: »Die Vornehmen werden dabey wegen ihres ungenügsamen Lebens und Undank gegen Gott sonderheitlich verfolgt werden, daß sie wünschen werden, gesammt auf einem Sattel davonreiten zu können.«[35]

Der Birnbaum auf dem Walserfeld wird zum Zeichen für die Endschlacht dienen, wenn er blüht und Früchte trägt, wird die Schlacht beginnen, »An diesem Birnbaum wird der Kurfürst aus Baiern zur letzten Schlacht seinen Wappenschild hängen, und wird Niemand verstehen können, was dieses zu bedeuten habe.«[36]

Die moralisierende und räsonierende Diktion, wie auch die Betonung des religiös-kirchlichen Aspekts weist mit ziemlicher Sicherheit auf einen Geistlichen oder zumindest dem Klosterleben nahestehenden Verfasser hin. Er benützt den Volksglauben und die populären Vorstellungen von den Toten im Berg als Folie für seine Kritik an den bestehenden Zuständen, die in das Gewand der Prophezeiung gekleidet ist, denn man muß davon ausgehen, daß es sich hier um ein vaticinium ex eventu handelt, eine Schrift, die das, was sie als Vorschau ausgibt, dadurch glaubhaft macht, daß sie den Zeitpunkt der Veröffentlichung zurückdatiert und somit der zeitgenössische Leser die Voraussagen bewahrheitet sieht. Einen Anhaltspunkt für die zeitliche Einordnung des Volksbuches mag die für das beginnende 19. Jahrhundert typische Wendung sein: »und da man 1800 wird schreiben, wird die deutsch Treu und Redlichkeit beynah vollends begraben seyn«. Hier nimmt der Autor offensichtlich nationalistische bzw. patriotische Zeitströmungen auf. Überdies bedient sich der Autor des literarisch-volkstümlichen Topos der Jenseitsreise, die bereits im frühen Mittelalter eine verbreitete literarische Form war, um bestimmte Glaubensvorstellungen didaktisch aufzubereiten und dem Publikum auf der emotionalen Ebene zu vermitteln. Die ursprünglich germanische, vorchristliche Vorstellung vom Reich der Toten im Berg – eine Vorstellung, die in fast jeder Mythologie der Erde in irgendeiner Form vorhanden ist, wird zudem, da sie auch mit dem Untersberg bei Salzburg, ebenso wie mit dem Kyffhäuser in Thüringen und vielen anderen landschaftlich dominierenden Bergen verbunden war, als willkommener Anknüpfungs- bzw. Ausgangspunkt für die Jenseitsreise des Lazarus Gitschner, angereichert mit den im Volk umlaufenden Sagen über den Untersberg, benutzt. Der tote Kaiser im Berg ist freilich nur noch Versatzstück einer im übrigen religiös intendierten Zeitkritik. Damit bildet das Volksbuch den christlichen Endpunkt einer Entwicklung, die sich aus ursprünglich mythologischen Vorstellungen vom Aufenthalt der Toten im Berg speist.

Den Verlauf dieser Entwicklung will ich kurz skizzieren.

III. Der Lebende Leichnam

Die dominierende Vorstellung eines Totenreiches ist im Germanischen der Totenhügel, »worin der Tote, wie er beigesetzt ist, weiterlebt«[37], und der Verstorbene »blieb im Tode der Mensch, der er war, was sein Äußeres und seine Gestalt betraf ...«[38] Es gibt viele Berichte in den Islendinga Sögur, die vom Leben der Toten in ihren Hügeln erzählen. Die Vornehmeren wohnen im Totenberg, dem »Wohnsitz der Toten einer ganzen Sippe«. Manchmal öffnen sich diese Berge, und man sieht die Toten darin und manchmal sogar diejenigen, deren Tod man noch nicht weiß. »Einmal im Herbst fährt Thorstein zum Fischfang aus, und eines Abends sieht der Hirte (der zurückgeblieben ist) den Berg sich öffnen; er sieht ein großes Feuer darin brennen und hört freudigen Lärm und Hörnerschall. Die Bewohner (des Totenbergs) bewillkommnen Thorstein und seine Gesellen. Am Morgen darauf erfährt man, daß Thorstein ertrunken ist.«[39] In anderen isländischen Erzählungen sieht man direkt, wie der Tote in den Berg hineingeht. Die Wohnung der Toten im Berg ist wie die Halle im eigenen Haus eingerichtet, ein großes Feuer brennt darin, und die Männer unterhalten sich bei Bier und Met.

Wie in der rezenten Erzählüberlieferung des 19. Jahrhunderts ist das Verhalten der Toten höchst ambivalent; nur selten verheißt der Umgang mit ihnen Gutes, denn sie gelten als bösartig, und man hat Furcht vor ihnen.

Die Gefährlichkeit der Toten wird schon in den Islendinga Sögur unter Beweis gestellt. In der Saga von Viga-Styr (Heictarviga Saga) heißt es: »Als Gest den Styr erschlagen hat, holt Snorri die Leiche ab. Sie kehren über Nacht bei einem Bauern ein. Dessen älteste Tochter sagt nachts zur Schwester, sie wolle doch für ihr Leben gern einmal den berühmten Styr sehen. Die jüngere warnt sie, den als Leiche sehen zu wollen, den so viele im Leben fürchteten; doch sie läßt sich nicht halten. Die Rindshaut, in die Styr eingenäht war, hat sich verschoben, so daß der Kopf frei geworden ist. Beide schleichen zur Leiche, und die ältere drängt sich dicht heran. Da ist's ihnen, als richte sich Styr auf und spreche eine Strophe. Da bekommt die ältere einen solchen Schreck, daß sie laut aufschreiend davonläuft. Sie tobt bis zum Morgen, daß kaum vier Mann sie halten können; dann stirbt sie.«[40]

Die Vorstellung des ›Lebenden Leichnams‹ ist hier konsequent zur

Grundlage des Erzählmotivs gemacht worden. Im weiteren Verlauf der Saga reitet Snorri mit dem Toten fort; »unterwegs wird die Leiche auf dem Pferd unruhig, fängt an sich umzudrehen und wird ihnen schließlich so schwer, daß sie nicht weiter können, die Leiche dort zurücklassen und Steine darüber häufen müssen«.[41]

Das ›Schwerer-werden‹ ist eine typische Eigenschaft von Dämonen, und alles an dieser Erzählung weist darauf hin, daß es sich um einen dämonischen Toten handelt, mit dem man möglichst wenig zu tun haben will und den man hindern muß, Schaden anzurichten. Vor allem gilt es, seine Rückkehr zu verhindern. Um dem Wiedergänger den Rückweg unmöglich zu machen, läßt man in der isländischen Saga die Wand durchbrechen und den Leichnam durch diese Öffnung hinausziehen, die dann wieder verschlossen wird[42], und im mittelalterlichen Strafrecht wird empfohlen, die Leiche des in Notwehr Erschlagenen durch ein Loch unter der Türschwelle hindurchzuziehen, das wieder zugeschüttet wird: »Es ist ein Gesetz der Teufel und Gespenster: wo sie hereingeschlüpft, da müssen sie hinaus«, läßt Goethe seinen Mephisto sagen. Die zahlreichen Wiedergänger der isländischen Sagas unterscheiden sich nicht von denen der rezenten Volkserzählungen: sie erscheinen in der Gestalt, in der sie gelebt haben bzw. gestorben oder umgekommen sind: Ertrunkene in triefenden Kleidern[43], im Kampf Gefallene in ihrer Rüstung mit Wunden bedeckt, Gehenkte mit dem Strick um den Hals.

Der meist bösartige Wiedergänger scheint eine über den europäischen Kulturkreis hinaus ubiquitär verbreitete Vorstellung zu sein, denken wir etwa an die fünfundzwanzig Erzählungen des Totendämons in der indischen »Vetalapantschavimsati« aus dem ersten vorchristlichen Jahrhundert (≈ 68 v. Chr.), die bei den Mongolen unter dem Titel »Siddi Kür« (=der mit Zaubermacht versehene Leichnam) bekannt ist. Im antiken Griechenland unterschied man zwischen den vorzeitig Gestorbenen, den gewaltsam zu Tode gekommenen und den unbegrabenen (Toten). Die beiden ersten mußten nach ihrem Tod so lange umgehen, bis sie ihre natürliche Altersgrenze erreicht hatten. Dieser Glaube hat sich, unter christlichen Vorzeichen, auch in der deutschsprachigen Sagenüberlieferung erhalten.

IV. Der »dritte Ort«

Die überwältigende Mehrzahl unserer Sagen wurde im Laufe der Jahrhunderte christlich überformt, oder sie entstammen direkt religiösen Zusammenhängen. Hierzu gehörten im wesentlichen die große Gruppe der Totensagen und die Erzählungen von den im Fegefeuer büßenden Armen Seelen.

Diese »Verchristlichung« des Sagengutes geschah in zwei Phasen: Zum einen im Zusammenhang mit der Christianisierung der germanischen Stämme und der Uminterpretation ihrer Götter und Heiligtümer als Teufelswerk. Diese »Interpretatio christiana« betraf vor allem die ›heidnischen‹ Glaubensvorstellungen und magischen Praktiken bzw. Riten, wie sie etwa im »Indiculus superstitionum« des achten Jahrhunderts festgehalten sind. Die zweite Phase setzte im 12. Jahrhundert ein mit der Ausbildung der kirchlichen Lehre vom Purgatorium (Fegefeuer) als dem »dritten Ort« zwischen Himmel und Hölle. Die »Interpretatio christiana« bestand vor allem in einer Dämonisierung und Diabolisierung vorchristlicher (germanischer, antiker) Glaubensgestalten. Deutlich wird dies etwa in dem karolingischen »Capitulare de partibus Saxoniae« (um 775/790), wo es in cap. 9 heißt: »Si quis hominem diabulo sacrificaverit et in hostiam more gentium daemonibus obtulerit, morte moriatur.« Zweifellos ist mit ›diabulo‹ ein germanischer Gott gemeint, an den sich Menschenopfer richteten, denn in anderen Quellen, die davon berichten, wird »zumeist von den ›dei‹ als Adressaten der Opfer gesprochen«.[44] In den schriftlichen Quellen aus der Frühzeit der Christianisierung steht ›diabolus‹ allgemein für vorchristliche, auch niedere Glaubensgestalten. Diese »Interpretatio christiana« ging über den Klerus auch in die Volkssprache ein, wo der Begriff des ›diabolus‹ (soweit er nicht direkt durch das Lehnwort »Teufel« ersetzt wurde) mit dem Wort ›Unholda‹ glossiert wurde. Unholda aber ist die Interpretationsgestalt vorchristlich-germanischer Götterwesen. »Alle Glaubensgestalten aus vorchristlicher Zeit, bei den heidnischen Germanen wie bei den heidnischen Römern, sind böse Dämonen, sind Diener und Untergebene des großen antichristlichen, des widergöttlichen Prinzips, des Satans selbst.«[45]

Von ungleich größerer Bedeutung für die populäre Erzählüberlieferung war die Lehre vom Fegefeuer und die damit verbundenen Vorstellungen von den büßenden Armen Seelen.

Wer die religiöse Mentalität der Volkssage verstehen will, muß sich notwendigerweise mit der katholischen Lehre vom Purgatorium auseinandersetzen, denn nichts hat den volkstümlichen Totenglauben so sehr geprägt wie die Vorstellung vom Fegefeuer. Die Logik dieser Entwicklung beschreibt Le Goff sehr anschaulich:
»Die Lebenden sorgen sich um die Verstorbenen, weil sie selbst eines Tages sterben werden. Und in einer christlichen Gesellschaft, besonders in der mittelalterlichen Gesellschaft, hat die Zukunft nicht nur chronologische, sondern vor allem eschatologische Bedeutung. Natürliches und Übernatürliches, Diesseits und Jenseits, das Heute, das Morgen und die Ewigkeit sind aus dem gleichen Stoff gemacht und schließen besondere Ereignisse (Geburt, Tod, Wiederauferstehung), qualitative Sprünge (die Umkehr) und unerwartete Zwischenfälle (Wunder) ein.«[46]
In dem überaus populären Erbauungsbuch des P. Martin von Cochem »Goldener Himmel=Schlüssel oder sehr kräftiges, nützliches und trostreiches Gebetbuch zur Erlösung der lieben Seelen des Fegfeuers« von 1689, das in einer Auflage von 1869 vorliegt, trägt das erste Kapitel die Überschrift:
»Was die katholische Kirche von dem Fegfeuer lehret.« Es heißt dort: »Zwei Wahrheiten sind es, welche die Glaubenslehre der römisch-katholischen Kirche von dem Fegfeuer ausmachen, und die jeder katholische Christ anzunehmen, und mit Mund und Herz zu bekennen verpflichtet ist. Daß es nämlich in der Ewigkeit einen Reinigungszustand, einen dritten Ort zwischen Himmel und Hölle, ein Fegfeuer für alle jene Seelen gebe, die zwar ohne schwere Sünde, und daher in der Liebe und im Frieden Gottes aus diesem Leben scheiden, aber von allen kleinen und läßlichen Sünden nicht ganz frei, von aller Sündenmackel (sic) nicht vollkommen rein sind; die für ihre, in diesem Leben begangenen schweren Sünden, nach nachgelassener Sündenschuld und ewiger Strafe im heiligen Bußsakramente, ihnen noch übrig gebliebenen zeitlichen Strafen noch nicht so vollkommen abgebüßet haben, um nach dem Tode des Leibes sogleich zur Anschauung Gottes gelangen zu können. (...)
Die zweite katholische Glaubenslehre vom Fegfeuer ist, daß wir lebende Christen auf Erden den Seelen im Fegfeuer zu Hilfe kommen können, mit Gebet und guten Werken, und daß diese Seelen, welche im Fegfeuer von der Anschauung Gottes und ihrer ewigen Glückseligkeit zurückgehalten werden, durch die Fürbitte der Gläubigen, besonders

aber durch das Opfer des Altars, durch die heilige Messe Hilfe erhalten, und aus demselben erlöst werden können.« (S. XXIVf.)
Hier werden die wesentlichen Glaubenssätze, deren Einfluß auf die volkstümlichen Vorstellungen unübersehbar ist, formuliert. Die materielle Auslegung der Sündenstrafen nach dem Tode und die topographische Fixierung eines Läuterungsortes kam dem formalistischen und konkretisierenden Denken des einfachen Gläubigen entgegen. Das Fegefeuer ist »ein zum Dogma gewordener Glaube«, schreibt Le Goff in seiner grundlegenden Untersuchung, und er betont die volkstümlichen Wurzeln dieser Vorstellung, wenn er feststellt: »Hinter bestimmten für die Ausbildung des Purgatoriums konstitutiven Elementen war die Volkskultur ... gegenwärtig und wirkte.«[47]
Die Lehre vom Fegefeuer verfestigte sich gegen Ende des 12. Jahrhunderts zum Glaubenssatz. Die geistliche Logik gebot es, einen Ort zu denken, der diejenigen Verstorbenen aufnahm, die nicht direkt der Hölle verfallen waren, die aber auch nicht so von Sünden frei waren, daß sie sogleich in das Paradies aufgenommen werden konnten, also einen zeitlich begrenzten Aufenthalt an einem Läuterungsort für die Abbüßung der »läßlichen Sünden«. Bernhard von Clairvaux hatte diesen ›dritten Ort‹ in einem Jenseitssystem beschrieben: »Tria sunt loca, quae mortuorum animae pro diversis meritis sortiuntur: infernus, purgatorium, caelum.«[48]
In der scholastischen Literatur und besonders in populären religiösen Schriften und Exempelsammlungen wurde dieser Qualort in fürchterlichen Farben ausgemalt. In Fegefeuervisionen vom 12. Jahrhundert (Guibert v. Nogent) bis in die Gegenwart (Fegefeuer-Visionen der begnadeten Margarete Schäffer, 1951) wurden die körperlichen Qualen und Strafen, die ein vollkommenes Abbild irdischer Folterqualen waren, drastisch dargestellt.
Die dazu Verurteilten, die Armen Seelen, konnten sich nach dem Glauben der Kirche nicht selbst helfen, sie waren auf Fürbitten und Suffragien, d.h. Verdienste, die Lebende durch gute Werke erwerben und auf Verstorbene übertragen konnten, angewiesen. Auch das Ablaßwesen bezog von hier seine Berechtigung, denn nur die zeitlichen Sündenstrafen des Fegefeuers konnten mit Ablässen abgekürzt werden.
Die Vorstellungen von den Qualen der Armen Seelen reizten die Phantasie der Gläubigen in starkem Maße; viele Sagen erzählen von Erscheinungen der Armen Seelen, die Erlösung suchen. Sie lassen einen

Abdruck ihrer Hand zurück, der sich feurig in Holz oder Stoff einprägt und damit sichtbar ihre Existenz bestätigt.[49] Solche Zeichen sind bis in die Gegenwart gegeben worden, und sie bestärken immer wieder die volkstümlichen Vorstellungen vom erbarmungswürdigen Los der Armen Seelen, denen man durch Bezahlung von Messen, durch Opfer und Gebete helfen muß.

V. Die deutsche Kaisersage

Neben den christlich überformten Volkserzählungen haben sich jedoch in der Volksüberlieferung auch Relikte altartiger Vorstellungen erhalten, die auf Glaubensschichten hinweisen, die noch nicht christlich beeinflußt sind. Zu den ältesten bereits in vorchristlicher Zeit bekannten Sagen gehören die von der Totenüberfahrt, die bei Prokop von Cäsarea (6. Jh.) bezeugt sind. Sie gehen von der Vorstellung eines Totenreiches aus, das durch ein Wasser vom Diesseits getrennt ist. Diese Überfahrtssage erscheint in der Volksüberlieferung des 19. Jahrhunderts als Erzählung von der nächtlichen Überfahrt der Unterirdischen (Zwerge) über einen Fluß, wobei der Fährmann seine Gäste nicht sehen kann, sondern nur am Einsinken des Bootes merkt, daß es voll besetzt ist.
Die Erzählung gehört zu jenen Stoffen, in denen das Wissen vom Jenseits weitergegeben wird.
Auch die Apperzeption des Todes als Eingehen in den Berg oder als Entrückung im Berg, wie sie uns in dem Volksbuch vom Untersberg vorliegt, gehört in diesen Vorstellungskreis. Sie hat ihre direkte Parallele in den Sagen vom schlafenden Kaiser im Berg, die im 19. Jahrhundert als die »deutsche Kaisersage« eine heute kaum vorstellbare Popularität besaß.
Um dies verständlich zu machen, ist es notwendig, die politische und geistige Situation zu Beginn des 19. Jahrhunderts kurz anzusprechen.
Im Jahr 1807, durch die Gründung des Rheinbundes und unter dem Druck Napoleons, hatte das »durch innere Zwietracht schwach und machtlos geworden(e)... tausendjährige Heilige Römische Reich Deutscher Nation aufgehört zu existieren«[50]; in diesem Jahr schrieb Joseph Görres, Privatdozent an der Universität Heidelberg, in einer poetischen Widmung seines Büchleins über »Die teutschen Volksbücher« an Clemens Brentano, er sei von einem Mönch in einen Felsenberg geführt worden, dort habe er Friedrich Barbarossa in einer dämmerigen Kapelle

von den alten Helden Siegfried, Wolfdietrich, Carolus Magnus, Herzog Ernst und anderen umgeben sitzen sehen.
Barbarossa habe sich beklagt: »Das Leben ist nicht mehr bei uns, wir haben es als Erbe euch zurückgelassen, ihr habt übel damit hausgehalten.«[51] Dann habe Barbarossa ihm die Volksbücher anvertraut: »Von unseren Taten sind die Schatten nur uns hinab gefolgt, willst du mit ihnen sprechen, lies in diesen Büchern.«[52] Solcherart bezieht sich Görres auf diesen Mythos und aktualisiert ihn gleichsam als Beglaubigung für seine enthusiastische Würdigung der alten Volksbücher, in denen er »den echten, inneren Geist des deutschen Volkes« zu erkennen meinte, »ehrwürdige Altertümer, die durch das läuternde Feuer so vieler Zeiten und Geister unversehrt durchgegangen sind«.[53]
Görres konnte die Sage vom entrückten Kaiser in der 1800 erschienenen Sammlung »Volcks-Sagen. Nacherzählt von Otmar«, nachlesen. Unter dem Titel »Der verzauberte Kaiser« bringt dieser die Sage, in der ein Mönch einen Bergmann in den Kyffhäuser führt, wo er Kaiser Friedrich mit einem langen roten Bart, der durch den steinernen Tisch gewachsen ist, begegnet. Der Autor vergißt nicht hinzuzufügen, daß »diese Sage von dem verzauberten Kaiser und seinem Bart zu den Sagen (gehört), die viele Jahrhunderte hindurch sehr häufig in dem Munde des Volkes waren«.[54]
Aber bereits 1795 war in einer in Eisenach anonym erschienenen Sammlung von ›Volkssagen‹ die Sage »Das Kieffhäußer Schloß« publiziert worden. Freilich wird das Motiv vom schlafenden Kaiser Friedrich Barbarossa hier aufklärerisch parodiert. Ein Mädchen muß aufgrund einer Wette in den Kyffhäuser gehen, um dem Kaiser drei Haare aus seinem Bart zu rupfen. Sie trifft den Kaiser und fragt ihn: »Warum er denn schon seit so vielen Jahren in dem elenden Loch wohne? und ob denn gar keine Hoffnung da sey, daß er endlich einmal zur Ruhe kommen möchte?« Schließlich wird er von einem jungen Barbier durch eine Wallfahrt nach Loretto erlöst und schenkt ihm seinen roten Bart, den jener ihm abrasiert.[55] Was in dieser anonymen Sammlung von 1795 noch als romantische Novelle von fast achtzig Seiten breit ausgewalzt wurde, faßte Otmar erneut aus der mündlichen Überlieferung seiner Zeit zu einem Zyklus von Sagen um den Kyffhäuser zusammen. Beginnend mit der Sage von dem Bauern, der Kindtaufe hält und von seiner Tochter Wein aus dem Ritterkeller des Kyffhäuser holen läßt, über die Sage von den Knaben, die Flachsknoten im Kyffhäuser finden, die zu Gold werden; weiterhin die Sage von der Wunderblume, die das Schatzgewölbe im Kyffhäuser öffnet,

bis schließlich zu der von dem Ziegenhirten Peter Klaus, der auf der Suche nach seiner Herde in den Berg eindringt, wo er zwölf schweigsamen Rittern beim Kegeln helfen muß. Bei seiner Rückkehr in das Dorf stellt er fest, daß er zwanzig Jahre im Kyffhäuser gewesen ist.

Es ist die Sage, die Washington Irving auf seiner Reise durch Deutschland 1822/23 kennenlernte und als Vorlage für seine Erzählung von »Rip van Winkle« benutzte. Es ist nicht sicher, ob Irving sie aus Otmars Sammlung oder der 1812 erschienenen Sammlung von Büsching[56] entnommen hat. Er schreibt später einmal, diese Überlieferung sei so bekannt gewesen, »daß sie in fast jeder Sammlung deutscher Sagen auftauchte ...«[57] Schließlich bringt Otmar die bereits erwähnte Sage von dem schlafenden Kaiser.

Der Zyklus der Sagen um den Kyffhäuser, der in den Sammlungen der folgenden Jahrzehnte immer wieder auftaucht, kennzeichnet den Berg als mythischen Ort, auf den sich die chiliastischen Erwartungen des Volkes richten.

Im Gegensatz zu anderen europäischen Völkern, die ihre geschichtliche Kontinuität scheinbar bewahrt hatten, besaß das deutsche Volk zu Beginn des 19. Jahrhunderts keine »nationale« Kultur. Es ging also darum, ein »eigenes germanisch-heidnisches Mythensystem aus allen erreichbaren Quellen zu rekonstruieren«[58], einen eigenen historischen Bereich abzugrenzen, um den Nachweis einer germanisch-deutschen Urkultur zu führen, die einst das vereint hatte, was jetzt in Kleinstaaterei zersplittert war und was unter diesem mythischen Schild wieder eine Nation werden sollte. Diesen gesellschaftlich-politischen »Erwartungsraum«, wie Schenda es nennt, füllten die Brüder Grimm mit ihren »nationalen« Märchen- und Sageneditionen und insbesondere mit der 1835 erschienenen »Deutschen Mythologie« aus.

Bezeichnend für diese geistesgeschichtliche Konstellation ist die Tatsache, daß in fast allen Sagen-Publikationen jener Zeit der Sagenkreis vom schlafenden Kaiser im Berg auftaucht; er kann geradezu als symptomatisch für die politisch-gesellschaftliche Stimmung jener Zeit gelten.

Die in der Diktion jener Epoche so genannte »Kaisersage« verknüpft sich mit verschiedenen deutschen Kaisern, von denen Friedrich Barbarossa wohl der beliebteste und meistgenannte ist. Es handelt sich hier, wie František Graus bemerkt, um eine »politische Sage«, die ein gewisses geistiges Milieu widerspiegelt, das durch eine bestimmte Vorstellung vom König- bzw. Kaisertum geprägt ist.[59]

Diese Vorstellungen müssen keineswegs mit der Realität übereinstimmen; im Gegenteil wird die Gestalt des jeweiligen Herrschers idealisiert oder besser gesagt mythisiert.[60] Gerade die Sage von dem in den Kyffhäuser entrückten Kaiser Barbarossa, der dort auf seine Wiederkunft wartet, hat wie kaum eine andere das Geschichtsbild von Generationen Deutscher beeinflußt. Sie setzt einen Mythos frei, dessen Funktion für die Auslösung und Kanalisierung politischen Handelns gerade in den Jahren des werdenden deutschen Nationalstaates nicht unterschätzt werden darf. Diese Sage steht von vornherein in einem engen mythischen Kontext, der von den gebildeten Autoren des 19. Jahrhunderts als »beredte Stimme der Vorzeit«[61] beschworen wird. Während in der Schweiz die Sage von Wilhelm Tell zunächst noch den Anschein historischer Wahrheit erweckte, der durch die Autorität des Historikers Johannes von Müller in seinem Werk »Die Geschichte der Schweizerischen Eidgenossenschaft«[62] gedeckt wurde, nicht zuletzt aber auch durch materielle Indizien (Tells Kapelle, Wohnhaus in Bürgeln, die hohle Gasse usw.) jede Skepsis zu widerlegen schien, wies sich die Sage vom schlafenden Kaiser im Berg und seiner prophezeiten Wiederkunft von vornherein als mythische, wenn auch vom Volk geglaubte, Vorstellung aus.

Zugleich wird die Kontinuität des Mythos vom deutschen Kaiser, der »einst zur Zeit der größten Gefahr als Retter« erscheinen werde, um das Reich der Hohenstaufer Kaiser wiederherzustellen, in einer Zeit angesprochen, die durch Unzufriedenheit mit der politischen Situation, des von Napoleon beherrschten Mitteleuropas, durch politische Sehnsüchte und chiliastische Spekulationen geprägt war.

Auch die 1812 erschienene Sammlung von Johann Gustav Büsching »Volkssagen, Märchen und Legenden« bringt die Sage von Kaiser Friedrich im Kyffhäuser.[63] Sie ist wiederum eingebettet in einen Zyklus von Sagen um den Kyffhäuser, die Büsching verschiedenen Quellen entnommen hat. Zunächst zitiert er Otmar/Nachtigal, dann Gottschalk[64], weiterhin Behrens »Hercynia curiosa«[65]. Insgesamt bringt er acht Sagen, die auch in nachfolgenden Sammlungen immer wieder abgedruckt werden (Die Wunderblume, der Ziegenhirt, der Schäfer und der Kaiser u. a.).

Die unterschiedlichen Quellen, die Büsching für seine Kyffhäusersagen zitiert, weisen auf die breite Rezeption dieser Vorstellungen nicht nur in der Bevölkerung, sondern vor allem auch in der gebildeten Schicht jener Zeit hin. Es ist »das Milieu der Geschichtsvereine, wo man gegenüber der Sage aufgeschlossen war, nicht zuletzt wohl, weil die Veröffentlichung von diesen Überlieferungen gelegentlich auch Bedürfnissen der aus unterschiedlichen Bevölkerungsschichten zusammengekommenen Mitglieder dienen sollte, und damit dem Zeitgeschmack ... Tribut entrichtet wurde«.[66]

Auch Friedrich Kaspar Gottschalk (1772 bis nach 1836) bringt die Sage vom Kaiser im Berg in seinem siebenbändigen Werk »Ritterburgen und Bergschlösser Deutschlands«.[67] In seiner 1814 erschienenen Sammlung »Sagen und Volksmährchen« erwähnt er sie im Vorwort.

Schließlich sei unter den zeitgenössischen Sageneditionen das ein Jahr vor den Grimmschen Sagen erschienene Werk von Friedrich Ludwig Ferdinand von Dobeneck erwähnt: Des deutschen Mittelalters Volksglauben und Heroensagen.[68] Das posthum durch Jean Paul edierte Werk des Bayreuther Regierungsrates am Appellationsgericht (1770–1819) unterscheidet sich von den vorhergehenden Sammlungen dadurch, daß es Texte in erster Linie als Grundlage für Deutungen und für ein System der deutschen Mythologie anführt.

Im zweiten Teil seines Werkes (S. 144–149) erwähnt er einen Berg bei Franckenhausen in Thüringen, »darinn sol Kayser Friedrich auch seine Wohnung haben«. Er bringt in dieser Zusammenfassung die Erzählung von dem Schafhirten, der dem Kaiser ein Liedlein bläst und dafür von ihm belohnt wird.

Dobeneck führt verschiedene Versionen der Kaisersage an; so zitiert er nach Joh. Gottfried Gregorius (Melissantes) »Beschreibung von Bergen«: »Vom Kaiser Friedrich auf dem Kiffhäuser meldet die alte Sage des Land–Volks der Gegend von Vater auf Sohn (sic), daß er, der sich mit den Seinigen in diesem Berg verflucht (sic) habe, mit ihnen auf der Bank an einem steinerenen Tisch, den Kopf in der Hand haltend, ruhe und schlafe« (II, 148). Im Anschluß daran geht er auf die Tell-Sage ein (Drei Tellen, S. 150) sowie auf die Sage von Karl d. Gr., der im Brunnen der Burg zu Nürnberg sitzt.

Als gründliche Kenner der zeitgenössischen Literatur waren die Brüder Grimm selbstverständlich mit den Publikationen vertraut, die zu ihrer Zeit auf dem Gebiet der Sagenforschung erschienen. Nicht wenige Autoren hatten bereits seit dem Ende des 18. Jahrhunderts ›Mährchen‹ oder Sagen publiziert, und es sollten nach den beiden großen Sammlungen der Brüder Grimm noch mehr werden, so daß Jacob Grimm ohne Übertreibung von einer ›Mode‹ sprechen konnte.

Auch in den ›Deutschen Sagen‹ durfte die ›Kaisersage‹ nicht fehlen. Die Brüder Grimm führen für ihren Abdruck der Sage von »Friedrich Rothbart auf dem Kyffhäuser« (Nr. 23) allein sechs verschiedene Quellen an, aus denen sie ihre Sagenversion exzerpiert haben. Damit kann gerade dieser Text als exemplarisch für den Umgang der Brüder Grimm mit ihren Quellen gelten. Die älteste dieser Quellen ist Agricola »750 Sprichwörter« von 1537. Hier wird unter Nummer 710 vermerkt:

»Ein Keyser sol in einem berge sein verholen,
Friderich gnant, wenn der herfür kompt, so wirt
er seinen schilt an einen dürren baum hengen,
Der baum werd grünen und es werd besser zeit
werden ...«

Das meiste entnahmen die Grimms jedoch dem Werk von Georg Henning Behrens ›Hercynia curiosa‹, wo auch ein weiterer Text aus dem Umkreis der Kyffhäusersagen abgedruckt ist.

Insgesamt führen die Brüder Grimm noch zwei Sagen aus diesem Zyklus, allerdings an ganz verschiedenen Stellen, an: »Der Hirt auf dem Kyffhäuser«[70] und »Der Zwerg und die Wunderblume«[71]. Damit zollen sie ebenfalls dieser mythischen Überlieferung ihren Tribut, zumal sie eine ganze Reihe verwandter Sagen, etwa die Sage von den drei Tellen und vor allem die Untersbergsage ebenfalls abdrucken. Die Grimms gehen dabei auf das »Brixener Volksbuch« zurück, aus dem sie insgesamt acht Textstellen zitieren: Der Birnbaum auf dem Walserfeld, Der Untersberg, Kaiser Karl im Untersberg, Das Bergmännlein beim Tanz, Die wilden Frauen im Untersberg, Riesen aus dem Untersberg, Goldsand auf dem Untersberg, Goldkohlen.[72] Damit reproduzieren sie im wesentlichen die populäre Erzählüberlieferung über den Untersberg. Die sogenannte Lazarusgeschichte, d.h. den Besuch des Lazarus Gitschner im Untersberg und seine überlieferten Prophezeiungen werden nicht zitiert, denn es fehlt ihr, wie die Brüder Grimm intuitiv erkannt haben, das epische Element der Sage, und ihre Tendenz ist letztlich unvolkstümlich.

Damit schließt sich ein Kreis. Alte mythologische Vorstellungen vom Fortleben der Toten im Berg, die im Laufe der Jahrhunderte vielfältigen ideologischen Einflüssen religiöser und nationalistischer Art ausgesetzt waren, leben im Gewand der Sage weiter und werden durch die Brüder Grimm zum Bestandteil eines kollektiven Erbes der Vergangenheit.

Anmerkungen

1 KHM 177, AaTh 335.
2 Lecouteux, Claude: Geschichte der Gespenster und Wiedergänger im Mittelalter. Köln, Wien 1987, S. 196.
3 Ebda.
4 Wie Anm. 2, S. 184.
5 Wie Anm. 2, S. 188f.
6 KHM 11.
7 KHM 50.
8 KHM 53.
9 KHM 60.
10 KHM 16.
11 KHM 46.
12 KHM 81.
13 KHM 126.
14 Lüthi, Max: Das europäische Volksmärchen. Bern, München 1947, [8]1985, S. 8ff.
15 KHM 44.
16 Zingerle, Ignaz Vinzenz: Kinder- und Hausmärchen aus Süddeutschland, Regensburg 1854, S. 43ff.
17 Petzoldt, Leander: Dämonenfurcht und Gottvertrauen. Zur Geschichte und Erforschung unserer Volkssagen. Darmstadt 1989, S. 104ff.
18 Röhrich, Lutz: Märchen und Wirklichkeit. Wiesbaden 1956, S. 229. – Uhsadel-Gülke, Christina: Knochen und Kessel. Meiseheim 1972.
19 KHM 4.
20 Vgl. Petzoldt, Leander: Deutsche Volkssagen. München [2]1978, Nr. 105, 106.
21 Petzoldt, Leander: wie Anm. 17.
22 Herzog, Wilhelm: Die Untersbergsage. Graz 1929, S. 5.
23 S. 22-40 und die erwähnten Prophezeiungen die Seiten 33-40.
24 Vgl. HdA I, Sp. 1056.
25 Vgl. HdA s. v. »bergentrückt«.
26 Volksbuch, S. 26.
27 Ebda., S. 27.
28 Ebda., S. 32.
29 Ebda., S. 31.
30 Wie Anm. 27.
31 In den einzelnen Handschriften und Drucken wechselnd sind es insgesamt 19.
32 Volksbuch, S. 28.
33 Ebda.
34 Ebda., 34—37.
35 Ebda., S. 38.
36 Ebda., S. 40.
37 Dehmer, Heinz: Primitives Erzählungsgut in den Islendinga-Sögur. Leipzig 1927, S. 45. – His, Rudolf: Der Totenglaube in der Geschichte des germanischen Strafrechts. Münster 1929. Schmidt, Leopold: Pelops und die Haselhexe. In: Volkserzählung. Berlin 1963.
38 Grönbech, Wilhelm: Kultur und Religion der Germanen. 2 Bde. Hamburg 1937/1942, I, S. 253.
39 Dehmer, wie Anm. 37, S. 46.

40 Ebda., S. 27.

41 Ebda.
42 Ebda., S. 28.
43 Ebda., S. 30.
44 Achterberg 1930, S. 39f.
45 Ebda., S. 171.
46 Le Goff, Jacques: Die Geburt des Fegefeuers. Stuttgart 1984, S. 245.
47 Ebda., S. 25.
48 Opera omnia, ed. J. Leclercq u. H. M. Rochais, 6,1, S. 259.
49 Vgl. Alpenburg: amythen und Sagen Tirols, Zürich 1857, S. 149ff.
50 Gebhard Bd. 14, S. 80.
51 Görres, Joseph: Die teutschen Volksbücher. Heidelberg 1807 (Nachdruck: Hildesheim 1982), Widmung an Cl. Brentano, unpag.
52 Ebda.
53 Ebda., S. 13 u. 16.
54 Volcks-Sagen, Nacherzählt von Otmar, Bremen 1800, S. 165.
55 Volkssagen, Eisenach: bey August Krumbhaar 1795, 2. Theil, S. 3—80.
56 Büsching, Joh. Gustav: Volkssagen, Märchen und Legenden. Leipzig 1812.
57 Vgl. W. Irving, Rip van Winkle, Stuttgart 1972, S. 57.
58 Schenda, Rudolf: Mären von deutschen Sagen. Bemerkungen zur Produktion von ›Volkserzählungen‹ zwischen 1850 und 1870. In: Geschichte und Gesellschaft 9 (1983) 26—48, hier S. 34.
59 Graus, František: Die Herrschersagen des Mittelalters als Geschichtsquelle. In: Archiv f. Kulturgeschichte 51 (1969), S 65—93.
60 Petzoldt, Leander: Der verkleidete Herrscher. Zur mythischen Sinngebung historischer Prozesse und ihrer Aktualisierung in der Sage. In: Ders.: Märchen, Mythos, Sage. Beiträge zur Literatur und Volksdichtung. Marburg 1989, S. 89—100.
61 Deneke, Bernward: Sage und Geschichte im 19. Jahrhundert. In: Jb. f. Volkskunde, NF 11 (1988) 67—82, hier S. 71.
62 T.1, Reutlingen 1824, S. 646, Anm. 324.
63 Wie Anm. 56.
64 Ritterburgen u. Bergschlösser Deutschlands. Halle 1811.
65 Nordhausen 1703.
66 Wie Anm. 61, S. 68.
67 Halle 1811; II, S. 232.
68 Dobeneck, Friedrich Ludwig Ferdinand von: Des deutschen Mittelalters Volksglauben und Heldensagen. Berlin 1815 (Neudruck: Hildesheim 1974).
69 Grimm, Jacob und Wilhelm: Deutsche Sagen I. Berlin 1816, II. Berlin 1818.
70 Ebda., Nr. 297.
71 Ebda., Nr. 304, nach Otmar.
72 Bei Grimm die Nummern: DS 24, 27, 28, 39, 50, 138, 162, 163.

Lutz Röhrich

DIE TODESAUFFASSUNG IN DEN GATTUNGEN DER VOLKSDICHTUNG
(Märchen, Sage, Exempel)

Es gibt eine Reihe von anthropologischen Modellen, in denen das Nachdenken des Menschen über den Tod und die Toten greifbar wird. Obwohl es sich um Basis-Ideen handelt, sind sie doch sehr ambivalent und kontrastreich. Da gibt es einerseits die Begegnung mit dem eigenen Tod, das betroffene Konfrontiertwerden mit der eigenen Vergänglichkeit und dem eigenen Sterben, die Angst vor unabwendbarem, schlimmem Schicksal. Auf der anderen Seite steht das Wegschieben der Todesgedanken, die Verdrängung und Ausklammerung des Todes. Viele gläubige Menschen erleben Tod als Strafe, als Sühne für Schuld oder, wie die Bibel sagt, den Tod als ›der Sünde Sold‹. Zwangsläufige Folge dieses Denkens ist die beständige Angst, für begangene Verfehlungen nach dem Tod büßen zu müssen. Daraus ergibt sich der Wunsch nach Erlösung von Schuld und der Wunsch nach ewiger Ruhe. Wahrscheinlich lebt jeder Mensch beständig zwischen diesen Spannungsfeldern. Jeder einzelne Todesfall bedeutet ja zunächst einmal das Abbrechen der menschlichen Kommunikation mit dem Verstorbenen; er bringt Abschied und schmerzhafte Trennung von denen, die wir lieben. Aber da gibt es auch die Hoffnung auf ein Wiedersehen, den Wunsch, zusammen zu sterben oder doch wenigstens im Tode vereint zu sein.

Es ist ein spezifisch menschliches Verhalten, Trauer zu ritualisieren und in Glaubensvorstellungen, in religiösen und mythischen Erzählungen zu bewältigen. Volksdichtung hat dabei die verschiedenen Einstellungen zum Tod und zu den Toten unterschiedlich gestaltet. Da gibt es das Bedürfnis, zu den Toten zu gehen oder die Toten wieder ins Leben zu integrieren; schließlich den Wunsch zu wissen, wohin die Toten gehen, das Jenseits zu erforschen; die Sehnsucht, den Tod nicht als Ende, als Zerstörung und Vernichtung, sondern als Wandel und Neuanfang im Sinne eines ›Stirb und Werde‹ zu verstehen. Die unterschiedlichen Verhaltensweisen gegenüber Tod und Sterben sind zwar bestimmten

Erzählgattungen zugeordnet, aber nicht von ihnen abhängig. Es verhält sich eher umgekehrt: Die Erzählgattungen sind Ausdruck unterschiedlicher menschlicher Gefühle und Emotionen, Folgen unterschiedlicher kulturhistorischer Schichten und letztlich Zeugnisse unterschiedlicher religiöser Systeme und Vorstellungen, archaisch-heidnischer Glaubensreste ebenso wie christlich-kirchlicher Belehrung.
Im Schwarzwälder Harmersbachtal ist die folgende Sage vom ›Totengottesdienst‹ in niederalemannischer Mundart aufgezeichnet worden:
Do, wo hit d'Zitig isch, d' Druckerei, sin frier zwai alde Jungfere gwohnt. (Des het als mi Mueder verzält.) Sin frommi Jungfere gsi, hän vil über d'Ewigkeit gschproche, über die ander Welt.
Donn ischs emol um Winechte gsi, in de Heilige Nacht. Morgens früeh um halber sechsi isch 's Engelamt gsi.
No sin sie z' Nocht über aimol ufgschreckt un hän gsait: »Wieviel Uhr wird si?« Hän hald e Lomp ozunde... »Hetz isch Zit?« – »Ja, d' Uhr schteht! – Ja, wo simmer jetz dro?«
No het aini s' Fenschder ufgmocht un het hald nusguckt. No het si gsähne, daß die Fenschder von de Pfarrkirch obe hell beleuchtet ware, so, wie 's frier vun de Kerze beleuchtet war. No het die gsait: »Jesses Maria! Due! D' Chrischtmetti isch je schu ogonge! S' isch jo schu Zit, d' Kirch schu beleuchtet.«
Un no hän si sich halt schnell ferdig gmocht un sin nus uf d' Schtroß. Un no isch halt kei Mensch gloffe uf de Schtroß un hän gmaint, si sin so schpot dro un sin nufbelzt (hinaufgeeilt) un hinde zum Glockendurm ni un zu de hindere Kirchedür ni un in e Bank.
Die Kirch isch nit voll gsi; no hän si denkt: ha, s'isch no nit ogonge, s' het no kai Orgel gschpielt. Am Aldar isch au no finschder gsi. Un di Bänk sin teilweis mit zwai, drei Persone besetzt gsi un hän alle Wachsschdöck brenne ghet, wie mer's frier ghet het.
No hän di zwai hald s'Buech ufgmocht. Isch aber nieme meh rikumme, un an Aldar isch au niemer gonge, un d' Kirch isch au nit ogonge. Des het sie hald innerlig beschäftigt, un no hän si denkt: Was isch au des?
No isch di aind gonge un het sich an de Bank so nunderbeugt un het an de Bank so vorgschaut. No het sie gsähne, daß die Persone nit rum un nit dum gucke. Wo sie schaut, sin des Gschtorbeni gsi, Dail schu von long her, un Dail erschd kurz, luter Gschdorbeni!
No het si e Gruuse packt, un so hän si enonder oguckt un hän schtillschweigend s' Kriz gmocht un sin hinderschi nus.

Wo si heimkumme sin, no hän si gmerkt, de Zit noch, daß es zwische Zwölf un Ains gsi si muess. S'het als frier ghaisse, alli hundert Johr derfe si wider kumme in de Heilige Nocht zwische Zwölf und Ains. Un des hän si zufällig gsähne!
Un nochheri hän sie zuenonder gsait un enonder verschproche: desjenige, wo zuerscht schtirbt, soll em ondere sage, ob si's recht moche.
Un bald druf isch aini gschtorbe, un no ische kummi in'ere Nocht und het klopft. No ischi ufgwacht, un donn het si ihre de Nom gä un het gsait:

»Wie mer's glaubt, so isch's nit,
und wie's isch, so glaubt mer's nit.«

Im Mittelpunkt steht ein numinoses Erlebnis: die Teilnahme an einem Gottesdienst der Verstorbenen. Deutlich ist der Abstand der diesseitigen von der jenseitigen Welt. Am Schluß steht kein märchenhaftes happy-ending, sondern der Tod der beteiligten Menschen. Kulturhistorisch zeigen sich alte Schichten: nicht nur der Kerzenbrauch, sondern vor allem die Kirche als Bestattungsplatz. Die Toten wurden ja in älterer Zeit noch in der Kirche oder neben der Kirche (das bedeutet eben ›Kirchhof‹) bestattet. So blieben sie mit der irdischen Kirche und Liturgie in Verbindung und bildeten sozusagen tatsächlich eine Kirche für sich. Die Gemeinschaft der Toten eines Friedhofs spielt in vielen Sagen eine Rolle.
Stoffgeschichtlich sind hier zwei weitverbreitete Erzähltypen zusammengespannt: 1. die Erzählung von der ›Geistermesse‹ und 2. die Erzählung ›Freunde in Leben und Tod‹. In beiden Fällen handelt es sich um mittelalterlich-kirchliche Exempel. Schon Gregor von Tours (6. Jahrhundert) bringt in seiner Schrift »De gloria confessorum« unsere Sage von der Geisterkirche. Der Exempelcharakter ist noch in der Gegenwartserzählung des 20. Jahrhunderts ganz deutlich: Du mußt dein Leben ändern, solange es noch Zeit ist. Niemand kann sich eine Vorstellung davon machen, wie streng im Jenseits vergolten wird. Der Tod hat immer etwas zu tun mit der Schluß-Bilanz eines Lebens, d.h. auch mit begangenen Sünden und Versäumnissen. Jeder Mensch, aber gerade auch der Christ, möchte wissen, was ihn im Jenseits erwartet, und hier wird es ihm durch eine Botschaft aus dem Jenseits verkündet.
Daß wir solche Erzählungen noch immer hören und aufzeichnen können, braucht kein Beweis besonders langanhaltender Kontinuität zu sein, solange am kirchlichen Schriftenstand noch heutzutage Traktate angeboten werden mit Titeln wie »SOS aus dem Fegfeuer« oder »Meine

Erlebnisse mit Armen Seelen«. Viele mündlich notierte Erzählungen können ihre Abhängigkeit von kirchlichen Exempeln nicht verleugnen, wobei man selten nachweisen kann, wie alt oder jung die Vermittlungsstellen sind. Meist dürften sie relativ jungen Ursprungs sein. Es sind gerade die superfrommen und ganz gläubigen christlichen Gemeindemitglieder, die solche Erlebnisse haben. Dies hebt der Text auch expressis verbis hervor: ›Sin fromme Jungfere gsi‹. Wer viel glaubt, dem widerfährt auch viel. Nur dem Tiefgläubigen widerfährt ein solches Erlebnis.

Auch die folgende Erzählung ist vermutlich ein re-oralisierter Volkslesestoff:

Mi Mueder het des als verzelt: In Bruderdal isch des als bassiert. Dò sei e Büüri gsi, di het vil Almose gä. Un nò hän di Lit hald als ›Vergelt's Gott' gsait. Schint's het si nit arg vil Wert druf glegt. Nò häb emòl de Knecht zu'ere gsait: »Büüri, ich hätt gern ebbis vun Euch.« Nò het si gsait: »Ja, was?« Nò het'er gsait: »Wenn ich die ›Vergelt's Gott‹ kinnt hô, wo Ihr schu kriegt hän, wenn ich emòl schtirb?« Nò het si gsait: »Ja, die kònnsch du hò.« Un nò isch's hald fertig gsi.

Jetz isch's gònge, bis si gschtorbe isch. Nò wo si gschtorbe gsi isch, un er häb nebe dònne uf'em Schpicher (wie's bi deni Buurslit isch) gschlôfe. Nò de erschd Ôbed, wo si gschtorbe gsi isch, wo'er kumme isch, ischi uf de Schätg gsässe. Nò isch'er furt un het nix gsait zu'ere. Ôm zwaite Ôbed isch si wider druf gsässe, wo er kumme isch.

Nò het'er wider nix gsait. Er isch nit so keck gsi. Aber nò isch'er zum Pfarr un het's-em Pfarr gsait. Nò het de Pfarr gsait: »Hit Ôbed, wurd sie jetz wider kumme.«

Un nò soll er si frôge, was si will. Nò het'er si gfrôgt, was si will, daß si schu drei Mòl dòsitzt. Nò het si gsait: »Die Vergelt's Gott, wo ich dir gä hob.« Nò het'er gsait: »Ja, di kènne Ihr hò.« Un nò ischi nimmi kumme. Un òn dene Vergelt's Gott het's ere gfehlt.

Der Gebrauch der Dankesformel ›Vergelt's Gott!‹ steht in der ländlichen Umgangssprache im Schwarzwald noch heute in engem Zusammenhang mit den erzählten Arme-Seelen-Geschichten. Wird ein Armer, ein Bettler von einer Bäuerin beschenkt, so hört sie ein städtisch-höfliches ›Dankeschön‹ nicht gern. ›Des isch wie Wasser!, d.h. es hat keinen Wert. Der Beschenkte soll mit einem ›Vergelt's Gott!‹ danken, worauf sie mit einem ›Segen's Gott‹ oder ›Zahl's Gott‹ antwortet. Diese

›Vergelt's Gott‹ werden in der Ewigkeit gesammelt, und nach der Zahl der guten Werke wird jedermann gemessen. Eine Erzählerin versicherte, daß man sofort in den Himmel käme, wenn man am Tag drei ›Vergelt's Gott‹ empfangen würde. Hat ein Mensch zu wenig dieser Dankesformeln gesammelt, so muß er als Arme Seele gehen und um die fehlenden ›Vergelt's Gott‹ betteln. ›Seelgerät‹ nennt man dies in der mittelalterlichen Sprache. Es ist das notwendige Rüstzeug, das die Seele in der jenseitigen Welt am dringendsten braucht. Aber auch Lebende können ihre Guthaben auf die Toten übertragen. Der Pfarrer als Ratgeber bei der Begegnung mit Armen Seelen spielt oft in diesen Sagenberichten eine Rolle. Und der Pfarrer ist es ja auch, der diese Informationsschriften auslegt und an seine Gemeindemitglieder vermittelt.
In solchen Traktaten des katholischen kirchlichen Schriftenstandes werden die Gläubigen belehrt, wie sie sich bei der Begegnung mit einer Armen Seele verhalten sollen. Und, stimuliert durch solche Lektüre, kommt es dann auch zu entsprechenden Erlebnissen und Berichten. In der folgenden Erzählung zwingt eine nicht gelesene hl. Messe den verstorbenen Vater aus dem Grab.

Wu n'i no ä jung Maidli gsi bin, un mi Vadder grad gstorbe war, mei, do han i ebbis erläbt – des vugiß i nimmi! So long i leb nit!
Unser Vadder isch grad ä paar Woche gstorbe gsi, do bin i mit minere Schwester, mit de Luis, im Bett gläge – weisch, mir hän zamme ä Bett gho. I hon noch gschlofe, do het am Morge, s'isch grad Betzit gsi, uf eimol d'Luis gruefe: »Mine! Mine! wach uf! Do usse, lueg, vorm Fenster isch de Vadder, ich sieh en ganz gnau, de luegt mi richtig o! Jesses Maria, siehšchs nit?«
Aber wu ni richtig wach gsi bin het mer nix me gsäne vorrem Fenster. D'Luis het deno gsait: »Weisch, Mine, des isch die arm Seel vum Vadder gsi, die het mi welle dro erinnre, daß i vugesse hon die heilig Mess fir en lese z'lo. Weisch, s'isch schu ä Zit her, do het mir de Sunne-Wirt Geld gä un het gsait, i soll vu dem Geld ä heiligi Mess fir de Vadder lese lo. S'isch doch si Freind gsi! Un i hab des Geld in Sack gsteckt un nimmi drodenkt an die heilig Mess. Jetz het doch miese der arm Vadder zruck kumme, weil er kei Rueh gfunde het. Aber weisch, gli nochher gong i zum Pfarr un gib'm des Geld, deno soll er gli die heilig Mess lese.« Un so isch's gsi. Mei, d'Luis het sit dert kei heiligi Mess me vugesse lese z'lo. Un i aber au nit!

Das genau ist es, was die Sagenforschung ein ›Memorat‹ nennt, einen persönlichen Erlebnisbericht, eine ›personal experience-Story‹. Solche Aufzeichnungen aus der Feldforschung beweisen zugleich, daß auch Sagen kleine Erzählkunstwerke sein können. Selbst dann, wenn solche Erzählungen von Druckwerken inspiriert sind, sind es höchst dramatische, ergreifende und lebendige individuelle Erfahrungen.

Die Toten sind auf die Gebetshilfe der Lebenden angewiesen. Das ist der Inhalt unzähliger Arme-Seelen-Sagen. Arme Seelen sind aber nicht immer nur passiv. Sie können dem, der für sie gebetet hat, auch ganz aktiv helfen. In den Totensagen erweisen sich die Armen Seelen wohltätig und hilfreich gegenüber ihren Guttätern. Wer für eine ›Arme Seele‹ betet, genießt auch deren Schutz. Es gibt hier durchaus ein Verhältnis der Gegenseitigkeit. Dies illustrieren etwa die bekannten Sagentypen, in denen erzählt wird, wie Tote zur Verteidigung von Lebenden auftreten, die für sie gebetet haben. In der Nähe dieser Arme-Seelen-Exempel gehört auch die Erzählung vom dankbaren Toten, d.h. sie gehört viel eher zu den Exempeln und legendenartigen Erzählungen als zu den eigentlichen Zaubermärchen. Gerade in populären Armen-Seelen-Büchern ist immer wieder auf das Beispiel Tobias hingewiesen worden. Das hat nicht erst mit der cluniazensischen Propagierung des Arme-Seelen-Gedankens zu tun, sondern hier wirken ältere christliche Überlegungen zur Totenbestattung weiter, wie sie bereits der hl. Augustin (354—430) in seiner Schrift »Die Sorge für die Toten« (»De cura pro mortuis gerenda«) formuliert hatte. Dies ist vermutlich das Fundament, auf dem die christliche Katechese weiterbaute. Die dankbaren und helfendenToten gehören jedenfalls durchaus in die mittelalterliche Frömmigkeitsgeschichte.

In allen diesen christlich geprägten Erzählungen geht es um die Erlösung von schuldig gewordenen Toten. Und Erlösung bedeutet – im wörtlichen wie übertragenen Sinne – Entschuldung des Toten. Nun gibt es aber auch andere Sagen, wo es um eine sehr nahe Bindung zwischen Lebenden und Toten geht. Trauer bedeutet ja u.a. das sich allmähliche Lösen von den Verstorbenen. Manche Sagen erzählen nun aber von der Fortsetzung der ehelichen Gemeinschaft mit dem überlebenden Partner.

Das hat mir der alte Pfarrer selbst erzählt. Wie er noch ganz frisch ist hier nach Hochwies gekommen, hat ihn sein Vorgänger aufgeklärt

über die Gemeinde. Und als Beispiel, wie hart der Aberglauben in den Köpfen noch stecken tut, hat er ihm ein Beispiel erzählt: Um 1860 herum ist eine Frau zu ihm gekommen und hat ihn um ein Mittel gebeten und einen Rat. Sie hat ihm gesagt, ihr toter Mann kommt jede Nacht zu ihr und verlangt, sie soll mit ihm schlafen. Der Pfarrer hat ihr das wollen ausreden und hat ihr gesagt, sie tut das nur träumen, das kann nicht sein. Sie sagte, das sei die heilige Wahrheit. Jetzt ist der Pfarrer bös geworden und hat ihr erklärt, sie soll ihn nicht belügen. Dann hat das Weib ihr Hemd aufgerissen und ihm auf ihrer Brust gewiesen blaue Flecken. Die hätte sie davon, daß sie ihrem toten Mann nicht wollte zum Gefallen sein, weil sie sich vor dem Toten hat gefürchtet. Da habe er sie verprügelt und aus dem Bett geworfen. Deswegen sei sie ja hier.
Der Pfarrer hat ihr nicht ausreden können, daß das eine Einbildung ist und sie im Traum aus dem Bett gefallen sein muß, sich so wird geschlagen haben. Um sie los zu werden, hat er dann ihr einen alten, verschlissenen Chorrock aus der Kirche holen lassen. Den soll sie umhängen, er wird ihr helfen. Und wirklich hat sie später behauptet, das hätte geholfen, der Tote wäre vor dem Geweihten zurückgeschreckt. Er sei noch drei Nächte vergebens gekommen, dann nimmer.

Noch aus der gedruckten Sagensammlung hört man durch die syntaktische Notierung die Mündlichkeit des authentischen Zeugnisses heraus. Der bekannteste Erzähltyp für die Fortdauer der Liebesbeziehung ist die Sage vom zurückkehrenden toten Bräutigam, die man – analog zu G. A. Bürgers berühmter Schauerballade – den ›Lenoren‹-Typ nennt. Das Stück gibt eine deutliche Lehre gegen übertriebene Trauer. »Er warnte sie noch, ja keinen Verstorbenen mehr zu sich zu verlangen« – so oder ähnlich lautet oft der Schluß dieser Sage. Auch die Erzählungen vom nassen Totenhemdchen (KHM 109) oder vom Kind mit dem Tränenkrüglein sind solche Beispiele, mit denen vor allzu langer und selbstzerstörerischer Trauer gewarnt wird.
Enge vitale Bindungen werden durch den Tod nicht abgerissen. So kehrt auch die tote Mutter zu ihrem Kind zurück. Dies kommt sehr häufig in Sagen vor. Eine verstorbene Mutter kann auch ihr Kind ›nachholen‹. In diesen Fällen spricht man von einem ›Nachzehrer‹. Unter einem Nachzehrer versteht man vor allem einen Toten, der in seinem Grab an seinem Leichentuch saugt und dadurch andere Verwandte ins Grab

nachzieht. Der Vampir dagegen verläßt als ›lebender Leichnam‹ sein Grab, um Blut zu saugen. Man öffnet das Grab des Toten, und an diesem erweisen sich die Zeichen der vampirischen Existenz, wie Unverwestheit und Blutspuren. Man ergreift Gegenmaßnahmen; ein zweiter Tod muß an dem Verstorbenen vollzogen werden. Dem Toten wird der Kopf zwischen die Beine gelegt oder das Herz herausgerissen, oder er wird gepfählt, d. h. der Tote wird sozusagen im Grab festgenagelt. Das radikalste und wirksamste Mittel ist das Verbrennen. Das Feuer vernichtet den Körper vollständig. Die Asche wird in alle Winde zerstreut oder ins Wasser geworfen.

Der Vampir des Volksglaubens erfuhr in Literatur und Film erhebliche Umdeutungen. Nach der heutigen allgemeinen Vorstellung sind Vampir und Dracula identifizierbare Begriffe. Doch der Folklore-Vampir ist eigentlich etwas völlig anderes als der der Horrorfilme. Die Koppelung beider Vorstellungen geht vornehmlich auf den Roman »Dracula« von Bram Stoker zurück, der dem zum Vampir gewordenen Dracula weltweite Bedeutung verschafft hat. Hinzu kommen unzählige Verfilmungen. Die bedeutendste ist Fritz Murnaus »Nosferatu. Eine Symphonie des Grauens« von 1922, und die Serie reicht bis zu Roman Polanskis »Tanz der Vampire« von 1967. Die psychologischen Hintergründe für die Dauerhaftigkeit und für den Erfolg von Vampirgeschichten sind die Vermischung von Sexualität und Tod, gemischt noch mit Brutalität.Die Vermischung von Verbrechen und Sex hat die Gemüter immer wieder bewegt – ganz ähnlich wie beim Blaubart-Stoff oder bei Don Giovanni. Es wird solange Vampirfilme geben, bis nicht dem letzten Produzenten in Hollywood ein Holzpfahl durchs Herz gerammt wurde.

Man muß – wie gesagt – trennen zwischen dem literarischen Vampir Graf Dracula und dem der Volksüberlieferung. Der fiktionale Vampir kommt aus der Oberschicht; er ist, wie Graf Dracula, ein Angehöriger der Aristokratie und lebt in einem Schloß; der volkstümliche Vampir kommt aus der bäuerlichen Welt und ist auf einem Friedhof begraben. In Film und Roman wird man zum Vampir, wenn man von einem Vampir gebissen wurde. Meist geschieht dies in einer dramatischen, auch filmisch ergiebigen Szene: gebissen wird am Hals oder Nacken. Ist der Vampir männlich, muß sein Opfer weiblich sein und umgekehrt. Wenn Folklore-Vampire Blut saugen, beißen sie ihr Opfer eher in die Brust, besonders in die Herzgegend.

Es ist auffallend, wie wenig christliche Züge in die Vampirsagen Eingang gefunden haben. Niemals ist von christlichen Erlösungstaten die Rede wie bei anderen Toten oder bei Armen Seelen, sondern der Vampir wird total vernichtet. Nicht die Erlösung des ruhebedürftigen Toten ist das Ziel der Vampirgeschichten – wie sonst in den Wiedergängersagen, sondern allein die Befreiung der Lebenden von der Gefahr des Toten. Die Vampirthematik ließ keine Verchristlichung ihrer Inhalte zu.

Es gibt eine ganze Reihe von Komplexen der Totensage, in denen es kaum christliche Beeinflussung oder Überlagerung gibt. Dazu gehören auch die Begegnungen mit einem toten *alter ego*. Am bekanntesten ist die vorwiegend niederdeutsche Erzählung vom Toten im Sarg.

Ein Knecht hat das zweite Gesicht, und immer wenn ein Todesfall bevorstand, sah er auf der Diele den Sarg. Und jedesmal starb der, den er gesehen hatte, binnen Jahresfrist. Eines Abends kommt unser Knecht in seinen Bauernhof zurück, und da findet er auf der Diele einen offenen Sarg. Allein den Toten, der in dem Sarg liegt, erkennt er nicht. Wart, denkt er sich, ich will dich schon ausmachen, wenn ich dich morgen treffe. Er nimmt sein Messer und schneidet dem Toten über der Stirn ein Büschel Haare ab. Wie sie am nächsten Morgen beim Frühstück sitzen, da sagt die Magd zum Knecht: Du, wer ist dir denn in den Haaren gewesen letzte Nacht? Und nun erkennt der Knecht, daß er es selber gewesen ist, dem er in der Nacht die Locke abgeschnitten hat. Er kündigt sofort den Dienst, verläßt das Haus und verdingt sich anderswo. Lange geht alles gut. Aber nach einiger Zeit möchte er seinem alten Bauern einen Besuch machen. Er kehrt auf den Hof zurück, geht in den Stall, um das Pferd zu streicheln, das er so lange gepflegt hat. Aber es schlägt aus, trifft ihn tödlich, und nun wird er auf der Diele aufgebahrt, genauso, wie er es vor Monaten vorhergesehen hatte.

Volkserzählungen sagen etwas aus über das eigene Ich. Und die eigentümlichsten Erzählungen dieser Art sind jene, in denen der Mensch sich selbst in einem zweiten Ich, in einem *alter ego*, ganz konkret, wirklich und im Wachbewußtsein begegnet. Der Mensch steht seinem eigenen Tod, seiner eigenen Endlichkeit gegenüber. Das sind nur Einzelbeispiele – wenn vielleicht auch besonders eindrucksvolle.

Wenn der Mensch sich in sein Schicksal fügen muß, egal welches schlimme Los ihm zuteil wurde, ist jede Kritik, Rebellion, Auflehnung unsinnig und erfolglos. Weil das menschliche Leben immer mit dem Tod endet, ist Schicksal letztlich immer das schlechte, schlimme, unglückliche Schicksal, der Tod, das Ende, die Katastrophe. Die Vorstellung eines vorherbestimmten Schicksals basiert vorwiegend auf einem vor- und außerchristlichen Weltbild und spielt in vielen Sagen eine Rolle. Die Sagen vom prophezeiten Tod sind in Aufbau und Motivbestand einander sehr ähnlich. Meistens ist das Schicksalskind ein Junge. Dem größten Teil der Varianten gemeinsam ist das Motiv von der Bestimmung der Schicksalsfrauen. Diese sagen dem neugeborenen Kind voraus, durch welchen Umstand es seinen Tod finden wird. Das sozusagen ›normale‹ Lebensende, der Tod durch Altersschwäche oder durch Krankheit ist nur selten zum Gegenstand des Spruches der Schicksalsfrauen geworden. Dies war kein Anlaß zur Sagenbildung. Nur das Außergewöhnliche ist weitersagenswert. Besonders dramatisch ist etwa die Sage vom vorherbestimmten dreifachen Tod:

Einem Kind wird prophezeit, daß es auf drei verschiedene Arten seinen Tod finden wird. Die Erfüllung dieser Weissagung wird für unmöglich gehalten, weil jeder Mensch nur einen Tod sterben kann. Ein Versuch, den Eintritt des dreifachen Todes zu verhindern, fehlt deshalb in dieser Sage. Der Mensch wähnt sich in Sicherheit. Aber eines Tages erfüllt sich der Spruch auf grausame Weise. Z. B. die Schicksalsfrauen erscheinen. Die erste sagt: ›Das Kind wird von einer Schlange gebissen werden‹; die zweite sagt: ›Es wird vom Baum fallen‹, und die dritte bestimmt: ›Es wird ertrinken‹. Als das Kind erwachsen ist, steigt es auf einen Baum, um ein Vogelnest auszunehmen, wird von einer Schlange gebissen, die in dem Nest saß, fällt herunter ins Wasser und ertrinkt.

Alle diese Sagen sind eng miteinander verwandt. Ohne den zugrundeliegenden Volksglauben von den Schicksalsfrauen ist ihre Entstehung kaum denkbar. Alle haben einen ausgesprochen vorchristlich-heidnischen Anstrich in ihrer Schicksals- und Todesauffassung. Was nun kulturgeschichtlich diese Sagengruppe so interessant macht, ist, daß wir in ganz verschiedenen Kulturkreisen und Sprachfamilien mehr oder weniger dieselbe Vorstellung von schicksalsverkündenden Frauen finden. Sie heißen Moiren oder Miren bei den Griechen, Parcen bei den Römern, Scephen oder Schöpferlein in deutschen mittelalterlichen und neuzeitlichen Quellen, Fati oder Feen bei romanischen Völkern, Ursitoire bei Rumänen, Urmen bei Zigeunern, Sudiĉe, Sudniĉi oder Roienice bei slawischen Völkern. Die Funktion dieser dämonischen Frauengestalten stimmt darin überein, daß sie dem neugeborenen Kind in einer der Nächte nach der Geburt sein Schicksal voraussagen. Immer geht es um den Glauben, daß das Leben des Menschen unter dem Zwang von übernatürlichen Mächten steht, denen er unterworfen ist und denen er gehorchen muß. Ihren dramatischen Kern bekommen diese Sagen durch den Versuch des Menschen, sich dem vorbestimmten Schicksal zu entziehen. Ein interessantes Beispiel hierfür ist eine Variante der Überlistung der Schicksalsfrauen durch das Auslöschen des Herdbrandes. Dieser alte Stoff gehört schon der antiken Meleagersage und der skandinavischen Nornagestsage an, und er läßt sich in seinem Weiterleben bis ins 20. Jahrhundert beobachten, vor allem in Balkanüberlieferungen.

Einer Mutter starben immer nach der Geburt die Kinder, weshalb sie sich entschloß, den Spruch der Moiren über ihr letztes Kind, einen Jungen, zu erlauschen. Sie stellte sich schlafend und sah die drei Moiren kommen. Die erste sagte: ›Er soll in dieser Minute sterben‹. Die zweite sagte: ›Nein, wir haben dieser armen Frau schon so viele Kinder genommen, lassen wir ihr aus Mitleid das eine?‹ ›Nein‹, sagt die erste, ›wir müssen es jetzt, diesen Augenblick nehmen‹. ›Hört mich an‹, sagt die dritte: ›Ich bestimme, daß es sterben wird, sobald dieses Holzscheit im Feuer verbrannt sein wird!‹ ›So soll es sein‹, sagten die anderen Moiren. Darauf schlossen sie ihr Buch und verschwanden. Die Mutter löschte das Holzscheit und bewahrte es auf dem Boden ihrer Truhe auf. Der Sohn wird groß und heiratet; vor ihrem Tode übergibt seine Mutter das Geheimnis ihrer Schwiegertochter. Nach einem Streit wirft diese das Holz ins Feuer, und der Mann stirbt.

Immer ist es auch in den volkstümlichen Varianten so – wie ja auch noch im Dornröschen – daß die beiden ersten Moiren oder Feen zwei Wünsche aussprechen, und die dritte macht diese Vorschläge mit ihrer endgültigen Bestimmung zunichte.
Deutlich heben sich in den Sagen verschiedene kulturhistorische Schichten ab. Oft ist christlicher Einfluß vorherrschend. In diesen Fällen geht es um die Erlösung von büßenden Armen Seelen und

Totengeistern. Davon hebt sich eine nichtchristliche Schicht der Wiedergänger, der Vampire und Nachzehrer ab. Aber auch alle nur möglichen sonstigen Toten- und Jenseitsvorstellungen stehen in der Sage nebeneinander. Sterben und Tod und das Leben nach dem Tode sind jedenfalls das fast beständige Thema der Sage. Beherrschend ist die Angst vor dem Toten, dem man Schuld unterstellt; aber auch die Angst vor dem Toten aufgrund eigener Versäumnisse, d. h. die Angst vor dem Toten, dem man selber etwas schuldig geblieben ist. Hinzu kommt die Zukunftsangst vor schlimmem Schicksal.

Dem Angstdenken der Sage steht nun das Wunschdenken des Märchens gegenüber. So repräsentieren die beiden Gattungen zwei grundsätzlich verschiedene Verhaltensmuster des Menschen angesichts des Todes. Das Märchen skizziert den Menschen, der den Tod ausklammern möchte, ihn vielleicht sogar verdrängen muß, wenn das Leben weitergehen soll. Zwar gibt es auch im Märchen den Tod; aber es gibt ihn nur für die ›anderen‹. So sterben z.B. die Eltern des Helden entweder am Anfang der Erzählung, damit der Held ganz auf sich selbst gestellt, von allen Bindungen befreit (als Waisen- oder Stiefkind) seine Abenteuer bestehen kann (z. B. KHM 21, 47, 53, 65, 153, 185, 188); oder die Eltern sterben am Schluß der Erzählung, um dem jungen Paar den Weg zur Herrschaft frei zu machen (z. B. KHM 100, 111). Und es sterben natürlich die Gegenspieler des Helden, zumeist sogar einen drastisch-grausamen Tod: Sie werden als Hexen auf dem Scheiterhaufen verbrannt (KHM 49), an den Galgen gehängt (KHM 110), von wilden Tieren zerrissen oder im Nagelfaß im Meer ertränkt (KHM 11, 135). Die Hexe in ›Hänsel und Gretel‹ stirbt den Tod im Backofen, den sie den beiden Kindern zugedacht hatte (KHM 15). Der Held allein bleibt vom Tod ausgenommen. Wie ein Schlüsselwort enthüllt diese Situation die magische Formel für das Zauberschwert, dem der Held sagt: »Köpf' alle runter, nur meiner nicht!« ..., da rollten alle Köpfe zur Erde, und er war allein der Herr und war wieder König vom goldenen Berge« (KHM 92). Es ist ein ungeheurer egozentrischer Rigorismus, mit dem das Märchen nicht nur die Gegenspieler des Helden, sondern auch seine Verwandten, Eltern und Geschwister beiseite räumt, um dem Protagonisten allein den Platz für seine Selbstverwirklichung und sein Glücksstreben frei zu machen.

»... und wenn sie nicht gestorben sind, so leben sie noch heute«. Nichts charakterisiert den schwerelosen Schwebezustand des Märchens zwischen Wirklichkeit und Nichtwirklichkeit besser als diese Schlußformel. Sie weist nicht nur auf die Zeitlosigkeit des Märchens hin, sondern mehr noch auf den glückseligen Zustand des Märchenhelden, für den es eben keinen Tod gibt. Zumindest ist der Tod für ihn nichts Endgültiges; allenfalls ein vorübergehender Zustand. Dornröschen (KHM 50) stirbt eben nicht, obwohl die 13. Fee bestimmt hatte: »Die Königstochter soll sich in ihrem 15. Jahr an einer Spindel stechen und tot hinfallen«. Doch da gibt es zum Glück noch die 12. Fee, die ihren Wunsch noch nicht ausgesprochen hatte und die den bösen Schicksalsspruch mildern kann: »Es soll aber kein Tod sein, sondern ein hundertjähriger Schlaf«. Viele andere Beispiele könnten das gleiche verdeutlichen. Schneewittchens scheinbarer Tod erweist sich nur als Scheintod (KHM 53). Die ermordete Königin in »Brüderchen und Schwesterchen« (KHM 11) kommt zurück, um nach ihrem Kind zu sehen. In dem Augenblick, als sie der König erkennt, kehrt sie ins Leben zurück. Eine Lebenswurzel macht den Helden wieder lebendig: »Der Tote ward wieder ins Leben gebracht und merkte gar nichts von der Wunde« (KHM 60, »Die zwei Brüder«). In einem anderen Märchen machen drei Schlangenblätter den Helden wieder lebendig (KHM 16). Im Märchen vom »Treuen Johannes« wird der Held in einen Stein verwandelt – ein todähnlicher Zustand, der aber wieder aufgehoben wird. Und auch die getöteten Königskinder kehren wieder ins Leben zurück (KHM 6). Der von seiner Stiefmutter geschlachtete Junge des Machandelbaummärchens (KHM 47) verwandelt sich in einen Vogel und zum Schluß wieder in seine menschliche Gestalt, und nach dem Tod der bösen Stiefmutter setzt man sich ›so recht vergnügt‹ zum Essen.

Die Ausklammerung des Todes gerade in den Kinder- und Hausmärchen wird besonders deutlich, wo die Brüder Grimm ein Märchen, das mit dem Tod der Hauptperson abschließt, in ein Happyend-Märchen, in ein Glücksmärchen umgewandelt haben wie im Fall von Rotkäppchen (KHM 26); im Gegensatz zu dem »petit chaperon rouge« von Charles Perrault ist ja eine bedeutsame Veränderung eingetreten. Die Erzählung endet nicht mehr damit, daß Großmutter und Rotkäppchen vom bösen Wolf verschlungen werden. So durfte die Handlung in einem Kindermärchen nicht enden; so war es nicht gattungsgemäß; und deshalb übernahmen die Brüder Grimm den glücklichen Ausgang vom »Wolf und den sieben jungen Geißlein« (KHM 5). Die Gattung ›Märchen‹ verlangte das sozusagen.

Doch wir würden es uns zu einfach machen, wenn wir sagten: Die Sage hat die und die Auffassung vom Tod und von den Toten, und das Märchen wieder eine andere. Immer geht es eben nicht um diese Objektivationen, sondern um sehr subjektive Aussagen von Menschen zu dem zentralsten Phänomen, das es in der Geschichte des Individuums gibt, zu seinem Ende. Im Grunde ist der Tod im Märchen eine Wandlungsmetapher, und umgekehrt: Bilder, die auf den ersten Blick nichts mit Tod und Jenseits zu tun haben, können im Märchen Todesmetaphern sein. Das Märchen meint oft den Tod, wo es von menschlicher Verwandlung spricht. Zumindest ist Verwandlung ein Hineingehen in eine andere Seinsweise. Denken wir an die Steinverwandlung, aber auch an die Verwandlung in eine schwarze und häßliche Gestalt. Oder der Held verläßt die Menschenwelt und gelangt in den Märchenwald, wo ihm die Mächte des Dunkels entgegentreten. Der Wald oder das Waldhaus sind Jenseitsorte. Auch der Glasberg als Hindernis zwischen Diesseits und Jenseits ist ein solcher Jenseitsort, der einiges mit einem Totenreich gemeinsam hat. Die Vorstellung des Berges überhaupt als Wohnsitz der Toten ist weitverbreitet. Auch die Erzählungen von Sympathie-Tieren oder Sympathie-Pflanzen gehören zu diesem Vorstellungskreis. Denken wir an das Märchen von der Unke: Wenn das Sympathietier getötet wird, tritt der Tod ein. Wir haben im Märchen also zu unterscheiden: den Tod in der Wirklichkeit und sozusagen den Tod als Gleichnis. Der Tod im Märchen ist eingekleidet in Bilder. Oft ist der Tod eine Art Durchgangsstadium zu neuem Leben *(mors porta vitae);* oder – der Tod als das Tor zu einem anderen Leben. Manifest wird das etwa am Motiv der Wiederbelebung eines Getöteten aus seinen Knochen.

Eine russische Variante zu KHM 100 (»Des Teufels rußiger Bruder«) bringt den Motivkomplex ›Töten und Wiederbelebung aus den Knochen‹ in einen bemerkenswerten Zusammenhang: ehe der Held zur Heirat mit der Zarentochter kommt, darf er 15 Jahre lang sich weder scheren noch kämmen und sich nicht schnäuzen, die Nägel nicht beschneiden und die Kleider nicht wechseln. Als die 15 Jahre um sind und die Hochzeit vorbereitet wird, zerhackt ihn der Teufel in kleine Stücke, wirft diese in einen Kessel und läßt sie kochen. Dann nimmt er die Teile heraus und legt alles wieder zusammen: Knochen zu Knochen, Gelenk zu Gelenk, Sehne zu Sehne. Dann spritzt er Wasser des Todes und des Lebens darauf – und der ungewaschene Soldat steht als ein schmucker Bursche da. Er heiratet nun die jüngste Zarentochter und wird glücklich.

Tod und Töten haben in diesem Märchen eine sehr enge Beziehung zum Leben: Um in dieser strahlenden Schönheit zu erstehen, muß die alte leibliche Existenz erst sterben. Die Parallelen aus dem Grimmschen Märchen liegen auf der Hand: »Machandelboom« (KHM 47) oder auch »Fitschers Vogel« (KHM 46) oder »Der Bruder Lustig« (KHM 81); aber vielleicht gehört auch noch ein anderer Motivkomplex von Töten und Wiederbelebung hierher:
Die Märchen, in denen der Held mit Hilfe der Tochter eines Zauberers die ihm gestellten Aufgaben löst, sind häufig mit einem solchen Todesmotiv verbunden. Eine der Proben, auf die der Held gestellt wird, kann nur in der Weise durchgeführt werden, daß er die helfende Geliebte zerstückelt und ihre Knochen als Leiter benutzt, um auf den Baum, Felsen oder Turm zu klettern, wo der verlangte Gegenstand zu finden ist; oder er wirft den zerlegten Körper des Mädchen ins Wasser, woraus er den betreffenden Gegenstand holen soll. Als Episode der ›Magischen Flucht‹ findet sich dieser Motivkomplex ›Schlachten, an den Felsen kleben und anschließende Wiederbelebung‹ in ganz Westeuropa, in Irland, Schottland, Frankreich, Spanien und in Nordafrika. Natürlich ist Zerstückelung hier kein Todesmotiv grausamer Bestrafung. Die Zerstückelung erfolgt vielmehr im Einverständnis mit dem Opfer selbst, denn es ist ja die Geliebte des Helden, die selbst den Plan vorschlägt, der schon dadurch gerechtfertigt erscheint, als er das Erfüllen der Aufgabe und damit auch die glückliche Vereinigung der Liebenden ermöglichen wird. Es ist die letzte und schwierigste Freierprobe. Das Motiv hat hier wohl einen tieferen psychologischen Sinn: Die Zerstückelung der Geliebten und die Verwendung ihrer Körperteile als Leiter oder Brücke ist nur die Realisierung des psychologischen Vorgangs dieses Märchens. Im Märchen wird bekanntlich alles sinnfällig gemacht, indem das innere Geschehen ins Konkrete und Materielle übertragen wird: Für das ›hohe‹ Ziel muß etwas ›geopfert‹ werden, und die Geliebte zeigt hier dem Helden, daß sie auch unter Opfern ihm helfen will, daß sie imstande ist, seine Schwierigkeiten im wörtlichen Sinne zu ›überbrücken‹. So wird sie – ganz im Konkreten – die ›Leiter‹ seines Erfolgs. Der Held sieht andererseits, daß er nur mit ihrer Hilfe

das gemeinsame Ziel erlangen kann und daß dieses Ziel von beiden Überwindung und vorübergehende Trennung verlangt.

Man hat die ›Eindimensionalität‹ des Märchens der ›Zweidimensionalität‹ der Sage gegenübergestellt (Max Lüthi). In allen Sagen, die wir bislang besprochen haben, ist die Welt der Toten, der Vampire, der Armen Seelen im Fegefeuer jedenfalls deutlich eine Anderswelt. Die Sagen erzählen von der erregenden und verwirrenden Begegnung des Menschen mit den Toten, während der Mensch des Märchens mit den Jenseitigen verkehrt, als ob sie seinesgleichen wären. Es fehlt das Gefühl des Abstandes zum Jenseits. Die Jenseitswelt ist nicht unbedingt eine Anderswelt. Dies bedeutet aber für unser Thema, daß die jenseitige Welt im Märchen oft wie eine diesseitige dargestellt wird. Dennoch gibt es sehr wohl im Märchen die Motivik der Jenseitswanderung. Das muß nicht im dogmatischen Sinn der Himmel, die Hölle, das Fegefeuer sein, ein Totenreich oder der Wohnsitz der Götter. Auch muß nicht jede Begegnung des Märchenhelden mit nichtmenschlichen Wesen, mit Hexen, Riesen, Zwergen, Menschenfressern und anderen Unholden gleich als eine ›Jenseitsfahrt‹ angesehen werden; auch nicht jedes Hinabsteigen in einen Brunnenschacht oder in eine Höhle. Nicht jede Suchwanderung des Helden führt notwendig ins Jenseits. Nur wenige Märchenhelden lenken ihren Weg gezielt zu den Toten. Sie wollen oder sollen etwas aus dem Besitz schon Verstorbener holen, das diese mit ins Grab nahmen. Sie wollen die Totenruhe lieber Verstorbener wieder herstellen oder die Toten sehen, oder sie begleiten unwissentlich einen Toten ins Paradies. Ein Mädchen holt Rat bei seiner im Grabe liegenden Mutter oder sie wird von ihrer toten Mutter beschenkt. Auch der Wunsch nach Unsterblichkeit, die Motivik vom Wasser des Lebens gehört zu den Märchenvorstellungen vom Jenseits. Der Begriff des Lebensquells, des lebendig machenden Wassers, den das Märchen bis heute bewahrt hat, reicht tief in alte Glaubensvorstellungen zurück. Einige Märchen zeigen die Andersartigkeit des Jenseits etwa durch den unterschiedlichen Zeitverlauf. Während der Held nur einige Stunden im Jenseits zu weilen glaubte, vergehen auf der Erde dreihundert Jahre. Oder drei Tage im Jenseits dauern hunderte von Erdenjahren. Im Reich des ewigen Lebens zählt die Zeit nicht, während unendlich viel Zeit auf der Erde vergeht. Dieser auch in der Sage zu findende Zug von der relativen Zeit dient dem Märchen dazu, die Zeitlosigkeit, die Ewigkeit, die Bedeutungslosigkeit der Zeit im Jenseits zu verdeutlichen. Man denke etwa auch an die Jenseitsbeschreibung im »Hirtenbüblein« (KHM 152): »In Hinterpommern liegt der Demantberg, der hat eine Stunde in die Höhe, eine Stunde in die Breite und eine Stunde in die Tiefe. Dahin kommt alle hundert Jahr ein Vöglein und wetzt sein Schnäbelein daran, und wenn der ganze Berg abgewetzt ist, dann ist die erste Sekunde von der Ewigkeit vorbei«.

Im Märchen vom »Teufel mit den drei goldenen Haaren« (KHM 29) und seinen Varianten kommt häufig die Figur des Fährmanns vor, der die Reisenden zwischen zwei Ufern an der Schwelle zur Hölle zu befördern hat und der an den antiken Charon erinnert, der den Übergang über den Styx regelt, der das Land der Lebenden vom Hades trennt. Auch hier geht es um eine märchenhafte Unterwelts- und Jenseitsreise. Einige Märchen von diesem Typ lassen deutlich erkennen, daß es nicht nur vordergründig um drei Haare des Teufels geht, sondern um generelle Antworten auf unlösbare Fragen, Antworten auf die Frage, ob das vorherbestimmte Schicksal seinen Lauf nehmen muß. Alle diese Märchen ordnen dem Jenseits die letztlich transzendente Funktion zu, über Leben, Bemühen und Fragen der Menschen zu entscheiden und Vergangenes und Zukünftiges zu wissen.

Wie steht es nun aber mit all diesen Katabasen, d. h. den Unterwelts- oder Jenseitsfahrten, bei denen von einem Helden berichtet wird, der es unternimmt, im Vertrauen auf übernatürliche Mächte und Kräfte oder auf helfende Tiere ins Jenseits, in die Unterwelt, in die Hölle, auf den Glasberg, zur Sonne, ins goldene Königreich, zum ›lieben Gott‹ zu reisen, um entweder ein verlorenes Gut wiederzuholen oder ein gefährdetes Leben durch ein Heilmittel, z. B. durch das Wasser des Lebens oder auch nur durch die Gewinnung verborgenen Wissens zu retten, um die Ursachen rätselhafter oder bedrohlicher Störungen zu erfahren oder auch für sich selbst eine wunderschöne Prinzessin zu gewinnen. Der geistige Hintergrund solcher Poesie ist sicher der angeborene Wunsch des Menschen, selbst nicht zu sterben, aber doch wissen zu wollen, wie es mit den Verstorbenen stehe, wo sie seien und wie sie sich befänden; aus dem Bedürfnis und Verlangen, mit ihnen in Verbindung zu treten, sie wiederzusehen, sie zu wecken, zu befreien und zu erlösen von Nacht und Erstarrung, zu einem neuen Leben zu befähigen. Je weniger man Sicheres über den Tod, über das andere Leben, über das Jenseits, über das rein seelische Dasein wußte, umso eifriger beschäftigte sich die Phantasie damit, das Dunkel aufzuhellen.

In einem Märchen aus Slowenien wird eine solche Jenseitsreise mit einer enorm bildstarken Vision beschrieben. Der Held zieht in die jenseitige Welt, um auf Geheiß des Königs einen Ring wiederzuerlangen, den die verstorbene Königin ins Totenreich mitgenommen hat. Es geht um ein visionäres Wiedersehen in der anderen Welt. Die ebenfalls verstorbene Mutter seiner Geliebten dient dem Helden als Seelengeleiter ins Reich der Toten. Diese sagt zu ihm:

»Fasse mich am Saum meines Kleides und folge mir, ohne nach der Seite zu blicken oder den Kopf zu wenden.« So schritten sie durch die Höhle. Dann betraten sie einen Weg, der weiter durch die Erde führte. Sie kamen durch grünlich und bläulich glitzerndes Felsengewölbe, in dem sie schreckliche Dinge sahen. Da kroch eine eklige Schlange aus einer Ecke in die andere und trank gierig Eier aus. »Das ist«, flüsterte die bleiche Frau, »ein Mädchen, das seiner Mutter Eier aus der Speisekammer stahl und diese austrank. Deshalb hat sie der liebe Gott in eine Schlange verwandelt. So muß sie nun bis zum Jüngsten Gericht Eier stehlen.« Dann sahen sie einen Mann und ein Weib an den Beinen aufgehängt, die unaufhörlich mit den Rücken gegeneinander schlugen, daß es nur so dröhnte. »Das ist ein Ehepaar, das sich auf Erden nicht vertrug«, erklärte die bleiche Frau. Dann kamen sie an zwei Männern vorüber, die aufgespießt waren. Unter ihnen brannte ein Feuer, so groß wie in einem Kachelofen. Und indem sie einander gegenseitig drehten, fragte der eine fortwährend zähneklappernd: »Friert dich, Freund?«, worauf der andere stets antwortete: »Uhuhuhuhu, es friert mich fürchterlich!« – »Diese beiden haben zu Lebzeiten ganze Zäune gestohlen und sich damit ein Feuer bereitet.« Dem Jüngling graute es so sehr, daß es ihm schwerfiel, den Kopf nicht abzuwenden. Deshalb glitt die bleiche Frau rascher dahin, und kaum den Boden berührend, folgte er ihr auf eine weite, lichte Fläche, auf welcher in unzähligen großen Zisternen siedendes Wasser brodelte. In diesem wälzten sich jammernde Menschen. Bei einer solchen Zisterne hielt die bleiche Frau inne und sagte:
»Dort ist deine Mutter!«

Entsetzt blickte er hin und sah wirklich seine Mutter in dem siedenden Wasser. Sie streckte die Hand mit dem Ring heraus und rief:
»Zieh ihn schnell ab, mein Sohn, denn sie lassen mir keine Zeit! Und dann sag dem König, daß ich ihn grüße, und er möge die dreißig Pfund Kirschen bezahlen, die ich schuldig bin. Wenn es nicht wegen der Kirschen ist, so weiß ich nicht, weshalb mich Gott in das Fegefeuer geworfen hat!«
Dann tauchte sie unter. Der Jüngling ergriff von neuem den Saum des weißen Kleides und schloß die Augen. Rasch glitten sie denselben Weg zurück und waren bald wieder in der Felsenhöhle.
(MdW, Jugoslawien, S. 223).

Viele literarische und kunsthistorische Parallelen fallen einem zu solchen Jenseitsvisionen ein: Der Besuch des Odysseus in der Totenwelt, der Orpheus-Mythos, die Unterweltsfahrt des virgilischen Aeneas und als Höhepunkt dieser visionären Dichtung die Wanderung durch die drei Reiche des Jenseits in Dantes »Divina Commedia«, später die Bilder eines Brueghel und Hieronymus Bosch. Diese Jenseitsvisionen zeigen ein noch im Grunde christliches Jenseitsbild: Zum endgültigen Tod, zum Eingehen in das Paradies, muß man erst geläutert werden.

Nun heißt das Thema des Buches ›Tod und Wandel im Märchen‹ – und dies ist kein Zufall. Denn Tod im Märchen ist oft Wandel, Verwandlung, Verwunschensein; und darum müssen wir abschließend noch einmal auf die Erlösungsproblematik in Märchen und Sagen zurückkommen. In der Sage hat Erlösung immer etwas mit den Toten zu tun: Der noch nicht erlöste Wiedergänger, die erlösungsbedürftige Arme Seele, der Erlöser in der Wiege, die mißlungene Erlösung. Daß aber Erlösung auch im Märchen etwas mit Tod zu tun hat, zeigen etwa die Fälle gewaltsamer Erlösungspraktiken, in denen der Verwandelte erst getötet werden muß, z. B. durch Erschießen, Kopfabhauen und andere Vernichtungsprozeduren, um seine ursprüngliche Gestalt wieder zu erlangen. In diesen Fällen bedeutet Tod eben nicht Vernichtung, sondern Verwandlung und Wiedergeburt. »Schieß mich tot, und hau mir Kopf und Pfoten ab!« sagt der hilfreiche Fuchs im Grimmschen Märchen vom goldenen Vogel (KHM 57). Im Märchen ist Erlösung die Aufhebung einer bösen Verwünschung, einer Verzauberung. Es geht in Erlösungsmärchen um Befreiung, um Rettung. Verwandelte werden erlöst: die sieben Raben, Dornröschen, das zum Reh verwandelte Brüderchen, der Rabe, das Eselein etc. Erlösung befreit aus todähnlichen, nicht lebenswerten Situationen. Es geht um eine Wiederherstellung der wahren, menschlichen Gestalt, Rückkehr zum Leben, zu Schönheit und Partnerschaft, Erlösung aus der Versteinerung, wie im ›Treuen Johannes‹, aus Dornenhecke und Zauberschlaf wie im ›Dornröschen‹. Es geht hier um Ideen, die in anderer Form auch christliches Gedankengut sind: Nur der kommt zum ewigen Leben, der erst einmal durch den Tod hindurch gegangen ist. Das Märchen hat jedenfalls ein tiefes Wissen um das Leben als unzerstörbare Kraft. Und das Märchen hat ein untrügliches Bewußtsein, daß der Mensch in der Abhängigkeit von einem Drüben lebt. Mit seinen Erlösungsvorstellungen und seinem grundsätzlichen Erlösungsbedürfnis entspricht das Märchen zutiefst dem menschlichen Grundbedürfnis, den Tod zu überwinden und ihn letztlich als einen ›Wandel‹ zu begreifen, der durch die Erlösung zu einem dauernden ewigen Leben in Glückseligkeit führt.

Literatur

Barber, Paul: Vampires, Burial and Death, New Haven and London 1988.
Brednich, Rolf Wilh.: Volkserzählungen und Volksglaube von den Schicksalsfrauen (=FFC 193), Helsinki 1964.
Christiansen, Reidar Th.: The dead and the living (=Studia Norvegica 1), Oslo 1946.
Condrau, Gion: Der Mensch und sein Tod. Certa moriendi condicio, Zürich, Einsiedeln 1984.
Deneke, Bernward: Legende und Volkssage. Untersuchungen zur Erzählung vom Geistergottesdienst, Diss. (masch.) Frankfurt a. M. 1958.
Dimensions of the Marvellous. International and Interdisciplinary Congress, Oslo 1986.
Dinzelbacher, Peter: Die Jenseitsbrücke im Mittelalter, Diss. Wien 1973.
Gattlen, Anton: Die Totensagen des Alemannischen Wallis, Diss. Freiburg/Schweiz 1948.
Hahn, Alois: Einstellungen zum Tod und ihre soziale Bedingtheit, Stuttgart 1968.
Harmening, Dieter: Der Anfang von Dracula, Würzburg 1983.
Hetmann, Frederik: Die Reise in die Anderswelt, Düsseldorf u. Köln 1981.
Horkel, Wilhelm: Botschaft von Drüben? 6. Aufl. St. Goar 1987.
Isenberg, Marianne: Geburt und Tod im deutschen Volksmärchen, Diss. Bonn 1948.
Lecouteux, Claude: Geschichte der Gespenster und Wiedergänger im Mittelalter, Köln u. Wien 1987.
Meyer-Matheis, Vera: Die Vorstellung eines alter ego in Volkserzählungen, Diss. Freiburg i. Br. 1974.
Müller, Ingeborg und Röhrich, Lutz: Der Tod und die Toten (Deutscher Sagenkatalog), in: Dt. Jahrb. f. Vkde. 13 (1967), S. 346–397.
Nagy, Ilona: Die Gestalt des Charon in den ungarischen Märchen, in: Wolfdietrich Siegmund (Hrsg.): Antiker Mythos in unseren Märchen, Kassel 1984, S. 102–112.
Patch, Howard Rollin: The Other World. According to Medieval Literature, New York 1950 (Reprint 1970).
Peuckert, Will-Erich (Hrsg.): Hochwies, Göttingen 1959 (S. 36 f., Nr. 67).
Richter, Dieter (Hrsg.): Das Land, wo man nicht stirbt. Märchen vom Leben und vom Tod, Frankfurt a. M. 1982.
Ringgren, Helmer (Ed.): Fatalistic Beliefs in Religion, Folklore and Literature, Stockholm 1967.
Röhrich, Lutz: Das Verzeichnis der deutschen Totensagen, in: Fabula 9 (1967), S. 270–284.
Röhrich, Lutz: Art. ›Dankbarer Toter‹, in: EM III, S. 306–322.
Röhrich, Lutz: Art. ›Erlösung‹ in: EM IV, S. 195–222.
Röhrich, Lutz: Sage – Märchen – Volksglauben. Kollektive Ängste und ihre Bewältigung, in: Angst und Hoffnung. Grundperspektiven der Weltauslegung, Mainzer Universitätsgespräche 1983/84. S. 173–202.
Rüegg, August: Die Jenseitsvorstellungen vor Dante und die übrigen literarischen Voraussetzungen der ›Divina Commedia‹, 2 Bde. Einsiedeln und Köln 1945.
Sailer, Johanna: Die armen Seelen in der Volkssage, Diss. München 1956.
Schlecht, Hedwig: Die Volkserzählung im Harmersbachtal, Staatsexamensarbeit (ungedr.) Mainz 1951.
Simma, Maria: Meine Erlebnisse mit Armen Seelen, 8. Aufl. Stein am Rhein 1971.
Siuts, Hans: Jenseitsmotive im Deutschen Volksmärchen, Leipzig 1911.
Stephenson, Gunther (Hrsg.): Leben und Tod in den Religionen. Symbol und Wirklichkeit, Darmstadt 1980.

Strömbäck, Dag: Resen till den andra världen, in: Saga och Sed 1976, S. 15–29.
Stubbe, Hannes: Formen der Trauer. Eine kulturanthropologische Untersuchung, Berlin 1985.
Wachsler, Arthur Alexander: The Celtic concept of the Journey to the Otherworld, Ann Arbor/Mich. 1972.
Weigl, A. M.: SOS aus dem Fegfeuer, 14. Aufl. Altötting 1981.

Heinz Rölleke

DER TOD IN DEN MÄRCHEN DER BRÜDER GRIMM

Es lassen sich zwei grundverschiedene Betrachtungsweisen anstellen: man kann die figürlichen Auftritte des Todes analysieren oder das Phänomen des Todes (Arten, Auswirkungen, Beurteilungen des Sterbens und seiner Folgen). Letzteres soll im Mittelpunkt dieses Beitrags stehen.

Dennoch möchte ich einleitend einen Blick auf das Grimmsche Märchen Nr. 44 »Der Gevatter Tod« werfen – auch um meine immer neu zu stellende Forderung an die Märcheninterpreten zu bekräftigen und zu illustrieren: genaue Beobachtung der Textgenese tut not, damit es nicht zu voreiligen oder falschen Schlüssen kommt.

Wir alle erinnern uns an das faszinierende Motiv der Positionen des leibhaftigen Todes an den Krankenbetten. Der durch ihn begabte Arzt hat die Fähigkeit, ihn wahrzunehmen, und zwar entweder zu Häupten oder zu Füßen des Kranken.

Auf dieses Motiv möchte ich kurz eingehen. Viele Interpreten glauben zu wissen, was diese Positionen des Todes symbolisch, tiefenpsychologisch oder gar theologisch bedeuten, und alle setzen natürlich voraus, daß die eigentliche inhaltliche Bedeutung konstant und immer gleich zu verstehen sei – etwa: *zu Häupten* = der Kranke wird gesund; *zu Füßen* = der Kranke muß sterben. So steht es denn auch tatsächlich in der Grimmschen Auflage letzter Hand von 1857, aber so steht es dort zuvor nicht immer.

In der 1811 von Marie Wild erzählten Geschichte war die Junktur *Tod zu Häupten* = Leben, *Tod zu Füßen* = Sterben zwar schon gegeben und auch so im Märchenerstdruck von 1812 beibehalten worden, aber in der Zweitauflage von 1819 lesen wir: »stehe ich zu Füßen des Kranken, so sprich keck, ich will ihn wieder gesund machen ...; stehe ich aber zu Häupten des Kranken, so ist er mein«. Wie das nun? Wilhelm Grimm hatte inzwischen eine gedruckte Fassung des Märchentyps kennengelernt, und zwar in Schillings »Neuen Abendgenossen« von 1811. Daraus hat er in die Zweitauflage das Schlußmotiv des umstürzenden Lebenslichts übernommen, das der KHM-Erstdruck noch nicht kannte; in eins damit übernahm er auch die Umkehrung des hier in Rede stehenden Motivs, denn bei Schilling bedeutet das *Zu-Häupten-Stehen* Sterben (man sieht hier übrigens, daß Wilhelm Grimm in der Regel schriftlichen Traditionen eher traute als mündlichen!).

Doch schon wenig später müssen ihm Bedenken gekommen sein, denn im Handexemplar der Märchenausgabe von 1819 hat er die Worte *zu Häupten* und *zu Füßen* heftig durchgestrichen und durch Umkehrung ersetzt. So steht es dann in der dritten Auflage von 1837, und dabei ist es, wie gesagt, in Grimms Märchen geblieben. Von Grimm abhängige Varianten dieses Motivs sind natürlich ebenfalls dabei geblieben. Ich verweise nur auf Bechsteins Fassung von 1845: *zu Häupten* = gesund, *zu Füßen* = sterben, oder auf Theodor Storms vorletzte Novelle »Ein Bekenntnis« von 1887: »Wo stand der Tod ... zu Häupten oder am Fußende? Nach dem Märchen stand er zu Häupten.« Und damit will Theodor Storm sagen, der Kranke wurde wieder gesund (also wie in Grimms Ausgabe letzter Hand). Ernst Zitelmann, ein um die letzte Jahrhundertwende bekannter Dichter, läßt in seinem »Totentanz« von 1908 den Tod mit der Lebenskerze in der Hand zu Füßen des Bettes stehen – der junge Mann muß sterben. *Nach* Grimm ist die Junktur also eindeutig festgelegt. Hatte Wilhelm Grimm mit seiner endgültigen Entscheidung aber das Rechte oder das historisch Älteste getroffen?

Er hatte sich nach 1819 zu seiner erneuten Änderung durch ein Fastnachtspiel von Ayrer (um 1600) bestimmen lassen, wo der Tod zu Häupten Gesundheit signalisiert; in dieser Ayrerschen Tradition stehen auch andere Überlieferungsträger, z. B. das Biblische Bilderbanquett von 1691. Anders allerdings Praetorius in seinem »Abentheuerlichen Glückstopf« von 1669 (sonst eine wichtige Quelle für Grimms) – hier bedeutet wieder umgekehrt die Stellung zu Häupten den Tod. So hatte es zuvor ebenfalls Hans Sachs im Spiel »Der pawer und der dot« von 1547 dargestellt. Bis zum Erweis des Gegenteils muß man annehmen, daß dies denn auch die älteste Vorstellung ist, weil eine isländische Fassung von 1338 sie schon genau so bietet (und eine ältere Fassung dieses Motivs ist bislang nicht nachweisbar): steht der Tod zu Füßen, wird der Kranke schnell gesund, steht er zu Häupten, muß er unweigerlich sterben.

Es ist zu konstatieren, daß das Motiv weder in der Überlieferung noch bei den Brüdern Grimm selbst einheitlich begegnet und damit auch in seiner eigentlichen Bedeutung nicht eindeutig zu fassen ist: die abendländische Tradition ist bis zu Grimm disparat, während in der morgenländischen – zumindest in Tausendundeinernacht – die Sache eindeutiger zu sein scheint: der Arzt, der sich zu Häupten des Patienten setzt, gibt dort immer sichere Gewähr für Genesung.

Die Überlieferung des Motivs verdeutlicht folgende Darstellung:

zu Häupten = Leben zu Füßen = Sterben	zu Füßen = Leben zu Häupten = Sterben
Kirchhof (16. Jahrhundert)	Island (1338)
Ayrer (um 1600)	Hans Sachs (1547)
Bilderbanquett (1691)	Praetorius (1669)
Wild (mündlich, 1811)	Schilling (1811)
Grimm (1812)	Grimm (1819)
Grimm (1837–57)	
Bechstein (1845)	
Storm (1887)	
Zitelmann (1908)	

Wo wir gerade bei Tausendundeinernacht sind: »Und nun lebten sie immerdar herrlich und in Freuden, bis Der ‹Tabu – dennoch deutlich!› zu ihnen kam, der die Freuden schweigen heißt, und der die Freundesbande zerreißt« – das ist die häufigste Abschlußformel der arabischen Märchen, wogegen Grimms »und wenn sie nicht gestorben sind, so leben sie noch« eine andere Sprache spricht. Bekanntlich sind die Grimmschen Märchenhelden und – heldinnen in aller Regel unsterblich, oder, wie Lutz Röhrich formuliert: »Es sterben immer nur die anderen.« Keine Hauptfigur begegnet uns in einem Schlußtableau als

Leiche, keine für alle Ewigkeit in einem jenseitigen Bereich außerhalb der Erdenwirklichkeit des Märchens. So kann man schon an dieser Stelle sagen: im Grimmschen Märchen ist Tod gleichbedeutend mit Wandel. Das Marienkind (KHM 3) wird zwar in den Himmel geholt, gelangt dort sogar im wörtlichsten Sinn zur Anschauung Gottes, kommt aber wieder heraus und erreicht seine märchenhafte Unsterblichkeit auf Erden; der Glücksjunge in dem Märchen vom Teufel mit den drei goldenen Haaren (KHM 29) gelangt zwar in die Hölle und zur Anschauung des Teufels höchstpersönlich, nachdem er zunächst mit einem Fährmann einen Fluß überqueren mußte (hier fühlt man sich an Charon erinnert, der die Toten über den Styx oder den Acheron setzt), aber auch er kehrt zur Erde zurück. Sterben und in ein (dann meist christlich vorgestelltes) Jenseits gelangen können lediglich Nebenfiguren, Funktionsträger der Märchen, wie etwa die Mutter Aschenputtels: »›Ich will vom Himmel auf dich herabblicken und will um dich sein.‹ Darauf tat sie die Augen zu und verschied.« Ob sie im Verlauf der Handlung aber wirklich vom Himmel herabblickt? Um ihr Töchterchen ist sie gewiß: der aus ihrem Grab wachsende Baum wird ja zum mitentscheidenden Helfer Aschenputtels; doch tragen dieser Baum und seine Funktion eindeutig animistische, keinesfalls christliche Züge – von einem Gebet Aschenputtels o. ä. ist denn auch bezeichnenderweise keine Rede.

Es sieht also so aus, als seien die Grimmschen Märchenhelden unsterblich, während Nebenfiguren oder vor allem Gegenspieler der Helden durchaus ihr irreversibles Ende finden können (ich spreche hier von den eigentlichen oder sogenannten Zaubermärchen, nicht von den bei Grimm ja auch reichlich vertretenen anderen Gattungen; so kann in einem Schreckmärchen wie »Frau Trude« die Heldin am Ende wahrhaftig tot sein und bleiben).

Es scheint in dieser Hinsicht nur eine einzige Ausnahme von Gewicht zu geben, und das ist das »Märchen von der Unke« (KHM 105).
Hier findet sich der zweifelsohne merkwürdigste und darüber hinaus ganz singuläre Todesfall. Ein Kind wuchs mit einer Unke zusammen auf, teilte sein Essen mit dem Tier, fordert es eines Tages mit einem sanften Stubser zum Mitessen auf. Das sieht die Mutter des Kindes, glaubt es von dem Tier bedroht und tötet dieses. Daraufhin stirbt das

Kind. Es ist der einzige Text bei Grimm mit dem Anspruch auf märchenhaften Charakter, bei dem am Ende der Held tot ist und bleibt – ja, es liegen gar zum Schluß zwei Leichen auf der Walstatt, und niemand und nichts erklärt, warum. Auch die Grimms haben wohl bemerkt, daß dieser Geschichte ein wesentliches Charakteristikum des Märchens abgeht: es gibt kein Happy end. Weil sie aber mit Recht den Text für relativ alt hielten (inzwischen wurde eine indische Parallele entdeckt, die vor fast zweitausend Jahren aufgezeichnet ist), haben sie ihn gleichsam demonstrativ mit der Überschrift »Märchen« versehen und damit für ihre Sammlung reklamiert; denn trotz des Buchtitels »Kinder- und Hausmärchen« nannten sie diesen Text eigens und ausdrücklich »Märchen von der Unke«.

Weil diese kleine Geschichte hinsichtlich des Problems ›Tod im Märchen‹ die große Ausnahme darstellt, verdient sie besonderes Interesse. Einige der bislang erwogenen Deutungen scheinen vor allem historisch nicht haltbar, ob man nun das Ganze als Warngeschichte im Sinn moderner Tierschutzpropaganda oder als erstaunlich frühes Zeugnis für Kinderpsychologie interpretiert (übrigens darf diese psychoanalytische Deutung für sich in Anspruch nehmen, daß sie in sich richtig ist und vom Text gestützt wird: das Kind erleidet einen seelischen Schock, als sein engster Lebenspartner vor seinen Augen erschlagen wird; dieser Schock zeitigt körperliche Folgen, an denen das Kind stirbt; indes ist solche Einsicht in Kinderpsychologie eine relativ moderne Erscheinung, die wohl kaum Entstehung und ursprüngliche Intention der Geschichte zu erklären vermag). Auch die Deutung der Unke als Talisman des Hauses geht wohl am Problem vorbei, denn vom ›Haus‹, d.h. von der Reaktion der Mutter, ist am Ende ja gerade nicht die Rede. Die Mutter ist bloßer Funktionsträger innerhalb der Handlung, der kein eigenes Interesse beanspruchen kann. Als sachlich und historisch haltbare Erklärung bietet sich nur der Rekurs auf die uralte Weltanschauung des Totemismus an, gemäß derer die Lebenskraft eines Menschen, seine Seele, gleichzeitig auch in einem anderen Lebewesen (Seelentier, Seelenpflanze) verkörpert ist. Der Kausalnexus wird dann einsichtig: was dem Totemträger (hier also der Unke) geschieht, geschieht auch dem mit ihm existenziell verbundenen Menschen – beiden gemeinsam ging es gut; als der eine stirbt, muß das andere nach. In der totemistischen Logik: wenn die Mutter ihr Kind erschlagen hätte, wäre die Unke gestorben.

Grimms Märchen Nr. 105 bietet also den einzigen, erstaunlichen Beleg für diese praehistorische Weltsicht und Weltdeutung hinsichtlich der Todesproblematik. Damit soll keineswegs behauptet werden, der Text stamme geradewegs aus der Zeit der Hochblüte des Totemismus in Europa (August Nitschke datiert seinen Ursprung auf die Zeit um 10 000 vor Christus!), denn Relikte solcher Weltanschauungen werden bewußt oder unbewußt bis heute tradiert und prägen wohl einige unermessene Schichten des menschlichen Seelenhaushalts, so daß eine Verbildlichung dieser Weltsicht auch noch sehr viel später statthaben konnte und kann, zumal der Grimmsche Text eher apologetische Züge trägt und eher ein Festhalten an Altüberkommenem und inzwischen vielleicht weithin Vergangenem (in Abwehr neuerer Weltanschauungen) zu signalisieren scheint.

Der weitaus größte Teil der Grimmschen Zaubermärchen hat dagegen seine weltanschauliche Heimat im sogenannten Animismus, für den der Gedanke der Seelenwanderung grundlegend ist: die Seele eines Menschen kann sich nacheinander in verschiedenen Wesen verkörpern. Dafür drei Beispiele im Vergleich.

In KHM 11 »Brüderchen und Schwesterchen« wird Brüderchen (auf die Dauer stellt er sich als Nebenfigur heraus) in ein Reh verwandelt. Schwesterchen wird nach Hochzeit mit dem König und Entbindung von der Stiefmutter im Bad erstickt. Damit ist die Heldin tot – vorerst jedenfalls.

In KHM 13 »Die drei Männlein im Walde« wird die Heldin mit einem König begabt und wird nach Hochzeit und Entbindung von der Stiefmutter aus dem Schloßfenster in den vorbeifließenden Strom geworfen; damit ist die Heldin des Märchens ertrunken – vorerst jedenfalls.

In KHM 135 »Die weiße und die schwarze Braut« wird der Bruder der Heldin (merkwürdig ähnliche Junktur wie im Märchen von Brüderchen und Schwesterchen!) in einen Schlangenturm geworfen, sie aber wird noch vor ihrer Hochzeit von der Stiefmutter aus dem Kutschenfenster in einen reißenden Fluß gestürzt. Während die Heldinnen in KHM 11 und 13 nach ihrem Tod im Bad oder im Fluß gänzlich aus der Handlung verschwanden, geht dem hier eine kleine Szene voraus: »Wie nun die Braut aufstand und aus dem Wagen sich herausbückte, da stießen sie die beiden hinaus, daß sie mitten ins Wasser stürzte. Als sie versunken war, in demselben Augenblick stieg eine schneeweiße Ente aus dem Wasserspiegel hervor und schwamm den Fluß hinab.«

Hier wird bildhaft deutlich: dies ist kein Tod durch Ertrinken, sondern eine Metamorphose im Wasser: aus der Braut wird die Ente, wie man hier schon vermuten kann und wie es der Fortgang des Märchens bald beweist.

An solche Arten von Gestalttausch in Grimms Märchen erinnern wir uns vielfach. Ich nenne zur Vergegenwärtigung nur zwei Beispiele: 1. Marlenichen sammelt die Knochen des getöteten Bruders und legt sie unter den Machandelboom: »Mit des so güng dar so'n Newel«, und im Nebel brennt ein Feuer, »un uut dem Führ dar flöög so'n schönen Vagel heruut«. Man kann es vermuten: in diesem Vogel ist der Bruder metamorphosiert (der Durchgang durch Nebel und Feuer ist in KHM 47 sicherlich romantische Zutat des Erzählers Philipp Otto Runge) – der Fortgang des Märchens beweist es.

2. In »Jorinde und Joringel« (KHM 69), vom Dichter Henrich Jung-Stilling aufgeschrieben und wohl stark überarbeitet, lesen wir: »Eine Nachteule mit glühenden Augen flog dreimal um sie herum ... Nun war die Sonne unter; die Eule flog in einen Strauch, und gleich darauf kam eine alte krumme Frau aus diesem hervor« – hier werden förmlich Kulissen für die Verwandlung aufgebaut: die Eule verschwindet hinter oder im Strauch, wird für einen Augenblick unsichtbar, und aus eben diesem Strauch kommt die metamorphosierte Hexe hervor. Es ist, als wenn die Umkleidung hinter einem Requisit auf einer Theaterbühne vor sich gegangen wäre.

Kehren wir zu den drei genannten Beispielen KHM 11, 13, 135 und deren Finali zurück, auf die es hier ankommen soll. In merkwürdiger Übereinstimmung waren alle Heldinnen im Zusammenhang mit ihrer Hochzeit – entweder ein Jahr danach oder kurz davor – von ihren jeweiligen Stiefmüttern ermordet worden. In noch merkwürdigerer Übereinstimmung kehren alle drei, Verse sprechend, wieder.

Die im Bad erstickte Königin kehrt wie eine Sagenfigur in ihrer menschlichen Gestalt um Mitternacht bei ihrem Kind ein:

»Was macht mein Kind? Was macht mein Reh?
Nun komm ich noch zweimal und dann nimmermehr.«

Die im Strom beim Schloß ertränkte Königin kommt in Gestalt einer Ente zu ihrem Kind:

»König, was machst du?
Schläfst du oder wachst du?
Was machen meine Gäste?
Sie schlafen feste.
Was macht mein Kindelein?
Es schläft in seiner Wiege fein.«

Die durch den Sturz aus der Kutsche im Strom ertrunkene Königin kommt ebenfalls in Gestalt einer Ente, wie man sie ja schon nach dem Versinken hatte auftauchen und davonschwimmen sehen:

»Jüngelchen, mach Feuer an,
daß ich meine Federn wärmen kann.
Was macht mein Bruder Reginer?
Liegt im Graben gefangen,
bei Ottern und bei Schlangen.
Was macht die schwarze Hexe < sc. die Stiefschwester > im Haus?

Die sitzt warm
ins Königs Arm.
Daß Gott erbarm.«

Neben der Artikulation in Versen, die, wie häufig, Nahtstellen zwischen Realem und Numinosem anzeigen, stimmen diese Szenen insofern überein, daß es Mitternacht, Nacht oder mindestens Abend ist, und insofern, als die Verwandelte sich jeweils an eine Nebenfigur (nicht – oder noch nicht – an ihren Partner, den König) wendet: einmal ist es die Kinderfrau, zweimal ist es der Küchenjunge, die das Auftauchen der Verstorbenen beobachten und die von diesen angesprochen werden. In

KHM 11 und 135 gehen die Kinderfrau und der Küchenjunge aus eigenem Antrieb zum König und berichten ihm von der Erscheinung, in KHM 13 muß die Verwandelte den Küchenjungen eigens dazu auffordern. Daß sie ihm darüber hinaus noch eine detaillierte Gebrauchsanweisung an den König für die Zeremonie ihrer Rückverwandlung diktiert, erweist den Schluß dieses Märchens »Die drei Männlein im Walde« als in jeder Hinsicht moderner, weil rationaler oder gar logischer als die beiden anderen verwandten Szenen, wo die Funktionsträger fraglos und instinktiv das Richtige tun, indem sie ohne jede entsprechende Aufforderung seitens der Verwandelten dem König vom Vorfall berichten.

Wie geschieht nun die Rückverwandlung der Märchenheldin im einzelnen?

KHM 11: »Der König ... sprang zu ihr < der in ihrer eigenen Gestalt erscheinenden Königin > und sprach: ›Du kannst niemand anders sein als meine liebe Frau.‹ Da antwortete sie: ›Ja, ich bin deine liebe Frau‹, und hatte in dem Augenblick durch Gottes Gnade das Leben wiedererhalten, war frisch, rot und gesund.«

KHM 13: »Der < König > kam mit seinem Schwert und schwang es dreimal über dem Geist < genau so, wie es die Ente dem König durch den Küchenjungen angeraten hatte>; und beim drittenmal stand seine Gemahlin vor ihm, frisch, lebendig, und gesund, wie sie vorher gewesen war.«

KHM 135: »Der König ... ging den andern Abend hin, und wie die Ente den Kopf durch den Gossenstein hereinstreckte, nahm er sein Schwert und hieb ihr den Hals durch, da ward sie auf einmal zum schönsten Mädchen und ... Der König war voll Freuden; und weil sie ganz naß dastand, ließ er köstliche Kleider bringen.«

Es wird wohl ohne weiteres beim Textvergleich einsichtig, daß wir es bei diesem Finale mit der ältesten Ausformung des Gestaltwandels zu tun haben. So fraglos, wie der Küchenjunge den Retter alarmierte, so fraglos instinktsicher tut der König das einzig Richtige: er tötet die Ente. In der animistischen Logik geht es ja wohl auch gar nicht anders:

um die Ente in die Welt setzen zu können, mußte die Braut ertrinken. Solange es die Braut gab, gab es diese Ente nicht. Um die Braut wieder zum Vorschein zu bringen, muß die Ente verschwinden; denn beide nebeneinander können logischerweise nicht existieren. Das ist radikal und märchengerecht ins Bild gesetzt. Fragen nach Grausamkeit oder Undankbarkeit dem Tier gegenüber gehen am Thema völlig vorbei. Sie spielen aber anscheinend in der abgemilderten, zweifellos jüngeren Ausformung eine Rolle, wo das Schwert nicht mehr gebraucht, sondern nur noch zeremoniell geschwungen wird. Es ist ein Verblassen der symbolkräftigen Handlung wie beim Taufritus: die ursprüngliche Form des Untertauchens des Täuflings (sein Ertrinken) und des Wiederauftauchens als neuer Mensch, als neugeborener Christ, verblaßt zur Zeremonie der Ausgießung einiger Tröpflein aufs Haupt des Täuflings.

Noch moderner ist natürlich die Wiederbekörperung der Geistererscheinung in »Brüderchen und Schwesterchen« durch die Gnade Gottes bzw. durch lebenspendende Anrede des Königs. Hier sind im Detail christliche Vorstellungen eingewandert, um einer moderneren Hörerschaft die Sache verständlicher zu machen. Wie denn überhaupt das so beliebte Märchen »Brüderchen und Schwesterchen« in seiner Struktur im ganzen ein bißchen durcheinandergeraten zu sein scheint. Daß das Rehkälbchen en passant ins Brüderchen zurückverwandelt wird, als die Hexe verbrannt ist, ist ein im Sinn des Märchens überflüssiges Motiv – normalerweise werden Nebenfiguren und deren Schicksal vergessen. Ein ebenfalls moderner sentimentaler Zug, wie ihn auch »Die weiße und die schwarze Braut« zeigt, ist es, wenn am Ende der vom Hörer mit Recht längst vergessene Bruder Reginer (einen Namen trägt der auch schon) als Funktionsträger von der entwandelten Königin freigebeten wird. Der Märchenlogik würde es besser entsprechen, wenn die Hauptfigur in ein Tier verwandelt und am Ende wie die beiden anderen Enten zurückverwandelt worden wäre. Geistererscheinungen und die Gnade Gottes sind dafür ein schlechter Ersatz. Mir scheint, als sei dieses Motiv gleichsam etwas verrutscht, indem es auf das Brüderchen übertragen wurde, und dabei auch noch verblaßt, denn von einem eigentlichen Tod des Brüderchens kann weniger die Rede sein als von einer Verwandlung à la Froschkönig. Ich denke, man muß unterscheiden zwischen vorausgesetztem Sterben mit anschließender Gestaltwandlung (Wiederverkörperung) und bloßer Verwandlung in eine Tiergestalt durch Zauberei und Hexenwesen.

Insgesamt hat der Vergleich der drei verwandten Märchen hinsichtlich ihrer Auffassung und Darstellung von Tod und Verwandlung gezeigt, wie sich trotz aller Überarbeitungsprozesse auch in den Endfassungen der Grimmschen Märchen durchaus unterschiedliche Schichtungen und Stimmig- bzw. Unstimmigkeiten nachweisen lassen.

Zusammenfassend: die KHM 11 und 135 erscheinen durch die eher episodisch und ausschmückend wirkende Einführung der Figur eines Bruders der Heldin jeweils modernisiert und, wie die Beobachtung von deren unmotivierter Rückverwandlung besonders zeigt, sentimentalisiert. In KHM 11 kommt synkretistisch die nachträgliche christliche Erklärung (»durch Gottes Gnade«) hinzu – dem entspricht das unmärchenhafte Auftreten der Wiedergängerin als Geistererscheinung um Mitternacht.

Daß die Textentwicklungen nicht bruchlos in *eine* Richtung verlaufen, macht aber der Vergleich zwischen der jeweiligen Entenentwandlung in KHM 13 und 135 deutlich. Während KHM 13 durchweg archaischere Züge bewahrt (die drei Haulemännerchen als Gabenspender im Gegensatz zum erdenwandernden lieben Gott, der in KHM 135 auch noch das stumpfe Motiv von der ewigen Seligkeit einbringt), ist dies in der Entwandlungsszene genau umgekehrt: hier bietet der sonst jüngere Text das drastische, aber einzig passende Motiv des fraglosen Kopfabschlagens, was in dem sonst älteren Text zur angeratenen Zeremonie verblaßt ist und der animistischen Logik eklatant widerspricht.

Jürgen Janning

DAS ERSTE MÄRCHEN VON DER UNKE

Erfahrungen und Einsichten beim erzählenden Erarbeiten

Ein Märchen erzählend zu erarbeiten, heißt: sich die Bilderwelt des Märchens von innen her anzueignen, die Farbe, den Geschmack, den Klang, den Geruch, die Bewegung zu erspüren und ins Bewußtsein zu rufen, um aus diesem sensitiv und intellektuell aufmerksamen Durchdringen heraus den immanenten Ton des Märchens, seine klanglich-rhythmische Bewegung zu treffen. Die erzählerische Gestaltungsweise ist also keineswegs beliebig, der Willkürlichkeit des Erzählers und seinem individuellen Geschmack überlassen, zumindest dann nicht, wenn er seine erzählte Geschichte nicht unmittelbar im Augenblick des Erzählens erfindet, sondern auf mündlich oder schriftlich überlieferte Erzählstrukturen zurückgreift. Wie zu erzählen ist, muß vielmehr aus dem vorgegebenen Text abgeleitet und begründet sein. Die Akzeptanz dieser Grundhaltung führt dann nicht nur zu einem künstlerisch angemessenen Erzählen, sie leistet immanent zugleich eine umfassende Deutung des zu erzählenden Märchens.

Wie dies konkret umzusetzen sein könnte, sei am Märchen von der Unke (KHM 105) dargestellt:

> *Es war einmal ein kleines Kind, / dem gab seine Mutter / jeden Nachmittag / ein Schüsselchen mit Milch und Weckbrocken, / und das Kind setzte sich damit hinaus in den Hof.*

Was wird erzählt? Was sehen wir? Ein kleines Kind. Mädchen oder Junge? Bemerkenswerterweise stellen wir uns wahrscheinlich ein Mädchen vor: wohlbehütet und versorgt; nachmittags bekommt es ein Schüsselchen mit Milch und Weckbrocken von der Mutter, offenbar eine Gabe außerhalb der regulären Mahlzeiten. Wie alt mag das Kind sein? So alt, daß es sich bereits gern ein wenig von der Mutter entfernt und nicht bei ihr – gewiß in der Küche – sein Nachmittagsbrot einnimmt, sondern draußen im Hof, im Freien also, jedoch durchaus noch im bergenden Schutz des häuslichen Bereichs.

> *Wenn es aber anfing zu essen, / so kam die / Hausunke / aus einer Mauerritze hervorgekrochen, // senkte ihr Köpfchen in die Milch / und aß mit.*

In seiner verhalten angedeuteten beginnenden Loslösung von der Mutter ist das Kind in der Lage, eigene, neue Erfahrungen zu machen; ein Tier, zum Haus gehörig, nimmt regelmäßig an seiner kleinen Mahlzeit teil. Haben wir eine Vorstellung von einer Unke? Eine kleine rot- oder gelbbauchige Froschlurchenart, deren Männchen innere Schallblasen besitzen (Unkenrufe!), nicht unbedingt ein Tier, dem unsere spontane Sympathie gehört. Die Brüder Grimm merken dazu an, daß hier mit der Unke die Ringelnatter gemeint ist, und unsere Abneigung wächst womöglich noch. Doch nichts davon bei dem kleinen Kind:

> *Das Kind hatte seine Freude daran, / und wenn es mit seinem Schüsselchen da saß / und die Unke kam nicht gleich herbei, / so rief es ihr zu://*
> *›Unke, Unke, komm geschwind,*
> *komm herbei, du kleines Ding,*
> *sollst dein Bröckchen haben,*
> *an der Milch dich laben.‹//*
> *Da kam die Unke gelaufen / und ließ es sich gut schmecken.*

In dieser Interaktion ist das fraglose Miteinander, ja ein Aufeinander-Angewiesen-Sein spürbar.

> *Sie zeigte sich auch dankbar, / denn sie brachte dem Kind / aus ihrem heimlichen Schatz / allerlei schöne Dinge, / glänzende Steine, / Perlen / und goldene Spielsachen.*

Das Kind verkehrt, wie wir hier sehen, nicht etwa mit einer herkömmlichen Ringelnatter, es pflegt vielmehr Verbindung mit einer jenseitigen, außerhalb seiner eigenen Natur liegenden Kraft.

Die Unke trank aber nur Milch / und ließ die Brocken liegen.

Die erste, uranfängliche, die flüssige Nahrung nimmt die Unke zu sich, nicht aber die Brocken, die man beißen muß, obwohl sie vom Kind gerade dazu angehalten wird. In dem Verschen, mit dem das Kind die Unke herbeilockt, werden die ›Bröckchen‹ zuerst genannt.

Da nahm das Kind einmal sein Löffelchen, / schlug ihr damit sanft auf den Kopf / und sagte: / ›Ding, / iß auch Brocken.‹

Was geschieht in dieser Szene? Das Kind reproduziert, was es an Erziehung am eigenen Leibe erfahren hat: die Umstellung von der weichen, flüssigen Nahrung, der (Mutter-)Milch, auf das *harte Brot des Lebens* – wenn auch noch in Verbindung mit jenem Schüsselchen Milch – hat das Kind nicht aus eigenem inneren Antrieb vollzogen. Es ist von der Mutter, wohl gewiß mit ebendenselben Worten, die es nun, die Mutter nachahmend, zur Unke spricht, dazu bestimmt worden. Es zeigt sich in dieser Szene aber, daß das Verhältnis zwischen Kind und Unke nicht einfach naturhaft ebenbürtig bleibt, sondern, wie die Mutter-Kind-Beziehung, durch erzieherische Einwirkung hierarchisch wird. So wie das Kind nicht seiner *natürlichen* Entwicklung überlassen, sondern durch Erziehung sozialisiert wird, so läßt auch das Kind die Unke nicht sein, was und wie sie ist, sondern versucht auch, sie durch Erziehung in ihrem Verhalten zu modifizieren. Dieser Prozeß allerdings würde sich möglicherweise ohne Komplikationen vollzogen haben, wenn nicht eine Instanz eingegriffen hätte, die den Vorgang nur aus der Entfernung wahrgenommen und ihn letztendlich falsch gedeutet hat:

Die Mutter, / die in der Küche stand, / hörte, / daß das Kind mit jemand sprach, // und als sie sah, // daß es mit seinem Löffelchen nach einer Unke schlug, // so lief sie mit einem Scheit Holz heraus / und tötete das gute Tier. ///

Der Erzähler ist in seiner Erzählperspektive ganz bei der Unke und bei dem Kind (*heraus, das gute Tier*). Das Kind, so hatten wir gesagt, befindet sich in der Phase beginnender Loslösung; die Mutter versorgt es gut, kann es aber im entscheidenden Augenblick, nämlich dem der situationsangemessenen Wahrnehmung, nicht loslassen, es in der Abwehr einer vermeintlichen Gefährdung des Kindes bei seinen eigenen Erfahrungen nicht einfach nur begleiten. Sie mißdeutet, überbehütend, die Handlung des Kindes, weil sie ihr eigenes gebrochenes Verhältnis zur Natur auf die Situation projiziert. Indem sie, gleichsam auf dem Sprung, auf Schützen und Bewahren fixiert ist, hemmt sie die individuelle Entwicklung des Kindes nicht nur, sondern, in der schmucklosen Direktheit des Märchens: sie nimmt ihm damit ungewollt das Leben. Der sanfte, noch wohlmeinende Schlag des Kindes mit seinem Löffelchen ist aber schon der Keim zum tödlichen Schlag durch die Mutter.

Von der Zeit an ging eine Veränderung mit dem
Kinde vor. / Es war, / solange die Unke mit ihm
gegessen hatte, / groß und stark geworden, // jetzt
aber verlor es seine schönen roten Backen / und
magerte ab. // Nicht lange, / so fing in der Nacht
der Totenvogel an zu schreien, / und das Rotkehlchen
sammelte Zweiglein und Blätter zu einem Totenkranz,
und bald hernach da lag das Kind auf der Bahre. ///

In seinem Beitrag »Der Tod in den Märchen der Brüder Grimm« verweist Heinz Rölleke bezüglich der Frage, warum das Kind im Märchen von der Unke hat sterben müssen, auf die totemistische Weltsicht dieses Märchens. Mensch und Totemtier, Kind und Schlange, bilden eine symbiotische Einheit; was dem einen widerfährt, geschieht auch dem andern. Wäre das Kind zuerst gestorben, wäre auch die Schlange umgekommen. Diese Erklärung leuchtet ein, hilft aber für das heutige Verstehen der Geschichte nicht allzusehr, denn mit diesem Ansatz wird die Geschichte in eine vergangene Frühzeit verwiesen und hat mit heutiger Seinserfahrung nichts mehr zu tun, kann mich hier und jetzt nicht berühren.

Verstehe ich das Märchen von der Unke als ein Erzählen von den immer gegebenen Bedingungen natürlicher Entwicklung, dann geht sie mich auch heute unmittelbar und konkret etwas an:

- zum einen als Elternteil, insofern sie mir den Hinweis gibt, die Kinder loszulassen, sie nicht überbehüten zu wollen, mein eigenes gebrochenes Verhältnis zur Natur und zur vertrauensvollen, klaren Wahrnehmung von Welt (– obwohl es die *Haus*unke war, hat die Mutter sie offenbar niemals in den Blick genommen –) nicht auf die Kinder zu übertragen;

- zum anderen: als Wesen, das eine Entwicklung durchlaufen hat, werde ich dessen gewahr, welche Kraft mir in der Verbindung mit der Natur – *meiner* Natur – geschenkt ist;

- zum dritten zeigt sich in der Geschichte, was Entwicklung bedeutet. Sie ist das Fortschreiten von Stufe zu Stufe, ohne stehenzubleiben: ich kann nicht das Kind bleiben, das nur die Milch nimmt, die Brocken liegenläßt; zu meiner Entwicklung muß ich anderes zurücklassen. Um vom Kind zum Erwachsenen zu reifen, muß ich das Kind in mir verabschieden. Der Tod der Unke (Unke als Metapher der magischen Welt des Kindes) ist so unausweichlich wie der Verlust der Kindheit auf meinem Weg zum Erwachsenwerden.

Wenn wir in dieser Weise, Schritt für Schritt, den Bildern des Märchens folgen und uns ihren Sinn verdeutlichen, so geht das selbstverständlich immer einher mit Sprechversuchen: ich sehe das kleine Kind, ehe ich von ihm erzähle, entwickele eine Vorstellung davon, wie der Hof aussieht, in dem das Kind sich hinsetzt, welches Schüsselchen es in Händen hält, ich schmecke auch Milch und Weckbrocken; ich fühle das Erstaunliche, daß da die Hausunke gekrochen kommt, und ich spüre mich ein in die Atmosphäre der liebevollen Vertrautheit zwischen Kind und Unke in meinem Erzählen.

Wie anders ist die Stimmung, wenn die Mutter mit dem Scheit Holz herausgelaufen kommt, überbesorgt und grob zugleich! In der Artikulation von *tötete* muß man das Niedersausen des Holzscheits hören.

Von da an geht der Stimmungsbogen, nachdem er noch einmal rückerinnernd ein wenig aufschwingt, unaufhaltsam abwärts, er fließt hinunter, ohne Nachdruck, d.h. ohne moralischen Zeigefinger des Erzählers; im Märchen geht es grundsätzlich um Sinn, nicht um Moral.

Das Hinsterben des Kindes muß mitvollzogen werden, dann erübrigt sich jeder Kommentar.

Aus der Bildvorstellung zu erzählen, bedeutet, daß auch die Zuhörenden in die Lage versetzt werden, Bilder zu sehen, *ihre* Bilder. So erschließt sich der Sinn – nicht im interpretierenden Darüberreden, sondern im unmittelbaren Durchleben des Erzählten.

Felicitas Betz

TOD UND WIEDERGEBURT IN EINEM SIBIRISCHEN MÄRCHEN

Die Frage um Tod und Leben hat die Menschheit immer wieder zutiefst bewegt. Vielleicht hat sie sich am Anfang der Bewußtwerdung als eines der wichtigsten Probleme gestellt. Die Menschen haben das Werden und Vergehen gesehen, sie haben es durchlebt und durchlitten, schließlich das Wesen von Tod und Leben von Innen her erfaßt und zu Erfahrung gerinnen lassen. Aus dieser Erfahrung und Betroffenheit hat sich etwas verdichtet, das schließlich im Ritual nachvollzogen und in Sprache gebracht werden konnte. In eine kurze Aussage gebracht lautet die gewonnene Erkenntnis: Tod und Leben bedingen einander, denn Tod bringt Leben hervor und Leben muß sich in den Tod geben.

Im Gegensatz dazu herrscht in der allgemeinen Bewußtseinslage heute der Eindruck vor, daß Tod und Leben zwei einander entgegenstehende, völlig auseinandergerückte Phänomene darstellen. Denn wer tot ist, kann nicht leben, und wer lebt ist nicht tot. Deshalb wird der Tod gefürchtet und verdrängt, das Leben aber vergötzt: möglichst noch schöner, noch besser, noch intensiver leben, das ist der Leistungsdruck, unter den wir uns heute stellen. Aber wir leben nicht gut mit dieser scharfen Trennung von Tod und Leben, weil sie nicht die ganze Wahrheit ist. Jeder kann in sich selbst verschiedene Abstufungen von Tod und Leben erfahren. Ja, es zeigt sich, daß wir – unserem Bewußtsein entzogen und verborgen – ein unterschwelliges Wissen von Zusammenhängen haben, das uns sowohl befremdet als auch fasziniert.

I. Tod und Leben sind wertgleich – Erfahrung im Koma

Es ist eine aufregende Tatsache, daß unsere hochentwickelte Technik dazu beiträgt, daß sich Erfahrungen in uns beleben, die unserem Bewußtsein verlorengegangen, in alten Bildzeugnissen und Märchen aber noch bewahrt sind. So hat mich folgender Erfahrungsbericht aus der Intensivstation aufs höchste betroffen, weil ein Gegenwartsmensch inmitten von Apparaturen erlebt, was aus archaischer Zeit in keltischen Bildzeugnissen anschaubar ist und in Märchen erzählend weitergegeben wird. Der Psychotherapeut und Lehranalytiker Peter Schellenbaum teilt nach einer schweren Operation mit: »Als ich aus dem Koma erwachte, wurde mir bald eine intensive Traumvision bewußt, die ich wohl hatte, als ich noch an die Herz-Lungenmaschine angeschlossen war. Ich befand mich nachts mitten im Urwald, wie neun Jahre zuvor, als ich eine Nacht in einer Blockhütte im Urwald Guatemalas verbrachte. Wie damals, doch jetzt im Traum, hörte ich durchdringendes, alles ausfüllendes Affengekreische, das in stets gleichem Rhythmus einsetzte, nach einer Zeitspanne plötzlich aussetzte und einer absoluten Stille Platz machte, um wie aus unendlicher Zeitlosigkeit heraus plötzlich und unerwartet wieder einzusetzen, und so unzählige Male ... Die ersten Stichworte, die ich dazu notierte, waren: »Lebens- und Todesbrunst«, und »absolute Wertgleichheit von Leben und Tod«, und »nach der Todespause weiß niemand, ob es weitergeht.« – Das Merkwürdigste und Unbegreiflichste an dieser Traumvision war meine völlige Übereinstimmung mit dem weltausfüllenden Rhythmus von Leben und Tod. Außerhalb dieses Rhythmus war ich nichts, sodaß es mir gar nicht wichtig sein konnte, ob ich als einzelner weiterlebte oder nicht: Lebens- und Todesrhythmus würden weitergehen und »ich« wäre nicht tot. Die Angst vor dem Untergang kam erst später, als ich mich wieder als einzelner vom Ganzen zu unterscheiden begann. Doch sogar dann erlebte ich meine Todesangst gewissermaßen als unecht und unglaubwürdig, blieb mir doch dieses Bewußtsein, das mich als Individuum überschritt, erhalten. Auch mitten in den später einsetzenden Schmerzen und der Vernichtungsangst war mir klar, daß ich nicht völlig mit dem Menschen, der Schmerz und Angst empfand, identisch war. Es gab eine Art von »inneren Zeugen«, der davon nicht berührt war und meinen Kampf zwischen Leben und Tod gelassen zur Kenntnis nahm. Dieser Zeuge war jedoch keineswegs ein von Angst und Schmerz ausgesparter Teil meiner selbst, sondern ausschließliche Aufmerksamkeit auf das Geschehen.«[1]

In dieser geschilderten Grenzsituation spürte P. Schellenbaum eine wissende Schicht in sich auf, von der er zuvor keine Ahnung gehabt hatte. Nun aber war er gezwungen, ein abhandengekommenes ›Wissen‹

wieder in sein Bewußtsein einzulassen: Leben und Tod sind ein einziges, innigverbundenes rhythmisches Geschehen, auf dem das Sein beruht. Sie sind wie Ein- und Ausatmen ein einziges Lebensphänomen. Alles Lebendige ist aus dieser Tod-Leben-Spannung lebendig, in der wir in Übereinstimmung sind mit allem, was ist. Ja, tief in uns gibt es sichere Kenntnis darüber. Da ist ein Zeuge, den wir vernehmen können, wenn wir »ausschließliche Aufmerksamkeit auf das Geschehen« aufbringen können.

II. Tod und Leben in Verflechtung – keltische Bildzeichen

Was der moderne Mensch allenfalls in einer Ausnahmesituation in seine Erfahrung bringt, scheint den Weisen in mythischer Zeit sehr vertraut gewesen zu sein, und die Überlieferung davon ist auch optisch fixiert:

Die abgebildete keltische Münze z.B. gibt davon Zeugnis: Eine Schlange mit zwei Köpfen beherrscht die Bildmitte. Diese Lebensschlange hat zwei unterschiedliche Enden: das eine Kopfende, das die umrandete Kugel einschließt, bezeichnet das Leben, das andere mit der Kugel ohne Rand den Tod. Die lebendigen Ziegen auf beiden Seiten mit den Lebenskreisen oder -kugeln unter dem Bauch sinnbilden das Phänomen Leben, das eben in dieser Tod-Leben-Spannung sich ereignet.

Auf der sogenannten Stele von Toulouse, einer keltischen Bildsäule – wahrscheinlich ist sie die Darstellung einer Schöpfergottheit – ist die lebenbringende Spannung etwas anders ins Bild gelangt: die Zweigeschlechtlichkeit in dieser Figur deutet schon die Spannung an, ohne die kein Leben möglich ist. Aus dem Ei, das sich spaltet (Spaltung ist Tod) wird die aufsteigende Schlange entlassen, die in das Leben (das ist die Nahrung spendende Brust) beißt.

Es ist da Schöpfung und Zerstörung, Leben und Tod in *eine* Schau gekommen und »Bild geworden.«

In der gallischen Skulptur von Noves schließlich wird die Vorstellung des Schöpfers, der gleichzeitig Zerstörer ist, am deutlichsten ausgedrückt. Auf ihr ist die Zerstörung – das fressende Maul, aus dem noch ein Arm herausragt und die Pranken auf den Totenköpfen – drastischer verdeutlicht als das schöpferische Moment. Letzteres beschränkt sich in der bildlichen Darstellung auf das ithyphallische Symbol (das erigierte Glied).[2]

Was für eine Erfahrung von Leben hatten die Menschen, die solche Skulpturen schufen! – Und wieviel von der Lebenswahrheit verdrängen wir heute, sodaß wir feststellen müssen, daß uns unkontollierte Ängste beherrschen, die unsere Lebenslust schmälern und beeinträchtigen. Denn die wahre Wirklichkeit macht frei – auch wenn sie schrecklich ist, weil sie auf einer Ebene aufruht, auf der wir mit dem Tod-Leben-Rhythmus in Einklang sind. »Absolute Wertgleichheit von Leben und Tod« hat P. Schellenbaum konstatiert und »Das Merkwürdigste und Unbegreiflichste war meine völlige Übereinstimmung mit dem weltausfüllenden Rhythmus von Leben und Tod«.

III. Dokumentation der Tod-Leben-Bezogenheit im Volksmärchen

Wie in der durch Grenzerfahrungen freigelegten menschlichen Er-Innerung, wie in Münz- und Steindokumentationen, so haben auch die mündlich überlieferten Sprachzeugnisse aus alter Zeit dieses untergründige Wissen vom Tod-Leben-Zusammenhang bewahrt. Unsere Volksmärchen enthalten noch Reste dieses Wissens, das immer wieder erzählend beschworen worden ist. Wer einmal aufmerksam dafür geworden ist, wird immer mehr von diesen Spuren entdecken.

Da wir alle heute – infolge der immer noch nachwirkenden positivistischen Strömung – eine Neigung haben, nur die äußerste Haut der Wirklichkeit in den Blick zu nehmen und alles übersehen oder sogar tabuisieren, was von unten auf diese ›Haut‹ einwirkt, können Märchen dazu beitragen, daß die Außenhaut der Realität wieder poröser für uns wird und wir an die umfassendere Wirklichkeit gelangen, indem wir die ausgeklammerten Erfahrungsbereiche wieder in unser Bewußtsein nehmen. Die Volksmärchen leisten das durch ihre poetische Kraft. Diese kommt eigentlich erst dann voll zum Zuge, wenn in geglückter Atmosphäre Erzähler und Zuhörer zu einer Hörgemeinschaft sich verbinden. Dann wird Faszination empfunden, und unsere Seele versteht, selbst dann, wenn unser Intellekt zunächst ins Abseits gedrängt wird.

Vorschlag zur Erarbeitung des sibirischen Märchens »Die Mosfrau« auf verschiedenen Stufen

1. Auf der Ebene des Hörens: Auf einem Gong (66 cm ∅) werden Klänge erzeugt, die durch ihren Reichtum an Obertönen auf eine geistige Ebene einstellen können, von der man vielleicht sagen kann, daß sie sich der Erfahrungsebene im Koma annähert – jedenfalls im günstigen Fall.

2. Auf der Ebene des Erzählens: Das sibirische Märchen »Die Mosfrau« wird jedesmal erzählt, sodaß über den Sprachklang die innere Schau der Teilnehmer provoziert wird.

3. Auf der psychischen Ebene: In jeder Sitzung führt eine Imaginationsübung die Teilnehmer in ihr persönliches Zentrum, von dem aus sie einen eigenen Zugang zu diesem Märchen suchen können. In der ersten Sitzung ist es das Bild »Fellkleid«, in der zweiten das Bild »Bärin«. Das jeweilige Bild wird nur genannt und im Schweigen dem momentanen Gestaltungsbedürfnis der Psyche jedes einzelnen überlassen.

4. Auf der Ebene der Reflexion: Nach der imaginativen Erfahrung wird der Symbolgehalt dieser beiden im Märchen verwendeten Bilder erarbeitet.

5. Auf der Ebene des Teilnehmeraustausches: im Gespräch.

IV. Die Mos-Frau[3]

Ein ostjakisches Märchen, 1898/99 in der Gegend von Obdorsk aufgezeichnet. Der Erzähler ist nicht bekannt.

In einer einsamen Hütte lebte einst eine Mos-Frau[4]*. Eines Jahres, als schon der Frühling ins Land kam, brachte sie ihren schön bestickten und verzierten Pelz an die Sonne zum Trocknen.*

›Mag er noch ein Weilchen trocknen!‹, dachte sie bei sich, danach ging sie ins Haus und versah ihre Arbeit. Als es Abend wird, geht sie hinaus, da sieht sie: der Pelz ist weg! Sie schaut rechts umher, sie schaut links umher, aber ihren Pelz findet sie nicht. Es hat auch kein Wind geweht, wo ist er nur geblieben?! Hat ihn etwa ein Mensch weggenommen?! Weit und

breit schaut sie umher, doch sie sieht niemanden. Da bricht sie in Tränen aus:

»Warum habe ich ihn nur hinausgehängt? Noch meine Mutter hat ihn genäht, es sind nun wohl fünfundzwanzig Jahre. Aber selbst dreißig Jahre lang wäre daran nichts zerrissen! Ob wohl ein vierfüßiges Erdentier ihn geraubt hat? Ob wohl ein gefiederter Himmelsvogel damit fortgeflogen ist? Wo finde ich ihn nur?«, klagte sie vor sich hin. Dann legte sie sich nieder, doch sie konnte und konnte nicht einschlafen. In der Frühe stand sie rasch auf. Sie aß und trank, band sich ein Tuch um den Kopf und machte sich auf den Weg, wohin ihr Auge schaute.

Sie wanderte wohl eine lange Zeit, sie wanderte wohl eine kurze Zeit, schließlich spürt sie, wie ihr die Kräfte schwinden. Sie schaut sich um: dort hinten steigt Rauch auf! Der Rauch kam ja aus einer Hütte! Drei ihrer Säulen sind in die Erde gesenkt, drei aber ragen gen Himmel. Die Mos-Frau geht zu der Hütte, sie wagt aber nicht einzutreten. Ob ein Mensch darin wohnt oder ein Teufel, wer weiß es! Sie lauscht. Nur das Knistern des Feuers ist von drinnen zu hören. Sie beginnt zu weinen. Da öffnete sich die Tür, und eine Frau trat ihr aus der Hütte entgegen: »Wer bist du?«, fragte sie die Mos-Frau.
»Ich bin die Mos-Frau aus der einsamen Hütte!« antwortete die Mos-Frau.
Da lief die Frau auf sie zu:
»Herrin, was hat dich hierher geführt?«, fragte sie.
»Der Pelz, den meine Mutter genäht, ist verlorengegangen.«
»Wie ist er denn verlorengegangen?«, fragte die Frau.
»Ich habe ihn zum Trocknen hinausgehängt, und er ist verschwunden. Ob ein vierfüßiges Erdentier ihn raubte, ob ein gefiederter Himmelsvogel damit fortflog, ich weiß es nicht. Nun gehe ich, wohin mein Auge schaut, ihn zu suchen«, entgegnete die Mos-Frau. Die Frau aber küßte sie, führte sie ins Haus und gab ihr zu essen und zu trinken. Die Mos-Frau aß, aber so viel sie aß, so viel weinte sie auch.
»Weine nicht, mit Weinen findest du ihn niemals wieder!«, besänftigte sie die Frau.
»Gewiß, niemals werde ich ihn wiederfinden«, wiederholte die Mos-Frau.
»Warte nur, bis dein Schwager[5] heimkommt, vielleicht hat er ihn

irgendwo gesehen!« tröstete die Frau, und sie hatte es kaum ausgesprochen, so hören sie schon, wie jemand kommt. Der Mann der Frau war gekommen. Er trat ein, sagte aber nichts.

»Merkst du denn nicht«, fuhr da die Frau ihren Mann an, »daß jemand bei uns ist, den wir kennen?«

»Meine Augen sind noch blind vom Frühlingswind, aber nun sehe ich schon: die Mos-Frau aus der einsamen Hütte ist hier«, sprach der Mann, dann fragte er die Mos-Frau: »Suchst du vielleicht irgend etwas? Fischend und jagend durchziehe ich das Land, ich wandere auf weiten Wegen, ich wandere auf nahen Wegen, aber ich habe nichts gefunden.«

»Der Pelz, den meine Mutter genäht hat, ist verlorengegangen, nun gehe ich, ihn zu suchen.«

»Hier treiben sich nur noch Teufel herum, aber keine Menschen«, sagte darauf der Mann.

»Dennoch, hast du nichts gesehen?«, fragte die Mos-Frau aufs neue.

»Hätte man ihn dort entlanggetragen, wo sein Weg entlangführt, so hätte er ihn sicher gesehen!«, antwortete die Frau an ihres Mannes Statt. Da ergriff auch der Mann das Wort:

»Frau, gib deiner Schwester ein Marder-Sommerfell! Im fernen Land, dort im einsamen Land, da wohnt ihre jüngere Schwester. Die weiß ihr vielleicht etwas zu sagen.«

Damit legten sie sich nieder. In der Frühe standen sie auf. Der Mann war schon lange fortgegangen. Reif wie das Fell eines Eichkätzchens bedeckte sein Lager. Sogleich erhoben sich auch die beiden Frauen, sie begannen zu essen. Aber so viel die Mos-Frau ißt, so viel weint sie auch!

»Meinen Pelz will ich suchen! Auch wenn es mich das Leben kostet, will ich ihn wiederfinden!« so klagte sie ihrer Schwester. Darauf küßte die Schwester sie, und die Mos-Frau machte sich auf und ging ihres Weges. Sie wanderte wohl eine kurze Zeit, sie wanderte wohl eine lange Zeit, vielleicht wanderte sie auch einige Wochen lang. Einmal aber schwanden ihr wieder die Kräfte.

›Wenn ich auch heute noch nicht sterbe, so sterbe ich doch gewiß morgen‹, denkt sie bei sich. Da, als sie vorwärtsschaut, erblickt sie wiederum eine Hütte. Drei Säulen sind in die Erde gesenkt, drei aber ragen gen Himmel. Sie geht zu der Hütte, aber vor Schwäche konnte sie die Tür nicht öffnen. Da tut sich plötzlich von innen die Tür auf, eine Frau tritt heraus, sie faßt die Mos-Frau bei der Hand und geleitet sie ins Haus.

»Herrin, liebe Schwester, mein Schwesterchen, was ist dir geschehen?«, fragt sie.
»Die Augen sind mir geschwollen, auch sprechen kann ich nicht. Laß mich erst ein wenig zu mir kommen, gleich will ich alles erzählen«, entgegnet ihr die Mos-Frau. Da bereitet ihr die Frau ein Lager und gibt ihr zu essen. Die Mos-Frau fiel sogleich in einen so tiefen Schlaf, daß sie erst erwachte, als der Schwager kam. Die Tür tut sich auf, und gleich einem zottigen Bär tritt jemand über die Schwelle. Ganz nah kommt er an sie heran, beschnuppert sie, beobachtet sie. Die Mos-Frau erschrak.
»Ist denn ein Fremder gekommen oder was ist das, daß du so herumschnüffelst«, fuhr da die Frau den Mann an. Nun schlug die Mos-Frau aufs neue die Augen auf. Nun, was sieht sie? Dort an einem Haken hängt das Bärenfell[6], und ein fürstlicher Held von selten schöner Gestalt steht vor ihr. Wahrhaftig, solch einen Mann sah sie noch nie! Jetzt hebt der Mann an und spricht:
»Mos-Frau aus der einsamen Hütte, was suchst du in diesem fernen Land, wohin sich nicht einmal ein Vogel verirrt?«
»Ich suche meinen Pelz, der mir von meiner Mutter geblieben ist«, antwortete die Mos-Frau.
»Dir ist doch nicht ein lieber Pelz verlorengegangen?«
»Ach doch! Hei, ich habe in diesem Pelz das ganze toremgeschaffene Land durchzogen, und er ist nicht einmal zerschlissen, nicht einmal gerissen. Hei, so ein Pelz war das! Und nun ist er verloren.«
»Weit fort ist dein Pelz«, sagt darauf der Schwager zur Mos-Frau.
»Selbst ein Vogel könnte nicht dorthin gelangen, und gar eine schwache Frau wie du!«
»Ich will meinen Pelz wiederfinden, auch wenn es mich das Leben kostet!«
»Nun, wenn du klug bist, wird es dich vielleicht nicht die Seele kosten«, entgegnete der Schwager der Mos-Frau. Danach aßen sie und legten sich zur Ruhe. In der Frühe, als sie aufstehen, befiehlt der Mann sogleich seiner Frau:
»Frau, gib deiner Schwester einen Eichhörnchen-Sommerpelz!«, dann wendet er sich der Mos-Frau zu und fragt:
»Was hat dir dein älterer Schwager gegeben?«
»Er hat mir einen Marder-Sommerpelz gegeben«, antwortete die Mos-Frau.
»Dein älterer Schwager wußte wohl, was er dir geben mußte! Jetzt aber

machst du dich auf den Weg. Unterwegs, am Lauf des Ob, auch an der Küste des Meeres wirst du bald vielen Menschen begegnen. Aber höre nicht auf sie, blicke sie gar nicht an! Wenn du sie schon hinter dir gelassen hast, wirst du auf eine Stadt treffen. Am Rande dieser Stadt steht ein Baum und auf dem Wipfel dieses Baumes ein Haus. Auf einem Balken unter dem Fenster dieses Hauses auf dem Baumwipfel, da ist dein Pelz.[7] Wenn du in die Nähe des Baumes kommst, leg das Marderfell an, das dein älterer Schwager dir gegeben hat. Zu beiden Seiten des Baumes liegen Hunde in einer Reihe, aber fürchte dich nicht vor ihnen, sie bemerken dich nicht. Geh nur ruhig weiter. Dann klettere auf den Baum und nimm dir deinen Pelz. Bedecke dich mit dem Eichhorn-Sommerfell, aber daß du unterdes ja nicht denkst: ›Na, endlich habe ich meinen Pelz‹ – denn augenblicks werden dich die Hunde in Stücke reißen. Nun also geh, aber vergiß nicht, was ich gesagt habe!«

Die Mos-Frau machte sich auf den Weg. Sie wanderte wohl eine lange Zeit, sie wanderte wohl eine kurze Zeit, schließlich, als ihr Fuß schon müde wurde, erblickte sie auf einmal am Ufer des Ob Menschen, die fischten mit einem Zugnetz. Der eine sang, der andere lachte. Doch was hatte sie hier zu suchen, sie blieb nicht einmal stehen, sondern wanderte nur immer weiter.

Sie wanderte und wanderte, bis sie plötzlich etwas gleich einer Stadt vor sich erblickte. Vor der Stadt ist ein Baum, auf dem Baumwipfel aber, kaum sichtbar, ein Haus. Sie geht näher, legt den Marder-Sommerpelz an und beginnt hinaufzuklettern. Zu beiden Seiten des Baumes liegen Hunde in eisernen Ketten. Kaum ein Fußbreit ist zwischen ihnen, kaum kann man hindurchgehen. Dennoch geht die Mos-Frau, sie nimmt ihren Pelz – keine Menschenseele ist zu sehen –, sie legt das Eichhorn-Sommerfell an, und als wäre sie selbst ein Sommer-Eichkätzchen, machte sie sich auf den Weg zurück. Wie sie am Fuße des Baumes anlangt, denkt sie bei sich: ›Na, endlich! Ich habe meinen Pelz doch wiedergefunden!‹ Aber im selben Augenblick, als sie dies dachte, stürzten sich auch schon die Hunde auf sie und verschlangen sie auf der Stelle. Die Mos-Frau war tot, ihr Pelz blieb dort, aber ihre Seele wanderte weiter.[8]

Die Seele wanderte. Sie kam zum Hause der jüngeren Schwester, die Tür schlug zu.

»Weh, sie ist tot!« sagte die Schwester und begann zu weinen. Die Seele wanderte weiter. Sie gelangte zum Haus der älteren Schwester, da schlug auch ihre Türe zu.

»Weh, sie ist tot, die von den Meinen in der Ferne war!«, rief die ältere Schwester aus und begann zu weinen. Wieder aber wanderte die Seele weiter, in ihre eigene Hütte. Dort verkroch sie sich zwischen die vielen Wildfelle und die vielen Marderfelle. Aber vergebens kroch sie da hinein, sie konnte nicht auferstehen. So ging sie wieder aus dem Haus. Gerade begann die Erde sich zu erneuern, es war Frühling, und die Seele der Mos-Frau kroch in die Erde hinein. Wo sie in die Erde gekrochen war, da begann alsbald eine rote Blume zu wachsen. Sie wuchs und wurde größer, da kam eine Bärin vorbei und fraß die rote Blume. Doch kaum war die Seele der Mos-Frau, das nämlich war die Blume, in die Bärin gelangt, so wurde die Bärin von ihr trächtig und gebar ein Kind. Danach gebar sie noch ein Kind, als drittes Kind aber brachte die Bärin eine Chanti-Jungfrau, die Mos-Frau aus der einsamen Hütte, zur Welt.
»Eine Chanti-Jungfrau, ein himmlisches Mädchen habe ich geboren«, schrie da die Bärin auf.
Die Zeit verging, und sie zog sie mit den anderen zusammen auf. Als das Mädchen herangewachsen war, zog es Birkenrinde ab und nähte daraus so reichverzierte Birkenrindengefäße, daß es eine Pracht war!
Wie sie so miteinander die Tage verbringen, hebt einmal die Bärenmutter an und spricht:
»Mein Chanti-Mädchen, mein himmlisches Mädchen, geh fort von hier, geh fort irgendwohin! Ich spüre, es werden Menschen kommen und uns töten.«
»Ich verlasse euch nicht!«, entgegnete ihr das Mädchen. »Du bist eine Mutter, lieber sollen sie mich töten, und ihr bleibt am Leben!«
»Mein Chanti-Mädchen, mein vom Himmel gekommenes Mädchen, Gott Torem hat den Tag meines Todes bestimmt, du kannst mich davon nicht erlösen! Aber hernach, wenn du unter Chanti-Menschen kommst und sie beim Mahl mein Fleisch essen werden, dann verberge du, Chanti-Mädchen, mein himmlisches Mädchen, unsere Hände und Füße, unsere zirbelkieferzapfenschönen Nägel an einem stillen Platz am Ufer, damit unsere Seelen sie nach dem Tod wiederfinden. Wenn du auch weinst, vergiß es dennoch nicht!«
Wie sie so miteinander reden, hören sie plötzlich Menschen draußen hin- und hergehen. Darauf fuhr die Bärenmutter fort:
»Chanti-Mädchen, mein himmlisches Mädchen, du wirst uns noch sehen! Sobald die Abenddämmerung anbricht, wirst du unsere Seelen in der Gestalt von sieben Sternen am Himmel sehen. Fragt man dich, so

sage nur: ›Das ist das Haus der Bärin.‹ Die sieben Sterne werden wir sein.«

In diesem Augenblick begann draußen das Volk, das Haus, die Tür des Hauses aufzubrechen.

»Mein kleines Mädchen, geh weiter zurück, damit sie nicht dir statt meiner ein Leid antun!«, ruft die Bärenmutter dem Mädchen zu. Das Mädchen geht dennoch zur Tür und wirft ein verziertes Birkenrindengefäß vor das Haus. Als die Menschen das Birkenrindengefäß erblicken, heben sie an zu fragen:

»Wie kam nur dieses Birkenrindengefäß hierher?«

»Aus dem Innern des Hauses wurde es herausgeworfen!«, sagt einer. Sie betrachten das Gefäß, sie erkennen es nicht. Solche Muster macht niemand bei ihnen.

»Noch nie sahen wir solche Gefäße aus Birkenrinde! Wie kamen sie da hinein? Es wohnt doch kein Mensch im Höhlenhaus?«

Da warf das Mädchen abermals ein Birkenrindengefäß hinaus. Die Menschen erstaunten:

»Wie geht das zu? Noch nie gab es Birkenrindengefäße in eines Bären Haus!«

Jetzt rief die Bärenmutter ein zweites Mal ihrer Tochter zu:

»Mein kleines Mädchen, geh fort von hier!«

Aber auch diesmal hört das Mädchen nicht auf sie, sondern schleudert noch ein drittes Birkenrindengefäß zur Tür hinaus. Wieder riefen unter den Menschen einige: »Wie anders kamen wohl Birkenrindengefäße hierher, es ist ein Mensch im Höhlenhaus!«

»Wie kann denn hier ein Mensch sein?!« rufen andere dazwischen.

»Der Teufel haust hier, der Teufel, aber kein Mensch!«

Im Hause ruft wiederum die Bärenmutter:

»Mein kleines Mädchen, geh weiter zurück!«

Nun stecken die Menschen von oben einen Balken ins Haus. Durch die Höhlenöffnung will sich die Bärenmutter auf sie stürzen, doch das Mädchen hält sie zurück:

»Mütterchen, laß mich doch als erste hinausgehen!«

Die Bärenmutter hörte nicht auf sie. Der Tag ihres Todes ist gekommen, wie es Gott Torem bestimmt hat, sie muß sterben. Also trat sie aus der Höhle, die Menschen aber fielen über sie her und töteten sie. Danach hoben die Menschen erneut an zu schreien:

»Es sind noch zwei kleine Brüder darin! Noch zwei Jungbären sind

daringeblieben!«, und sie steckten ein krummes Balkenholz in die Höhle. Der ältere Jungbär packte es, doch das Mädchen rief ihm zu:
»Bruder, laß mich doch gehen!«
»Schwesterchen, Chanti-Jungfrau, himmlisches Mädchen, nach uns werden sie auch dich hinauszerren, bleib nur hier!«, entgegnete er dem Mädchen. Da zerrten die Menschen auch den jungen Bären hinaus, draußen aber töteten sie ihn. Nun begann das Mädchen den jüngsten Bruder anzuflehen:
»Bruder, ich bin eine Jungfrau, höre auf mich! Laß sie mich an deiner Statt hinauszerren!«
Doch der Junge ließ es nicht zu:
»Sollen sie mich doch zuerst hinauszerren! So sterbe ich früher, und meine zwei Augen brauchen es nicht mitanzusehen, wie sie dich quälen.«
Da zerrten die Menschen auch den zweiten Bruder hinaus und töteten ihn. Drinnen im Haus brach das Mädchen in Tränen aus. Die Menschen kommen näher, sie lauschen: aus der Bärenhöhle dringt menschliches Weinen!
»Was kann das sein?!«, fragen sie einander. Sie horchen genauer hin. Wirklich Menschen-Weinen! Sie wollen schon fortgehen, als das Mädchen die Stimme erhebt:
»Ihr habt die Meinen alle getötet! Warum tötet ihr nicht endlich auch mich?!«
»Ein Mensch! Man müßte ihn herausziehen! Aber wie nur?«, so rufen sie durcheinander. Da faßt sich der jüngste Sohn des Stadtfürsten ein Herz, er geht in die Höhle und bringt das weinende Mädchen heraus. Was sehen sie: mit fürstlichem Marderpelz, mit seidenem Tuch ist das Mädchen bekleidet! Da beginnen die Menschen untereinander zu flüstern:
»Die Feen-Frau, die Mos-Frau aus der einsamen Hütte, die hat der Sohn des Stadtfürsten aus der Höhle geholt!« So redeten die Menschen. Der Bursche aber setzte das Mädchen auf seinen Schlitten, von links her, dorthin, wohin man seine Frau setzt, dann zog er die Zügel an, und sie fuhren los.
Kurze Zeit fuhr er mit ihr, lange Zeit fuhr er mit ihr, endlich kamen sie in die Fürstenstadt. In der Stadt erzählt man schon weit und breit:
»Die Feen-Frau, die Mos-Frau aus der einsamen Hütte, die hat der jüngste Sohn des Stadtfürsten-Alten zur Frau geholt!«

»Da hat er recht getan«, sagte darauf der Stadtfürsten-Alte, und sie führten das Mädchen ins Haus. Sie machten ihm einen Vorhang aus Seide und teilten ihm einen Frauen-Winkel ab, und von nun an lebte das Mädchen bei ihnen.
Unterdes brachten die Männer auch seine Mutter und seine Brüder herbei. Mit lauten Freudenschreien versammelt sich das Volk, und man beginnt die Bären zu häuten. Derweil spielt der Spieler, es singt der Sänger, es zaubert der Zauberer, ein jeder tut das Seine. Danach wird gegessen und getrunken, und die Tänzer tanzen. Das Mädchen aber weint und weint hinter seinem Vorhang. So heftig weinte es, daß seine Augen schon ganz geschwollen waren. Dann, als der Tanz zu Ende war, beginnt das Mädchen achtzugeben. Es beobachtet, wohin die Menschen die Nägel der Bären verstreuen, die Zirbelzapfen-Nägel ihrer Hände und Füße, dorthin geht es, liest sie alle zusammen und trägt sie hinaus in den stillen Wald entlang des Ufers. Dort legt es sie nieder, mögen ihre Seelen sie wiederfinden![9]
Als sie zurückgeht, hört sie plötzlich, wie ihre Bärenmutter, ihre Bärenbrüder auf sie zukommen. Sie hört, wie ihre Seelen miteinander reden:
»Ich habe die Chanti-Jungfrau, das himmlische Mädchen, geboren! Meine Fußnägel, meine Fingernägel darf man nicht mit Füßen treten! Weh, der Chanti-Mann hat ihr gefallen, meinen Befehl hat sie vielleicht schon vergessen!«
Als sie näher kommen, hört sie wiederum:
»Chanti-Jungfrau, himmlisches Mädchen, dein Weinen hat uns hierhergeführt. Sieh, wir haben unsere Fußzapfen, sieh, wir haben auch unsere Fingerzapfen gefunden. Schau, unsere Seelen fliegen jetzt auf in den Himmel! Chanti-Jungfrau, mein himmlisches Mädchen, sieben Sterne werden am Himmel erscheinen. Schau, der siebente Stern, das bin ich! Zu meiner Linken und zu meiner Rechten meine zwei Kinder. Das Haus der Bärin – so sollst du dieses Sternbild heißen, und alsbald, wenn deine Tränen versiegt sind, sollst du es auch dem Volk sagen, denn es weiß davon noch nichts. Man wird dich bald fragen: ›Warum heißt dieses Sternbild Haus der Bärin?‹ Dann sollst du ihnen sagen: ›Sie hat die Chanti-Jungfrau, das himmlische Mädchen, geboren. Die Fee, die Mos-Jungfrau aus der einsamen Hütte, sie war ihre Tochter, darum heißt es Haus der Bärin!‹ Doch nun sollst du zurückgehen! Morgen wird man alsbald zu dir sprechen: ›Iß!‹ Aber du sollst ihnen also antworten:

›Ich esse nicht vom Fleisch meiner Mutter, ich kann das Fleisch meiner Bärenmutter nicht essen! Und wenn ihr mich auch sieben Winter und sieben Sommer nötigt, werde ich doch nicht einen Bissen essen! Wenn ich hier nicht bleiben kann, nun, so wandere ich weiter, wohin meine Augen schauen.‹«

So tat das Mädchen. Es ging ins Haus zurück und sprach, wie es seiner Mutter Worte ihm befohlen hatten.

Darob erschrak der Stadtfürsten-Alte. »Mein kleines Mädchen, meine kleine Schwiegertochter, du bist doch nicht etwa gekommen, um wieder fortzugehen?! Irgendeine Speise, die dir erlaubt ist, werden wir wohl auch hier finden!«

So blieb die Mos-Frau bei ihnen. Und seit sie zu ihnen gekommen ist, ist das Volk gesund und glücklich. Auf der Jagd läuft ihnen das Wild geradezu über den Weg, und zur Fischfangzeit folgt einem guten Fang stets noch ein besserer. Alsbald gebar das Mädchen ihnen auch ein Kind. Dieses Kind zieht sie auch heute noch auf. Ich bin selbst schon bei ihnen gewesen!

V. Versuch einer Zusammenfassung der Ergebnisse

Wie auf den keltischen Kulturdenkmälern prägt sich in diesem Märchen die gleiche Schau der Tod-Leben-Verflechtung aus: Tod gebiert Leben und Leben den Tod. Dieses Märchen wählt die verschiedensten Situationen aus dem täglichen Leben der Ostjaken und immer wieder neue Bilder aus, um diese Erfahrungsweisheit festzuhalten und sie an nachfolgende Generationen erzählend weitergeben zu können.

Wie das Festhaltenwollen am Leben im Tod endet, erzählt dieses Märchen facettenreich mit dem Weg der Mosfrau auf der Suche nach ihrem ›Pelz‹. Der Pelz, den wir uns als Fellkleid vorzustellen haben – die Ostjaken tragen oder trugen bis vor kurzem Fellkleider – muß hier durchschaut werden auf der Mosfrau eigene Haut, d.h. auf ihr Leben. Diese wohlvertraute, von der Mutter hergestellte Umhüllung, in der sie so lange gelebt hat, gehört derart zu ihr und ihrem Leben, daß ein Weiterleben ohne diesen ›Pelz‹ nicht denkbar ist und die Mosfrau sich auf den Suchweg machen muß, bis sie schließlich am Baum, der ein Opferbaum ist – d.h. ein heiliger Ort, an dem die Gottheit wohnt – ihren Pelz wiederfindet. Aber sie versteht nicht, was das bedeutet, wenn diese ihre ›Haut‹ offensichtlich in göttlichen Händen ist. Sie kann nur denken: »Endlich habe ich meinen Pelz wieder!« Das heißt: »Mein Suchweg ist zu Ende, ich kann zurückkehren, alles kann so weitergehen wie zuvor«. Doch dies ist nicht möglich. Nie können wir nach abenteuerlicher Fahrt wieder da weitermachen, wo wir ausgezogen sind. Dieser ›Gedanke‹ der Mosfrau ist faktisch schon ›Tod‹, weil sie nur zurückschauen kann, die Lebensreise aber nach vorn gehen muß. Das Märchen hat sein Bild dafür schon bereit: Die Hunde verschlingen sie, ihr Pelz bleibt dort liegen.

Und nun kommt das Erstaunliche: dieser Tod ermöglicht der Frau eine neue Existenz als ›Seele‹. Den in Raum und Zeit festgebundenen Menschen ist sie nun nicht mehr sicht-, nur noch spürbar, aber sie lebt auf neue Art weiter. Bald zeigt sich, daß das Leben als ›Seele‹ noch nicht das Ziel ihres Lebens ist. Sie muß in die Erde hineinsterben. Dieser neuerliche Tod im Erdengrab hat wieder eine Metamorphose zur Folge, es entsteht ganz andersartiges Leben: eine wunderschöne rote Blume.

Aber kaum, daß wir darüber freudig aufgeatmet haben, zieht dieses schöne Blumenrot eine Bärin an, die diese Blume frißt. Wieder hat der Tod zugegriffen. Aber, o Wunder, auch aus diesem Freßtod gebiert sich neues Leben. Die Bärin wird aus dem Tod der roten Blume trächtig und gebiert sowohl zwei Bärenjungen als ein Menschenmädchen. Was hat dieses Sterben für eine Neuschöpfung zur Folge! Eine Menschengeburt aus einem Tier. Menschwerdung aus Tiergestalt hat der Blumentod hervorgerufen. »Die himmlische Jungfrau ist da«, heißt es im Jubelruf der Bärin. So hat die Mosfrau sich mehrfach gewandelt: von der einsamen Frau in ihrer Hütte zu einer Reisenden auf Leben und Tod, zu einer suchenden Seele, in eine Blume, die zu einem Werdekeim, zu einem befruchtenden Samen wurde, der drei neue Wesen ausgestaltete, zwei männliche in Tiergestalt und eine weibliche in Menschengestalt. Und alle diese Wandlungsvorgänge, diese immer neuen Leben, kamen nur durch Sterben in Gang.

Das ist Leben, erzählt unser Märchen: fortwährendes Sterben, das neues Leben zeugt. Im Erzählen und Hören rührt es uns an, denn bewußt oder nicht nehmen wir die Aufforderung wahr zu erkennen: Dir geht es nicht anders. Alle deine Abschiede sind Tode, alle deine Verluste sind tödlich, alle deine Leiden zerstören dich – aber nur, um dich zu verwandeln. Immer neue Gestalt mußt du werden: ›Blume‹ und ›Tier‹, ›himmlische Jungfrau‹ und schließlich ›Kind‹, das ist neuer Mensch, das Ziel aller Schöpfung. Es muß der Schöpfer tödlich zerstören, um seinen Schöpfungsprozeß zu vollenden – das ist das Geheimnis des Lebens. Sag ›Ja‹ dazu, und du bist gerettet und mit jedem Sterben verwandelt in vollkommeneres Sein. Uns ist das schwer zu fassen, aber das Phänomen bleibt das gleiche, ob wir ja oder nein sagen: So und nicht anders vollzieht sich der Lebensprozeß vom Grunde her als »Lebensbrunst und Todesbrunst«, wo »absolute Wertgleichheit von Leben und Tod« herrscht.

Das Märchen hört sich aufregend an und ist so poetisch. Es ist schrecklich und schön. Es nimmt uns mit in die Tode, es läßt uns aufleben in den Neugestaltungen. Es fühlt sich unsentimental an und stark. Es erhebt uns und erschöpft uns. Es zieht uns an – und kann auch abstoßend wirken. Warum das alles? – Weil es wahr ist. Das spüren wir unter der Bewußtseinsschwelle, auch wenn die Trendmeinungen des Tages anders lauten.[10]

Anmerkungen

1. Peter Schellenbaum, Abschied von der Selbstzerstörung, München 1987.
2. Die Abbildungen stammen aus Lancelot Lengyel, Das geheime Wissen der Kelten, Freiburg 1981,[2].
3. Sibirische Märchen, erster Band, Ostjaken und Wogulen. Düsseldorf-Köln 1968.
4. *Mos:* die angesehenere Sippe unter den beiden wichtigsten Fratrien (Sippen) bei den Wogulen und den Ostjaken.
5. Im ostjakischen Sprachgebrauch drücken die Bezeichnungen ›Alter, Alte‹ weniger das Lebensalter aus, als vielmehr eine ehrfürchtige Anrede. Ebenso bezeichnen auch die Wörter ›Muhme, Enkel, Neffe, Schwager‹ nicht immer Verwandtschaft, sondern sind oft eine bloße Anrede.
6. Nach ostjakischer Auffassung – und diese Auffassung teilen auch die meisten Naturvölker Eurasiens – ist der Bär (anderswo vielleicht ein anderes Tier) kein Tier, sondern ein in ein Bärenfell gekleideter Mensch oder eine Gottheit. Darum spricht das Märchen von dem abgelegten Bärenfell.
7. Der in dem Märchen erwähnte ›Baum‹ ist eigentlich ein ostjakischer Opferplatz, dessen wichtigstes Zubehör das auf einem Baumast angebrachte Häuschen mit dem Götzenfigürchen irgendeines Geistes (oder einer Gottheit) ist.
8. Die Ostjaken glauben nicht an eine Seelenwanderung, sondern daran, daß die nach dem Tode des Menschen eine Weile neben seiner Seele existierende ›Schattenseele‹ in Gegenstände und sogar in Personen einziehen kann.
9. Nach ostjakischem Glauben kann man ohne Nägel die bis zum Himmel reichenden Berge, die zur jenseitigen Welt hinüberführen, nicht übersteigen. Deshalb wird auch das von den menschlichen Nägeln Abgeschnittene nicht weggeworfen.
10. Eine gründlichere Hinführung zur Erfassung des ganzen Märchens findet sich in F. Betz, Heilbringer im Märchen. München 1989. Dazu ist im gleichen Verlag eine Kassette herausgekommen, auf der dieses Märchen auch zu hören ist, nebst zwei andern sibirischen und einem schottischen Märchen.

Heino Gehrts

VON TOD UND TOTEN IN DEN URKULTUREN

– ein weit gespanntes Thema, ein riesiger Bereich, in den wir mit diesem Beitrag nur einige begrenzte Einsichten gewinnen können. Aber ein wichtiger Bereich, denn ist das Märchen alt, so speist es sich aus den Lebensformen der Vorzeit, – und es ist alt und gehört mit seinen Wesenszügen der Vorzeit an; darum müssen wir, um es zu verstehen, uns den alten Kulturformen zuwenden.

Dabei begreife ich unter ›Urkulturen‹ nichts nebelhaft Urtümliches, Unbekanntes, nur durch Voraussetzungen zu Erschließendes, sondern schlicht und einfach jene beiden Ausgestaltungen des menschlichen In-der-Welt-Seins, die der technokratischen Zivilisation und der religiösen Kulturstufe vorangegangen sind, die zum Teil bis in unsere Tage fortgelebt haben und die wir hier in äußerster Kürze charakterisieren müssen: die schamanische und die rituelle Kultur.[1] Sie sind dadurch ausgezeichnet, daß sie beide in ungleich höherem Grade als die Stufe der Offenbarungsreligionen vom unvermittelten Erleben und nicht von der Lehre bestimmt sind.

Der Mensch der Religion ist in höchstem Maße vom Erlebnis seines Religionsstifters abhängig, und darauf beruht die Belehrung, die ihm zuteil wird. Jeder Schamane dagegen begegnet den Göttern und den Geistern selbst in seinen Einweihungserlebnissen, und für seine Gesippen und Stammesgenossen wiederholt er diese Begegnungen in den Séancen, an denen ein jeder teilnehmen kann. Die rituelle Kultur verallgemeinert dieses Erleben für alle, indem sie es in Riten und Zeremonien ausgestaltet – in festlichen Begehungen, die ursprünglich allesamt *einen* bestimmten Sinn haben: sie entfalten die wesentlichen Züge des zeitlichen Daseins, indem sie die schöpferischen Urzeitereignisse dramatisch gegenwärtig darstellen. Eine solche Darstellung ist aber nicht etwa eine bloße Erinnerungsfeier, sondern sie macht die

Urzeit selbst wirklich gegenwärtig, und sie ähnelt daher in diesem Zuge der schamanischen Séance, in der ebenfalls die schöpferischen Genien des Weltgeschehens anwesend sind. In der Séance sind sie es unmittelbar, in der Zeremonie in Gestalt der beseelten Maske. Aus diesen beiden Kulturbereichen wird die Bilderwelt der alten Märchen gespeist – was immer eine forscherisch steril gehaltene Erzählwissenschaft dagegen einzuwenden findet.[2] Mithin, wer das Märchen in seinem urpsrünglichem Sinne verstehen will, wendet sich mit Fug und Recht den beiden Urkulturen zu.

Ist nun für die beiden älteren Kulturstufen das Erleben grundlegend, so hätten wir uns zunächst die wirklich erlebte Erscheinung von Toten zu vergegenwärtigen, – nicht etwa, um irgendeinen ›Beweis‹ für das dort Grundlegende zu erbringen, sondern allein um des Ursprungs aller Totenkulte unmittelbar ansichtig zu werden. Der Wirklichkeitscharakter einer Totenerscheinung drängt sich um so mehr auf, je entschiedener sie sich für mehrere Personen und raumgebunden, sozusagen perspektivisch, darstellt; darum habe ich die folgenden beiden Beispiele aus der übergroßen Fülle ausgewählt.

Das erste zeigt eine Art akustischer Perspektive. Eine Mutter sitzt mit ihren schon herangewachsenen Kindern beim Mittagessen, als es im übernächsten Raum, im Zimmer des verstorbenen Großvaters hart und stark klopft. Die Mutter geht durch die Küche dorthin, und nun vernehmen die Zurückgebliebenen die Stimmen des Großvaters und der Mutter im Wechselgespräch. Dann kommt die Mutter zurück, läßt ein Gebet für die Armen Seelen sprechen und berichtet später, in jenem Zimmer habe der Großvater gestanden und ihr vorgeworfen, daß sein Seelenlämpchen, das ihrem Versprechen gemäß ein Jahr lang brennen sollte, erloschen sei. Sie hatte sich nicht rechtzeitig mit Öl versorgt und ließ nun schleunigst einen Liter davon einkaufen.[3] – Eine ganz entsprechende optische Perspektive zeigt das folgende Erlebnis. Eine Arztfrau nimmt in der Nacht wahr, daß zwar ihr Zimmer dunkel ist, aber das Nebenzimmer, in dem ihr Mann schläft, von einem sanften gelben Licht durchflutet wird. Als sie hinübergeht, ist das Licht schon im Schwinden, aber ihr Mann war von einem starken Licht geweckt worden, das von einer weiblichen Gestalt ausging. Nachträglich faßte er diese als die Erscheinung einer Patientin auf, die etwa zu dieser Zeit gestorben war und die in ihren letzten Augenblicken nach ihm gerufen hatte.[4]

Erscheinungen von Totengeistern, die als Licht und mit einem Lichtschein auftreten, gibt es unzählige und in aller Welt; dieses sehr verbreitete Erlebnis hat schon früh zu vielerlei Vorstellungen vom Lichtreich der Seelen geführt. Doch nicht dies ist im Augenblick für uns wichtig, sondern nur die Tatsache, daß derlei Phänomene nicht rein visionären Charakter haben, nicht nur in einem inneren Licht aufleuchten, sondern daß sie mit den Sinnen, in räumlicher Perspektive, also objektiv wahrgenommen werden. Wie dies ontologisch zu verstehen sein könnte, was sich daraus für die Frage nach dem Wesen der fortlebenden Substanz ergeben könnte, nach dem Wesen der Seele, kümmert uns hier nicht. Wir haben es lediglich mit dem Erlebnis zu tun und halten dieses für die Quelle aller in der Menschheit verbreiteten Vorstellungen vom Fortleben der Toten. Für irrig sind demnach alle jene Theorien zu halten, die deren Ursprung in Sinnestäuschungen und Wunschvorstellungen, im Wahn und im Aberglauben suchen. Bestattungsgebräuche, Ahnendienst und Totenkult sind nicht ins Leere gerichtet, sondern bauen am Erlebnisgefüge der Wirklichkeit. Denn dies ist freilich wahr: der Mensch überall beschränkt sich nicht auf das pure Erleben, sondern er gibt ihm schöpferisch ein Gehäuse, in dem es zu überdauerndem Ausdruck gelangt. Solches Bauen nennen wir Kultur.

Auf allem Totendienst liegt nun freilich, anders als auf dem Götterdienst, eine schwere Bürde. Diese Last ist der Leichnam. Das Leben, das Selbst des Verstorbenen ist aus ihm entwichen, aber das Trauergefühl haftet an ihm wie an einem Denkmal des Entwichenen. An ihm entwickelt sich daher ein Zwiespalt: er ist es und er ist es nicht. In einigen wenigen urvölkerlichen Kulturen flohen die Überlebenden vor ihm: die Wohnstatt ward aufgegeben, man suchte das Weite und dort eine neue Bleibstätte. Im Gegensatz dazu legte man in anderen alten Kulturen den Toten nirgendwo anders nieder als grade im Wohnhaus, in der Erde unter dem Boden des alltäglichen Daseins. In einem samojedischen Märchen[5] kommt von zwei einsamen Schwestern die jüngere zu Tode; die ältere lädt sich die Tote auf, um sie zu begraben, trägt sie in einen Fichtenwald und »fragt ihre Schwester vermittelst der

Zaubertrommel: ›Wo soll ich dich begraben, Schwester, etwa hier?‹ Die Schwester antwortet: ›Begrabe mich nicht im Fichtenwalde, dort gehen Leute und erschrecken mich.‹« Weiter trägt die Ältere die Tote, fragt im Birken-, fragt im Tannenwald, ob sie dort sie begraben soll, erhält immer ein Nein zur Antwort und legt sie schließlich, ermüdet vom Tragen der Leiche, in einem Wolfsloch nieder unter einem Busch.

Wo das Seelenleben überwiegt, die Anschauung dessen, was über den Leichnam hinaus einzig wertvoll ist, erscheint der entseelte Leib als ein lästiges Nichts: *Νέκυες γὰρ κοπρίων ἐκβλητότεροι* – dieser Satz ist von einem Prediger der unablässigen Wandlung überliefert, von Herakleitos: Eher noch als Mist sind Leichen wegzuwerfen – ein Wort aus einer Epoche, da in Griechenland die Überlieferung ins Wanken geraten war. Wo aber die Gemeinde unzerstört ist und gemäß dem Herkommen lebt, da weiß man auch, welches Maß an Fürsorge dem Leichnam gebührt, – daß er in der Welt seine bestimmte *Statt* finden muß, denn das ist ja der Sinn unseres Wortes Bestattung. In China und in anderen Ländern war es ein Berufsstand, der Geomant, der den rechten Ort für den Toten bestimmte. An vielen Stellen der Erde sind die Behausungen der Götter und der Menschen verschwunden, die Gräber der Toten aber haben die Jahrtausende überdauert.

Wenn man die Toten hinausbrachte an ihren Ort, so erscheint auch an diesem Verfahren ein Zwiespalt, und die Spätzeit ist oft nicht mehr imstande, die beiden Seiten sicher zu unterscheiden: was an den Begehungen zur Trennung, was zur weiteren Verbundenheit mit dem Toten gehört. Gewiß verwirrt auch viel spätzeitlicher Aberglaube das Bild. Ohne Zweifel diente ein Teil der Totenbräuche dem Aufbauen einer Schranke; bringen wir aber zuerst ein Beispiel für die andere Absicht. Aus Flandern, und zwar aus der Gegend um Kortryk, wird die folgende Sitte überliefert: »Wenn man einen Toten zum Kirchhofe trägt, dann betet man auf jedem Kreuzwege ein Vaterunser, und zwar zu dem Zwecke, daß der Tote, wenn er einmal wieder nach Hause kommen wollte, den Weg wiederfinden könne.«[6]

Andererseits wird aus Ostpreußen der Brauch überliefert, daß man das zum Waschen der Leiche gebrauchte Wasser vor der Tür hinter der Bahre ausgoß, »und das sollte bedeuten: wenn der Tote zurückkommen will, so ist da für ihn ein See, und er kommt nicht hinüber.«[7] Ähnliche Bräuche werden auch aus anderen Teilen Deutschlands berichtet, und sie sind auch sonst in der Welt bekannt und werden schon aus dem indischen Altertum überliefert. Dort wurde bei der Heimfahrt vom Leichenbegängnis ein Stein zwischen Totenort und Heimstatt gesetzt – mit den Worten, daß der Stein dem Tode als ein Berg erscheinen solle, der ihm den Weg versperrt.[8] In Sibirien wurden die verschiedensten Zeichen dieser Art gesetzt: Striche im Schnee, die zu Schluchten werden, ein Gefäß, das sich in einen See, ein Grasbüschel, das sich in ein Dickicht verwandelt. Bogoras sah bei den Tschuktschen einen alten Mann, nun freilich auch zum Erstaunen seiner Verwandten, nah dem Kopfe der Leiche sein Wasser abschlagen – in der Absicht, zwischen der Leiche und sich selbst einen Fluß zu erzeugen.[9]

Es erhebt sich die Frage, welchen Sinn die magischen Hindernisse wirklich ursprünglich hatten: Abgrenzung gegen den Tod oder gegen die Toten. Die älteste Überlieferung, die des vedischen Indien, spricht für die erste Antwort, und wenn wir unser Märchen befragen, dann scheint es sie zu bestätigen. Zaubrische Hindernisse werden ja auch im Typus AT 314 gesetzt, in dem Märchen vom Jüngling, der bei einem toddrohenden Wesen das Goldhaar und das Zauberroß erlangt, also die Initiation, der dann vor dem Todesunhold fliehen muß und auf der Flucht mit Holzspan, Stein und Wasserguß Schranken erzeugt, deren letzte für den Dämon unüberwindlich ist. Oftmals verwendet er auch noch andere mächtige Gegenstände, vor allem den Kamm, der ein Initiationsinstrument par excellence ist und auch mit dem eben gewonnenen Goldhaar in sinnvollem Zusammenhang steht. Entscheidend ist, daß der Verfolger niemals ein Toter ist, sondern stets ein mächtiges Wesen aus der Ferne, jenseits des Stromes, zu dem man durch Entrückung gelangt, also durch eine nichträumliche Seelenpassage, ein Wesen also, in dem die jenseitige Macht des Todes erscheint.

Der Zwiespalt in der Bewertung der Bestattungsmaßnahmen tritt auch in Bezug auf einen anderen Brauch hervor. Was ist der Sinn der oft gewaltigen Steine oder Steinmassen, die man dem Toten aufs Grab legt? Manch ein Forscher erprobt da die Antwort, ob sie nicht dazu dienten, den Toten festzuklemmen. Man bedenkt dabei nicht, daß Tote nach soundsovielen Zeugnissen die feste Materie zu durchdringen vermögen, daß es daher niemals die Last des Felsens sein kann, die den Toten bannt, sondern nur das Ritual, mit dem der Steinblock gesetzt wird. Dann aber bedarf es zur Bannung gar nicht der Tonnengewichte, sondern nur irgendeines sichtbaren Zeichens. Der Stein, rituell errichtet, hat einen ganz anderen Sinn. Die Totenseele, aus dem Leibe entwichen, ist ortlos, und sie bedarf, um anwesend zu sein, eines ihr geweihten Anhaltes in der Leiberwelt. Diesem rituell erzeugten Gegenstand, wenn er in der Landschaft aufgepflanzt ist, sei es nun ein Baum, ein Pfahl oder ein Menhir, geben wir den Namen Mal. Ein Mal ist ein zeichenhaftes Ding, das sowohl hier auf der Erde wie dort in der Welt der Toten steht und das daher Stätte der Begegnung ist. Einerseits schenkt das Mal dem Toten die Möglichkeit, an einem hiesigen Ort zu erscheinen, und andererseits schränkt es den Erscheinungsbereich ein und verhindert das ungeordnete Eindringen der Totenseele in das Dasein der Lebenden, es unterbindet den Spuk. Wie an der Grabstele die Totenseele und der Lebende zusammentreffen, zeigen manche der Bilder auf den altgriechischen Lekythen, den Kännchen für die Ölspende an die Toten.

Spuken zeigt ein unvollendetes Totenschicksal an. In gebührlicher Weise vollendet der Tote sich offenbar, wenn er einerseits den eigenen, uns unbekannten Totenweg beschreiten, andererseits aber zuzeiten am Male zu einem geliebten Ort und zu den ihm verbundenen Lebenden heimkehren kann. In einem Gedicht von Conrad Ferdinand Meyer wird in einer Zeile gesagt: Ihr suchet noch immer die menschlichen Ziele. – Ich halte diesen Satz nicht für allgemeingültig. In sinnvoller und schöner Weise verhält sich allerdings dementsprechend eine Mutterseele, die allnächtlich zurückkehrt, um das zurückgelassene Kleinkind zu säugen. Dies wird häufig in Sagen erzählt[10], ist aber auch ein bekanntes Märchenmotiv, zum Beispiel in »Brüderchen und Schwesterchen« und seinen Verwandten, den »drei Männlein im Walde« und anderen (AT 450, 403). Oftmals aber bedeutet das Hangen und Festhalten an diesem Leben, zumeist an einer seiner Einzelheiten, eine schwere Störung im Totenschicksal, eine Störung, die von zahlreichen Sagen bezeugt wird, aber auch in den Erlebnissen von zeitgenössischen Sensitiven, die bisweilen belagert werden von Toten, die auf ihrem Wege nicht weiterzukommen vermögen, ja, die sich wohl gar noch für lebend halten. Es war daher sehr sinnvoll, daß der Schamane in seiner Kultur den Toten über das Grab hinaus geleitete bis an seinen jenseitigen Ort –

oder er unternahm den Versuch, ihn wieder heimzuholen in die Welt der Lebenden.[11] Dies letztere erscheint gar nicht mehr so abwegig, vielmehr ganz konkret, wenn man an die in unserer Zeit gesammelten Nahtodeserlebnisse denkt, wo die freigewordene Seele oftmals schwankt zwischen verlockender Weiterfahrt und beschwerlicher Wiederkehr. Ich nehme an, daß in diesem Bereich wirklichen menschlichen Erlebens auch manche der märchenhaften Erlösungen wurzeln.

Um einen deutlicheren Begriff zu geben von stockenden Totenschicksalen und ihrer Lösung, sei hier kurz das Erlebnis einer Schweizerin geschildert, Blanche Merz, die vor wenigen Jahren mit mehreren anderen Sensitiven, darunter einem katholischen Geistlichen, an einem Ort in Frankreich weilte, in St. Jean de Luz.[12] Unter zwei Grabplatten im Gehsteig, außerhalb des Bereiches der alten Ortskirche, verspürten sie eine eigenartige Vibration – wie einen Dunst, der aus dem Boden stieg. »Und plötzlich sahen wir, wie sich vier Arme aus dem Boden erhoben und wie vier Hände mit Inbrunst flehten; es war wie eine Art Hilferuf, der aus den Gräbern stieg.« Die Todesdaten, im Jahre 1789, lagen nur 12 Tage auseinander. Es handelte sich um ein Liebespaar, das damals wegen zu naher Verwandtschaft nicht heiraten durfte und offenbar auch nicht in geweihter Erde bestattet worden war. Der Mann war einem Unfall erlegen, die Frau nach kurzen Tagen an gebrochenem Herzen gestorben, und das Paar blieb, durch sein unerfülltes Liebes- und Todesschicksal und die nicht rituelle Bestattung an den Ort gefesselt. Die kleine Gesellschaft, auch sie unerfahren in solchen Dingen, stellte sich die Frage, was zu tun wäre, und stimmte schließlich dem Vorschlag des Geistlichen zu, die beiden Seelen am nächsten Morgen durch eine exorzistische Zeremonie zu befreien. Nach ihrem Vollzuge stellte Frau Merz fest, daß die Vibration »nicht mehr vorhanden war. Ich hatte richtig Mühe, es zu glauben.«

Das Ereignis blieb nicht bloße Erinnerung innerhalb der kleinen Forschergemeinde. Der Priester erhielt einen Anruf von einer hellseherischen Freundin, die von dem Geschehen in St. Jean de Luz nichts wußte, und sie teilte ihm mit: »ein freudiges junges Paar sei ihr erschienen, um ihr von seinem großen Glück zu berichten, und habe sie gebeten, dem Priester zu danken. Ihre nun freigewordenen... (Seelen)... würden sich gemeinsam in der Atmosphäre in einer lichtvollen Liebe entwickeln.« – Frau Merz und ihre Freunde haben dies erlebt; als Märchenforscher sind wir nicht verpflichtet und es wäre für uns auch methodisch verfehlt, hier auf Tatsachen zu forschen, um sie mit Reißzwecken festzusetzen. Märchen gehen auf Erlebtes zurück, und märchenhafte Erlebnisse machen, was im Märchen geschieht, uns verständlich.

Der Totenordnung in der Landschaft, die mit dem Mal und seinem Umkreis gegeben ist, entspricht eine Totenordnung im Zeitverlauf, entsprechen besondere Totengedenktage, die mit der Gestalt der Zeit, die wir den Jahreskreis nennen, gegeben sind. In der Moderne ist die Sinngestalt der Zeit weitgehend zerstört, wenn auch die Namen der ehedem geweihten Tage oft noch erhalten sind. Indes brauchen wir nur daran zu denken, daß die flachste, äußerlichste Festlichkeit abgezogen wird just zum Wechsel des Jahres und daß die ehedem schicksalsschweren Orakel dieser Wendezeit zum Gesellschaftsspiel abgesunken sind. Die Störung hob schon an mit dem Versuch, die altererbte Jahresordnung mit dem Kirchenjahr in Einklang zu bringen; immerhin wurden christliche Feste und Heiligentage zu zeitlichen Trägern des alten Totenbrauchtums. Die Zerstörung verschärft sich erst mit der Abschaffung der Heiligentage durch die Reformation und der Verpönung vieler Bräuche durch die Aufklärung und zumal durch eine aufklärerisch gesonnene Geistlichkeit. Auf diese Weise hat sich vielenorts die brückenlose Scheidung verwirklicht zwischen der Totenwelt und der der Lebenden, eine Gefahr, die Jean Paul vor 200 Jahren mit den Worten ankündigte, daß »in unseren Tagen ... uns feindliche Taucher das in das Totenmeer fallende Ankertau zerschneiden wollen.«[13] Inzwischen ist die Verwahrlosung der Zeit weit fortgeschritten, und für die wenigsten Zeitgenossen weist das Jahr noch naturnotwendig die Bahn zu den Toten – und ganz und gar nicht mehr den Toten an den Tisch der Lebenden.

Richten wir zunächst den Blick auf eine typisch rituelle Kultur, die der Hopi-Indianer in Arizona.[14] Bei ihnen ist das ganze Jahr kultisch geordnet, und auch die Toten feiern alle Feste wie die Lebenden, nur allerdings um ein halbes Jahr verschoben: die Totenwelt ist in vielen Kulturen, wie man sagt, verkehrte Welt, besser: umgekehrte Welt. Man überläßt aber auch bei diesen um ein Halbjahr unterschiedenen Festen die Toten nicht sich selbst, sondern die hiesigen Amtsträger der Rituale, fälschlich oft Priester genannt, feiern in abgekürzter Form die Feste der Toten mit: Ausdruck einer echten Polarität zwischen beiden Welten, zwischen Lebenden und Toten.

Die Hauptgestalten des Kultes sind die Kachinas, Urzeitgötter, die nicht mehr selbst als solche gegenwärtig sind, die vielmehr einerseits mittelbar in Gestalt ihres jeweiligen Schöpfungsbeitrages leben und die andererseits unmittelbar zu den Festen in ihren Masken dargestellt werden. In diese Masken gehen aber stets auch die Totenseelen ein, die als Lebende ehedem die Masken getragen haben. Eigentliche Allerseelenfeste aber finden in der dunklen Jahreshälfte statt, zu den Hauptfesten des Jahres, zum Wowochim, zur Jugendinitiation, und, damit verbunden, zum Soyal, zum Mittwinterfest. Bei dem einen Fest werden die Toten bewirtet; alle Straßen sind rituell verschlossen bis auf die eine aus dem Nordwesten, wo das Totenland liegt. Das Dorf ist geteilt; in der einen Hälfte sind alle Türen geöffnet und die Frauen haben Speisen für die Toten bereitgestellt. Aber kein Lebender bleibt über Nacht in diesem Bereich, alle begeben sich zu den Freunden in der anderen Hälfte, wo Türen und Fenster fest verschlossen sind. Die Straßen sind ausgestorben, nur Patrouillen zweier Ritualbünde sind unterwegs und wachen darüber, daß weder lebende Menschen noch dämonische Wesen sich umtreiben.

Die Toten kommen über den höchsten Punkt des Tafelberges im Westen herbei, durch einen unsichtbaren Torbogen, wo ein Posten, der ein Geist ist, Wache steht. Von den Speisen nehmen die Totengeister nur die Essenz, den Duft zu sich; das, was übrig bleibt und was auch die Tiere verschmähen, wird vergraben.

Später, bei einer Zeremonie am Ende der Wintersonnwendrituale erhalten die Toten ein anderes wesentliches Geschenk, ein Paho. Pahos werden unter meditativer Versenkung aus Federn, Stäbchen und Baumwollschnur hergestellt; man kann sie den Leib eines Gebetes nennen oder ein dinglich fixiertes Totengedenken. Der Lebende macht für jeden ihm verbundenen Toten solch ein Paho, und wen er dabei vergäße, der würde traurig gestimmt.

Zwischen diesen beiden Geschenkfesten für die Toten aber nehmen sie an den Zeremonien teil, sowohl an den initiatischen wie den Sonnwendriten; am Ende werden sie feierlich entlassen.

Dem unmittelbaren Mitwirken der Toten bei den Kachinatänzen wie bei den Zeremonien überhaupt entspricht ein anderes lebenswichtiges Mitwirken der Toten in der Natur. Im Hopiland, wo der Mais das Hauptnahrungsmittel ist, in der ariden Zone, das heißt ja Arizona, hängt alles Menschenleben vom Regen ab, und die regenspendenden Wolken kommen aus dem Westen, wo das Totenland liegt. Daher sind es die Toten, die den Regen bringen, und darum wird jedem Toten zur Bestattung in Gestalt eines Baumwollbausches eine Wolkenmaske angelegt. Jede Zeremonie ist daher auch eine Bitte an die Toten um Regen. Auf die Totenhilfe im allgemeinen ist noch zurückzukommen, zunächst sei das Ritual des Totenempfangs zur Sonnenwende ergänzt durch einen Blick auf Europa.

Von der Julnacht in Skandinavien wird das Folgende berichtet: »Wenn man nach dem Bade das Badhaus verläßt, legt man noch Holz in den Herd, denn nach den Lebenden kommen die Toten zum Baden. Die Hausleute schlafen auf dem Fußboden im Julstroh und richten die Betten für die heimgegangenen Verwandten her, die in der Julnacht ihr altes Heim besuchen. ... Essen und Trinken bleibt die ganze Julnacht auf dem Tisch stehen, damit die Seelen ihren Hunger stillen können, und das Feuer brennt die ganze Nacht, damit sie sich wärmen können.«[15]

Dazu ein Bericht aus dem Süden, aus Kärnten: »In Unterkärnten heißt es, die Toten freuen sich auf diesen Abend, an dem sie den Gräbern entsteigen und sich an den von ihren Angehörigen mit weißem Linnen gedeckten Tisch setzen dürfen. Auf den Tisch wird ein Holzkreuz, ein angeschnittener Laib Kletzen- oder Roggenbrot und ein geschärftes Messer gelegt. Auch Getränke (Glantal), Weihwasser und Räucherpfanne (Rosental) finden sich neben dem Kreuz. Oft brennt die ganze Nacht hindurch ein Nachtlichtchen dabei. In manchen Bauernhäusern des oberen Krappfeldes und Metnitztales besteht noch der Brauch, in der Christnacht, wenn sich die Hausbewohner zur Ruhe begeben, einen ganzen Brotlaib und ein Messer auf den gedeckten Tisch zu legen. Ein Holzkreuz und brennende Lichter stehen dabei.«[16]

Der Sinn dieser Bräuche als Totengastung sollte sonnenklar sein, aber er ist es nicht für die Wissenschaft. Ausgerechnet Georg Graber, dem die Volkskunde Kärntens so viel zu verdanken hat, setzt zu der Schilderung dieser und ähnlicher Brauchtümer den Satz: «Durch Speisen und Getränke sollen die Geister der Toten beschwichtigt, durch Weihwasser, Rauchwerk, Messer und Licht abgehalten oder verscheucht werden.« Jene Generation und nicht allein sie hatte nur zwei Ideen, um Urkulturliches zu begreifen: Fruchtbarkeitsriten oder Abwehrzauber (Apotropaia); diese zwei waren wie auf einem Maßstab als Plus und Minus eingetragen, und damit wurde die Fülle der Überlieferung abgemessen. Wahr ist, daß es, mit Recht und nicht aus Aberglauben, die Gespensterfurcht gibt, noch wahrer aber ist der Eros, der zwischen den Lebenden und den Toten sich spannt. Die urkulturlichen Brauchtümer sind erfüllt von Wirklichkeit, und deswegen sind sie auch weltweit verbreitet. Auch nahm das mit Schaukraft begabte Altertum die zum Fest geladenen Toten wirklich wahr. Vom altchinesischen Ahnenopfer sagt die Überlieferung: «...die teilnehmenden Geister waren nicht völlig unsichtbar. Sie waren ... blendende Lichtgebilde oder so in Glanz gehüllt, daß man sie nicht klar erkennen konnte.«[17]

Aus diesem Eros, der eben auch auf der Seite der Toten schwingt, ergibt sich mit Selbstverständlichkeit die Bereitschaft der Toten zur Lebenshilfe. Zu denken ist, im Vergleich zur Regenwolke bei den Hopis, an Kamikaze bei den Japanern, an den Ahnenwind, der die Kriegsflotte der Mongolen zerstreute, während der Kaiser im Ahnenheiligtum zu Ise betete. In den schamanischen Kulturen gehört es zum Grundsätzlichen, daß die toten Schamanen den lebenden Neuling in ihre Kunst einführen. In den rituellen Kulturen findet die Einweihung der Jugend jenseits der Grenzen statt, jenseits des Flusses, im Urwald, und dort ist auch Totenland, dort wirken bei der Einweihung ins Leben, in Zeugung und Tod die Toten mit. Zu denken ist dabei auch an die Einweihungen wie in den Märchentypen AT 313 und 314, Tochter der Unterweltsmacht als Helferin des Helden, und Goldenermärchen mit magischer Flucht. Auch hier geschieht die Initiation drüben, teilweise geradezu in der Unterwelt. Weit verbreitet ist die Sage von dem Mann, der am Friedhof stets der Toten betend gedenkt und dem sie zu Hilfe kommen, wenn er dort von Räubern überfallen wird.[18]

Die Totenhilfe liegt auch zutage im Aschenputtelzyklus, wo die Mutter als Tier, so der Moirin, oder als Baum *der* Tochter hilft, die den Totendienst leistet.

Geradezu vom helfenden Toten erzählen die Märchen AT 505–508, von denen das bekannteste der Typus Reisekamerad ist. Auch hier hat der Lebende dem Toten geholfen: sein Totenschicksal stockte, weil ihm wegen einer Geldschuld die Bestattung versagt wurde. Höchst symbolisch ist er in der norwegischen Fassung eingefroren in einen Eisblock.[19] Der Lebende aber, voller Mitleid, entrichtet die Schuld und empfängt mit dem toten Helfer die schamanische Gabe, die Königstochter von dem Dämon zu befreien, dem sie verfallen ist.

Zahlreiche der helfenden Wesen im Märchen, deren Wesensart nicht ausdrücklich vermerkt wird, die Alten, zwerghafte oder tiergestaltige Ratgeber, Männlein und Weiblein, sind gewiß ursprünglich als Tote verstanden worden. Aus der lebendigen Kenntnis von möglicher Totenhilfe, (denn die Märchen sind ja nicht vom Leben isolierte bloße Erzählungen,) ist es auch zu verstehen, wenn das Motiv in Sizilien in einen Typus eingewandert ist, der die Hilfe von drüben sonst nicht kennt, in die Erzählung vom Lustmörder, Fitchers Vogel bei Grimm, AT 311. Dort schreit das dritte Mädchen, dessen Schwestern, wie sie weiß, schon ermordet sind, in ihrer höchsten Not: »O heilige Seele meiner Mutter, gebt mir einen guten Rat und helft mir!« Auf einmal hörte sie eine Stimme, die rief: »Maruzza, weine nicht, denn ich will dir helfen«, und das war die Stimme ihrer Mutter.[20]

Kamikaze wird auch als Götterwind verdeutscht, und das erinnert uns daran, daß in den Urkulturen die Grenzen zwischen Totengeistern und Göttern nicht so eng gezogen sind wie in den sogenannten Hochreligionen. Für Irland ist an die immer noch nachlebende Gemeinschaft von Fairies und Toten zu erinnern; die Hälfte von uns ist ja drüben bei ihnen, ist eine sonderbare Redensart, die man dort hört. Die Hopitoten tanzen als Kachinas auf der Plaza, und so war auch in anderen Volkskulturen der Übergang von der Toten- in die Götterrolle möglich. Aus Schweden liegt ein Bericht des 9. Jahrhunderts vor, nach dem dort der König Erik unter die Götter aufgenommen worden war.[21]

Die amtlich-rituelle Vergottung eines Menschen, eine besondere Seltsamkeit für das späteuropäische Denken, läßt sich im einzelnen verfolgen in China.[22] Kuan Chung war im 3. Jahrhundert, zur Zeit der drei Reiche, ein Heerführer, ein Vorkämpfer der nachlebenden Han-Dynastie. Er wurde vom Gegner gefangengenommen und hingerichtet (219), aber 900 Jahre später, unter der Sung-Dynastie, zum Herzog und Fürsten ernannt. Im 14. Jahrhundert erhob ihn just ein Kaiser der mongolischen Fremddynastie zum »Fürsten der Krieger und Kulturbringer«, und schließlich verlieh 1594 ein Ming-Kaiser ihm den Titel: »Getreuer und Redlicher Großer Gott (ti), Stütze des Himmels und Beschützer des Reiches«. Damit war der Göttername Kuan Ti für den Helden erreicht. In der letzten Epoche, der Mandschu-Zeit, stieg seine Verehrung noch; die Dynastie wählte ihn zu ihrem Schutzgott und ließ überall Heiligtümer einrichten; allerlei Gewerbe und Berufe erwählten ihn zum Schutzpatron. Es gab 1600 offizielle Tempel und unzählige kleinere Weihestätten. Im Kampf gegen die Europäer im Jahre 1856 sah man in ihm eine Himmelserscheinung zur Unterstützung des kaiserlichen Heeres. Anläßlich des Taiping-Aufstandes berichtet der Gouverneur von Kiangsi, »daß es ihm durch den persönlichen Beistand des Kriegsgottes Kuan Ti ... gelungen sei, 25 alte Ming-Kanonen aufzufinden, die er sofort gegen die Rebellen einsetzen ließ.« Der Referent unserer Zeit gibt dies »nicht ohne belustigtes Erstaunen« wieder. Wir werden darüber weniger erstaunt sein, wenn wir an das samojedische Mädchen denken, das durch die Trommel Zwiesprache mit seiner toten Schwester hält.

Wiederholt habe ich von dem Zwiespalt gesprochen, der allem Erleben von Sterben, Tod und Toten innewohnt. Diese Zweiseitigkeit erscheint aber in den alten Gebräuchen oft nicht als Widerstreit, sondern mehr in einer wunderbaren Polarität. Gehen wir auch hier vom Erleben aus, davon, wie eine bekannte Persönlichkeit den Tod ihrer Mutter im Widerstreit erlebt hat. Der Mann träumt von einer heroischen Landschaft, hört dort voller Angst ein gellendes Pfeifen, es kracht, ein riesiger Wolf mit furchtbarem Rachen bricht hervor und schießt an ihm vorbei: »ich wußte, jetzt hat der Wilde Jäger ihm befohlen, einen Menschen zu apportieren. Mit Todesschrecken erwachte ich, und am folgenden Morgen erhielt ich die Nachricht vom Tode meiner Mutter.« »Selten hat mich ein Traum dermaßen erschüttert, denn bei oberflächlicher Betrachtung schien er zu sagen, daß der Teufel meine Mutter geholt habe.« Diese brutale Vorstellung löst der symbolverständige Mann nachträglich indes in versöhnlicheren Anschauungen auf, in Bildern von der Entrückung der Mutterseele in eine umfassendere Ganzheit.

Etwas weit Wunderbareres jedoch, als diese seine Nachgedanken aussprechen, begab sich mit dem Mann, als er nun im Gefühl großer Traurigkeit nach Hause fuhr: »aber in meinem innersten Herzen konnte ich nicht traurig sein, und zwar aus einem seltsamen Grunde: während der ganzen Fahrt hörte ich unausgesetzt Tanzmusik, Lachen und freudigen Lärm, so als ob eine Hochzeit gefeiert würde. Dieses Erlebnis stand in krassem Gegensatz zu dem furchtbaren Eindruck des Traumes. Hier war heitere Tanzmusik, fröhliches Lachen, und es war mir unmöglich, mich ganz der Trauer hinzugeben. Immer wieder wollte sie mich überwältigen, aber im nächsten Augenblick war ich wieder inmitten der fröhlichen Melodien.«[23]

Der außergewöhnliche Mensch, der dieses Doppelerlebnis vom Tode seiner nächsten Anverwandten gehabt hat, war Carl Gustav Jung. Aber die alten Bräuche zeigen die gleiche, uns nicht mehr vertraute Doppelheit. Ich gebe Beispiele aus Irland, wo das uralte Brauchtum weder durch eine gewaltsame Christianisierung, noch durch eine Reformation mit darauffolgender Aufklärung zerstört wurde und darum bis nah an unsere Zeit gelebt hat.

Für die eine Seite mag das *keening* zeugen (das *keen,* ir. *caoine*), die lautstarke rituelle Totenklage[24], wie sie ähnlich im 19. Jahrhundert auch noch für einige deutsche Landschaften belegt ist.[25] In Irland bildet das Kernstück »eine Lobeshymne auf den Toten, dessen Charakter und Taten in den Himmel gehoben werden, während man seiner eventuellen mangelhaften Qualitäten in keiner Weise Erwähnung tut. Diese individuellen Verse werden von den immer wiederkehrenden Klagetönen ›Ochó, Ó!‹ und dem Jammer um die Vorzeitigkeit des Todes und die Schwere des Verlustes unterbrochen, wobei die Frauen sich unter wilden und leidenschaftlich schreitenden Bewegungen im Takt auf- und niederbeugen, in die Hände klatschen und mit donnerndem Getöse auf den Sargdeckel trommeln. Die Klage ist so mächtig, daß einem die Ohren gellen und das Dach einzustürzen droht. Es ist eine erhabene und zugleich schaurige, Mark und Bein erschütternde Bekundung des tiefsten Schmerzes, eine ins Grandiose gesteigerte theatralische Übertreibung des Pathos, mit dem man den Toten von der Unermeßlichkeit des Schmerzes, den sein Scheiden in der Seele der Angehörigen hervorgerufen hat, zu überzeugen hofft.« – »Oft wechseln sich die Frauen in der Totenklage ab, um eine Ermüdung und ein Absinken der Leidenschaft, die meist durch reichlichen Genuß von Whisky ins Übernatürliche gesteigert wird, zu verhindern.«

Der Ausdruck *übernatürlich* mag dem Berichterstatter nur so herausgeschlüpft sein; aber unzweifelhaft erleben diese klagenden Frauen im Rhythmus von Schwung und Schrei eine Art Trance, so daß für das altertümliche Denken der Ausgriff ihres Gefühlslebens hinüber ins andere Land zutage liegt. Dabei ist nicht zu vergessen, daß der Name Whisky, gälisch *Usquebaugh,* ir. *uisce beatha,* auch *beathuisce,* etymologisch nichts anderes ist als der weitverbreitete Name des altererbten Kultgetränkes: Aqua Vitae, Eau de Vie, Lebenswasser. Hier ist an die Vedaverse zum Preise des Soma zu erinnern: »Wir haben Soma getrunken, unsterblich sind wir geworden, gekommen sind wir zum Licht, aufgefunden haben wir die Götter.« (VIII,48,3)

Wir haben damit die eine Seite von dem, was um den Verstorbenen empfunden und ausgedrückt wird, gekennzeichnet. Noch fremder mag uns die andere Seite erscheinen. Bei den irischen Wakes, den Totenwachen, wird durchaus nicht allein geklagt, sondern, so sagt der Berichterstatter: sie waren »früher eine sehr lustige Angelegenheit.« Die Leiche wurde dabei wie ein Lebender behandelt. Man steckte ihr eine Tonpfeife in den Mund und rauchte abwechselnd mit ihr daraus. Wenn man sich gegenseitig die Pfeifen im Munde mit Torfwürfen zerschmiß, so geschieht das auch dem Toten; das Zerbrechen ist, wie sich versteht, das Hinüberopfern als Totenvorrat. Beim Versteckspiel mit dem schweren Schuh, *the Brogue,* wird der Schuh geworfen, aber auch nach dem Toten, auch ihm an den Kopf. Bei alten Leuten trieb man den Spaß noch weiter, führte sie etwa in der Runde umher, zog sie, wenn sie lagen, plötzlich mit einem eigens dazu angebrachten Seil in die Höhe. Dabei »wurde getrunken und gegessen ... erzählt, gesungen und getanzt und eine unerschöpfliche Anzahl von ... Wettkämpfen durchgeführt.« Ferner gab es Maskenspiele: das weiße Pferd, zweifellos Darstellung des

Totenrosses; Stier und Kuh, was wohl ursprünglich auf das Bespringen der Kuh hinauslief; die Fesselung eines Mannes zu der Farce *ship-a-sailing*, wobei sein Leib den Schiffrumpf darstellte, sein Glied aber offenbar als Mast ausstaffiert wurde; Zweikämpfe mit Scheintötung und Wiedererweckung durch die Heiltrünke und Zaubersprüche eines »Arztes«.

Sehr stark traten Heiratsspiele hervor, Küsse, Scheintrauungen, eifriges Bemühen von Heiratsvermittlern bis zum ernsthaften Verspruch. »Während die Alten sich dem Whisky und dem Dorfklatsch hingaben ..., zeigte sich die Jugend äußerst aktiv, und gewöhnlich endete die Totenwache damit, daß die Jugend das Totenhaus, zu Paaren vereinigt, verließ. Solche Ehen wurden als gültig angesehen und galten als besonders glücklich...«

Hier trifft also das Brauchtum unmittelbar zusammen mit dem, was Jung nach dem Tode seiner Mutter erlebte, »als ob eine Hochzeit gefeiert würde«, und wir mögen wohl annehmen, daß an jenem Hochzeitsbrauchtum der irischen Wakes eben gerade auch die Toten großen Anteil nahmen.

Bei den Wakes wurde auch getanzt, und das Tanzen war auch auf dem Festlande bei den Bestattungsfeiern weithin üblich. Ich gebe dazu ein Beispiel von einem sicherlich schon indogermanischen Brauchtum, das im vorigen Jahrhundert im Erlöschen ist, aber von Gottfried Keller in seinem »Grünen Heinrich« grade noch aufgefangen wurde.[26] In der Dichtung folgt darauf, ganz dem alten Sinne der Totenfeiern gemäß, eine erotische Szene, der erste Kuß zwischen Anna und Heinrich auf dem Grabe der Großmutter. Ich halte es für wahrscheinlich, daß Keller dies Geschehnis nach einem Dichter gestaltet hat, der ihm in gewisser Weise Vorbild war, nach Jean Paul. Bei diesem gibt es nämlich in seinem gesamten Werk keine Seelenhochzeit, jedenfalls keine unter den von ihm so benannten höheren Menschen, kein Finden zweier Liebender, das nicht auf Gräbern oder unter Mitwirkung von Toten stattfände.[27]

Im Grünen Heinrich ist der Schulmeister gegen das Tanzen bei Leichenbegängnissen, rät aber den beiden Kindern doch, zuzuschauen, damit sie später, wenn der Brauch erloschen sein würde, davon sagen könnten. Der fragliche Tanz heißt allgemein der Siebensprung, und nach Keller und anderen wird er auch von sieben Paaren getanzt – unter Musik und Händeklatschen, also dem ältesten Trommelschlag.

Ich gebe hier gegenüber Kellers kurzen Worten eine ausführlichere Beschreibung. Zunächst bewegen sich alle im Kreise, dann beginnen die Figuren. Es sind sieben, und innerhalb jeder Figur steigert sich die Zahl der Sprünge zunächst von einem auf sieben und wird dann wieder bis auf einen vermindert. Die Sprünge werden von den Männern ausgeführt, während ihre Partnerinnen rechtsherum sie umtanzen. Die Burschen stampfen einmal links auf den Boden, einmal rechts, gehen einmal auf das linke Knie, einmal aufs rechte nieder, pochen knieend mit dem linken, dann mit dem rechten Ellbogen auf und schlagen siebtens mit der Stirn auf den Boden. – In einzelnen Landschaften gibt es am Boden stattdessen auch den Purzelbaum oder das Links- und Rechtsherumwälzen.

In einzelnen Fassungen wird der Tanz unter Jubelrufen abgeschlossen mit einem schnellen Rundtanz aller Paare. Während die aufgezeichneten Fassungen des Tanzliedes spätzeitliche oberflächliche Texte sind, wohl eingewandert aus anderen Tanzliedern, sind die Rufe bedeutungsvoll, so wie sie zum Beispiel Pröhle aus dem Harz überliefert. Zunächst: Der Siebenspringer is hier! – Dann: Use Siebenspringer, use Hochtiet! – Schließlich: Use Siebenspringer is noch an Leben! – Ich meine mich auch an den Ruf: Hei levet noch, hei levet noch! – zu erinnern. Daß der Siebensprung auch auf Hochzeiten getanzt wurde, ist nach dem Gesagten einleuchtend. Er stellt eben gerade als Hochzeitstanz auch eine Verbindung zu den unter dem Boden lebenden und miterlebenden Toten her.

Gottfried Keller hat sein Kapitel mit *Totentanz* überschrieben, ein Wort, das hier indes, wie ersichtlich, etwas völlig anderes bedeutet als der Name der ebenso benannten spätmittelalterlichen Reigen und Bildwerke. Der Dichter unterstreicht dies auch durch die Szene, mit der er das Kapitel abschließt, hierin, wie ich vermute, gestalterisch von Jean Paul abhängig, jedenfalls aber uralt-ererbter Hochzeitssymbolik verpflichtet. Heinrich und Anna, das kindliche Liebespaar, gehen nämlich nach dem Tanz in die Nacht hinaus auf den Kirchhof zu dem frischen

Grabe der Großmutter und halten einander vor dem braunen, nach feuchter Erde duftenden Hügel umfangen. Dann schürzt Anna das schwarze Kleid auf, sammelt es voll mit weißen und roten Rosen, bietet Heinrich den Mund zum ersten Kuß, und endlich laufen beide wieder zum Grabe, und Anna wirft die ganze Blumenlast darauf hin – worauf die zwei einander nochmals um den Hals fallen. Mit Recht sagt Ludwig Klages, daß in dieser Szene »das erotische Mysterium zeitferner Totenkulte aufschauert.«[28]

Das Junge Leben in seinem Blütenreichtum über dem Grabe erinnert uns an ein bedeutungsvolles Bild des Märchens. Wir hatten die Hindernisflucht des goldhaarigen Jünglings erwähnt, der Sperren setzt vor dem Todesunhold. Hier nun, angesichts des Liebespaares haben wir an die andere Form der magischen Flucht zu denken, eben des *Paares*, das, wenn der toddrohende Verfolger ihm nahekommt, nicht weiterrast, sondern innehält und sich versenkt und verwandelt in ein Bild des leuchtenden Lebens, den Strauch mit der blühenden Rose inmitten, unzugänglich, ja unverständlich dem Sendling des Todes, der sich angesichts des Gebildes zur Umkehr gedrängt findet.

Anmerkungen

1 Zur Unterscheidung der Kulturformen s. Gehrts: Initiation. In: Gorgo, Heft 8, Zeitschrift für archetypische Psychologie und bildhaftes Denken. Fellbach-Oeffingen 1985. – Schamanenweihe in einem niedersächsischen Volksmärchen. In: Vom Menschenbild im Märchen. Veröffentlichungen der EMG. Bd. 1, Kassel 1980, – 72–90.

2 Bezeichnend für den Forschungsstand ist es, daß es vierzig Jahre gedauert hat, bis das grundlegende Werk von Vladimir J. Propp: Die geschichtlichen Wurzeln des Zaubermärchens, in deutscher Sprache erschienen ist.

3 Aniela Jaffé: Geistererscheinungen und Vorzeichen. Zürich 1958, 177f.

4 Emil Mattiesen: Das persönliche Überleben des Todes. 3. Bd. Berlin 1987, 24.

5 Matthias Alexander Castrén's Ethnologische Vorlesungen. Hrsg. von Anton Schiefner. St. Petersburg 1857. Neudruck Leipzig 1969, 167f.

6 Niederländische Sagen. Hrsg. von Johann Wilhelm Wolf. Leipzig 1843, Nr. 317.

7 Julius von Negelein: Die Reise der Seele ins Jenseits. Zs. d. Vereins für Vkde. 11. Jg. Berlin 1901. 266f.

8 Hermann Lommel: Gedichte des Rig-Veda. München–Planegg 1955, 110. – W. Caland: Die Altindischen Todten- und Bestattungsgebräuche. Amsterdam 1896, 122.

9 Waldemar Bogoras: The Chukchee. Memoirs of the Am. Mus. of Nat. Hist. VII, New York 1904/9, 528–531.

10 Wolf, wie Anm. 6, Nr. 175, 326. Ders.: Hessische Sagen. Leipzig 1853, Neudruck Hildesheim 1982, Nr. 153. – Schambach–Müller: Niedersächsische Sagen. Göttingen 1855, Nr. 235. – Josef Müller: Sagen aus Uri. Basel 1978, Nr. 1121.

11 Diese schamanische Heimholung spiegelt sich noch in dem Märchen vom todlosen Koschtschej (AT 302 C*).

12 Blanche Merz: Die Seele des Ortes. München 1988, 202–204.

13 Jean Paul: Das Kampaner Thal. Einleitung.

14 Mischa Titiev: Old Oraibi. Cambridge, Mass. 107f., 135, 145. – Frank Waters: Das Buch der Hopi. Düsseldorf 1980, 152f.

15 Lily Weiser: Jul. Stuttgart 1923, 15.

16 Georg Graber: Volksleben in Kärnten. Graz 1949, 165f.

17 Werner Eichhorn: Die Religionen Chinas. Stuttgart 1973, 40. Die ausgelassenen Worte: »so glaubte man jedenfalls«.

18 Oloph Odenius: De taksamma döda. Saga och Sed 1953. Uppsala 1954, 37–53. Beispiel bei Wolf, wie Anm. 6, Nr. 318, dazu Anm. Seite 697.

19 Nordische Volksmärchen. II. Teil. Übers. von Klara Stroebe. MdW. Jena 1919, Nr. 7.

20 Sicilianische Märchen. Gesammelt von Laura Gonzenbach. Leipzig 1870. Neudruck Hildesheim 1976, Nr. 23.

21 Rimberti Vita Anskarii cap. 26.

22 Eichhorn, wie Anm. 17, 349, 380. – Anthony Christie: Chinesische Mythologie. Wiesbaden 1968, 104ff.

23 Carl Gustav Jung: Erinnerungen Träume Gedanken. Hrsg. von Aniela Jaffé. Zürich 1967, 316f.

24 Hans Hartmann: Der Totenkult in Irland. Heidelberg 1952. Besonders: 112ff. Spiele bei der Totenwache. 151ff. Die Totenwache.

25 Wörterbuch der deutschen Volkskunde, bearb. von Richard und Klaus Beitl. Stuttgart[3] 1974, 821.

26 Erstfassung 2. Band, 3. Kap. Etwas verkürzt in der Endfassung 2. Band, . Kap. Zum Siebensprung s. Beitl, wie Anm. 25, 738. – Adalbert Kuhn: Sagen, Gebräuche und Märchen aus Westfalen. Leipzig 1859. 2. Theil, 149ff. – Rolf Cunz: Deutsches Volkstanzbuch. Dresden 1938, 64f.

27 Loge 33. Sektor. Hesperus 34. Hundsposttag.–Fixlein 9. Zettelkasten.–Siebenkäs 2., 14., 25. Kapitel.–Titan 51., 66., 95., 98. Zykel.–Flegeljahre Nr. 13. (Auswahl!).

28 Alfred Schuler: Fragmente und Vorträge. Mit Einleitung von Ludwig Klages, 117. Klages zitiert die Endfassung.

Walter Scherf

TOD UND DÄMONISIERUNG IM ZAUBERMÄRCHEN – METAPHER WOFÜR?

Wenn das Wort wahr ist, daß wir als Märchenliebhaber nur darauf warten, uns selbst in das Drama eines Märchens einzubringen, zuhörend uns eins wissen möchten mit der Hauptgestalt, so erleben wir den Tod weit häufiger, als uns bewußt ist. Wir erleben ihn als das Aufgeben einer Existenz, die so nicht mehr fortgeführt werden kann. Wir erleben ihn als das Ende einer Beziehung, die so wie sie war, abgestorben und verödet ist – ein Erlebnis, das alle unsere Kräfte herausfordert, die Verbindung neu und anders zu begründen. Und wir erleben die Bedrohung unserer Identität, unserer innersten Zielsetzungsahnung durch Mächte, denen zu verfallen wir im Begriff sind und die, koste es was es wolle, aus der Welt, aus unserer Welt, geschafft werden müssen. Und genau dieses Spiel sind wir bereit, auch für unseren Partner im Märchen mit vollem Einsatz mitzuspielen.

Aber damit ist noch nicht alles gesagt. Der Märchenhörer weiß, daß er im großen Einsatz um sich selbst und um seine Liebesbeziehung auch Totgesagtes wieder beleben und die Beziehung zum verleugneten Ich auf eine neue und für immer tragfähige Grundlage stellen muß. Für diese fünf verschiedenen, oft auch miteinander verbundenen Einsätze nach Märchenrollen gilt unsere Annahme, daß wir uns als Zuhörer in die Märchen einbringen, hier stärker, dort zögernd, hier rückhaltlos, dort mit Entsetzen zurückweichend. Doch sollte gleich hier eine zweite Feststellung hinzugefügt werden: Die eigentlichen Märchen folgen einem Erzählgesetz. Sie zeigen eine feste Bauform und eine erkennbare dramatische Struktur, die auf des Zuhörers Einbeziehen in Miterlebensprozesse zielt und die auf die Hinführung zur individuellen Verarbeitung angelegt ist.
Das sind Vorwegnahmen. Es bleibt die Frage, ob sich überzeugende Beispiele anführen lassen.

Vernichtungsdrohungen im weiblichen Märchen.

Eine Existenz, die so nicht länger fortgeführt werden kann, begegnet dem Zuhörer häufig genug im Märchen. Bedenkt man, wie jeder von uns Zeiten völliger Ausweglosigkeit in der Adoleszenz erlebt hat, so ist es kein Wunder, daß unter den immer wieder genannten Lieblingsmärchen Dornröschen steht, auch unter dem Perraultschen Titel. »Die schlafende Schöne im Wald« zu finden, das im Turm eingesperrte Rapunzel, die in eine Erdhöhle vergrabene oder in ein anderes unzugängliches Bauwerk mitten in verwüstetem Land eingemauerte Jungfrau Maleen. Die Reihe dieser extremen Abgeschiedenheiten ließe sich leicht vermehren: Das Ausgesetztwerden in der Wildnis gehört ebenso hinzu wie die Verbannung auf den hoch über die Wolken hinausragenden Baum oder das Ende eines nicht weiterführbaren Lebens im kristallenen Sarg.

Fahren wir so fort, dann geraten wir ins Aufzählen, denn bei näherem Hinschauen finden wir diese Thematik überall im Zaubermärchen, so daß wir besser danach fragten, was unsere Erzählweise in den einzelnen Typen denn unterscheide? Der schlafenden Schönen hatte die über den Aufwand, die Betulichkeit und Behütungsumsicht der Eltern und anderen guten Geister – und über die Tatsache, daß man sie schlicht vergessen und verdrängt hatte – verärgerte schwarze Fee den Tod vorausgesagt. Was war nun aber in Wahrheit die Bedrohung: die Verwünschende – oder alle die anderen, das kleine Mädchen Festhaltenden?

Im Rapunzelmärchen ist es die in der Zauberin personifizierte Festhaltetendenz der Mutter, im Jungfrau-Maleen-Märchen der Festhalte-Anspruch des Vaters. Und damit hätten wir auch schon die scharfsichtigere Betrachtungsmöglichkeit gewonnen, um die Beziehungen und Zusammenhänge herauszufinden: Das Märchen bringt nämlich Deckfiguren ins Spiel, schlimme und gute. Statt uns mit der eigenen Mutter auseinanderzusetzen, nehmen wir uns eine Seite von ihr vor, die uns außerordentlich zu schaffen macht, verselbständigen sie, als sei das das Selbstverständlichste der Welt, verfremden und dämonisieren diesen Teil, schieben ihm gar die Absicht zu, uns vernichten zu wollen, und schauen am Ende ungerührt zu, wie die vormals so Schreckliche sich in glühenden Pantoffeln zu Tode tanzen muß.

Was an diesem Beispiel auffällt, ist die Schuldzuschiebung. Jeder Mensch muß sich auf die eigenen Füße stellen, und jeder trägt neben der unauslöschlichen Sehnsucht auf Eigenständigkeit auch den Hang, sich zurückfallen zu lassen in sich und sich über die Ansprüche, die das Leben an uns stellt, zu empören. Da kann sich niemand ausnehmen. Jeder von uns hegt Zuversicht und Trennungsangst nebeneinander. Aber die Angst vor der Angst ist oft so groß, daß wir unsere Schuldgefühle dem anderen anlasten, aus seinem Fehlverhalten einen Dämon und Popanz machen – den aus der Welt zu schaffen wir damit zur Aufgabe unserer Adoleszenz gemacht haben.

Wir suchen im Märchen also die Absolutsetzung der Vernichtungsdrohung, um uns zum äußersten Einsatz für die Eigenständigkeit herausfordern zu lassen. Es gibt kein Märchen im eigentlichen Sinne, in dem die Bedrohung durch die elterlichen Festhaltekräfte aller Schattierungen nicht durchgespielt würde. Und zuweilen findet die zutiefst gefürchtete Zerstörung des eigenen Lebenswillens eine höchst einprägsame Bildlichkeit: so in dem Sarg, der in der Domkirche der väterlichen Residenz aufgestellt wird. In ihm wird die völlig schwarz und wie verbrannt aussehende und zu einem männerfressenden Nachtungeheuer gewordene Königstochter aufgebahrt und schläft tags ihren Todesschlaf vor dem Altar.[1]

Vernichtungsdrohungen im männlichen Märchen

Haben wir uns bisher ausschließlich mit den Vernichtungsdrohungen in weiblichen Märchen befaßt, uns also Spielarten der lebensgefährlich gewordenen Beziehungen eines Mädchens zur Mutter oder zu ihrem Vater vor Augen geführt, die im Extremfall zur eigenen Dämonisierung führen, uns selbst zum längst Abgeschiedenen und als Vampir in die Menschenwelt verwüstend einfallenden Dämon machen können, so heißt das nicht, daß Heranwachsende des anderen Geschlechtes von solchen elementaren Erschütterungen verschont blieben. Das eher schwankhaft aufreihende Märchen von einem, der auszog das Fürchten zu lernen, gehört mit seinen unzähligen Spielformen ebenso hierher wie das männliche, im Lied wie im Märchen ausgespielte Fantasma vom Tod des Bräutigams auf dem Schlachtfeld, von der Rückkehr als lebender Leichnam und dem Hereinholen der Braut zu sich ins Grab. Ich rede vom Lenoren-Märchen[2] und vom polnischen Rosmarin-Lied[3] – beides aus männlicher Identifikation erlebt.

Zu Unrecht wenig bekannt sind die Märchen von dem sich in seiner Mutterabhängigkeit tödlich lächerlich machenden Narren, der doch plötzlich in den Besitz einer Berge versetzenden Wunschkraft gelangt und der ihn verspottenden Königstochter ein Kind anwünscht[4] – mit dem Erfolg, daß der rasende Königsvater den Narren samt seiner ehemals heiß geliebten Tochter und dem verhaßten Bankert in ein verpichtes Faß auf dem wüsten Meer aussetzen läßt. Das sollte ihr Tod sein, und das Faß ist der zugehörige Sarg. Doch die Vater-Könige ahnen nie, daß ihre Raserei den einzigen Sinn hat, den bis zur Vernichtung Gedemütigten und Gepeinigten die Möglichkeit zu eröffnen, aus eigenen Kräften auf eigene Beine, zum eigenen Leben und zum wahren Königtum zu kommen.

Womit wir auch bei den biblischen Geschichten angelangt sind von Moses, der im Binsenkörbchen ausgesetzt wird, und beim Uriasbrief – oder nach Zaubermärchentiteln gesprochen: bei der Aussendung durch den widerwärtigen Schwiegervater, drei goldene Haare vom Haupt des Teufels zu holen, oder bei der Aufforderung: Geh ich weiß nicht wohin und hol ich weiß nicht was![5] Doch unseren Todesbrief verwandelt eine merkwürdige Instanz, zuweilen ein Räuber, zuweilen ein Engel, in die glücklichste Erhöhung des Lebens. Und in dem Märchen vom Zaren, der mit einem solch mörderischen Auftrag seinen Leibjäger vernichten will, um sich dessen zauberisch schöner Frau zu bemächtigen, bereitet sich der Vaterpopanz lediglich das eigene Ende.

Vom Dämonisierungsaufgebot und seinem Ende

Schon jetzt kann die altbekannte Feststellung bekräftigt werden, daß es den Tod als unwiderrufliche Vernichtung im Märchen nur für die zeitweise gebrauchten Gegenspieler und Widersacher gibt. Für die Hauptgestalten, für uns als Sich-Einbringende, gibt es die Vernichtungsdrohung ausschließlich als Herausforderung und Durchgang zu menschlicher Reife. Dabei weiß jeder, wieviel tragisches oder lächerlich und absurd scheinendes Scheitern sich in Wirklichkeit im Leben rund um uns ereignet. Die Möglichkeit des Scheiterns folgt jedem von uns wie sein Schatten.

Männlich ausgeprägt sind auch die Märchenmotive von der Lehr- und Besinnungszeit von zwölf Burschen bei einem Zaubermeister, an deren Ende nur ein einziger, wir selbst als der Sich-Identifizierende, überlebt.[6] Die sorglos in den Tag Lebenden müssen sterben. Mit grausigem Vergnügen erleben wir auch, als Märchenhörer in die unverschämtesten Tricksterrollen versetzt, daß wir den uns zugedachten Tod im Dämonenhaus zum Tod der Kinder des Dämons umwenden. Man braucht bloß die Nachtmützen zu vertauschen. Da stellt sich mancher die Frage, was der Miterlebenssinn dieser Vernichtung sein kann, die Perrault in seinem Däumling beim Menschenfresser siebenfach ausspielt, einer Vernichtung, die in Märchen, welche eher einem männlichen Adoleszenzpublikum zugedacht sind, nur ungern auf den voraufgehenden Beischlaf verzichtet: der sieben Burschen mit den sieben Töchtern des Dämons.[7]

Es geht, das wird deutlich genug, um den Ablösungstriumph über den Vaterdämon, genauer gesagt: den Triumph über eine bestimmte Seite des völlig verfremdeten eigenen Zuhauses. Diese Seite muß sterben in uns. Verweilen wir länger in dem durch unser Bleiben sich dämonisierenden Daheim, so wäre das unser unwiderrufliches, grausiges Ende. Also trennen wir uns von den falschen und verführerischen Bindungen, vom eigenen Hang, uns zurückfallen zu lassen. Im selben Sinne ist auch die Szene zu verstehen, die zuweilen in den Märchen vom Entrinnen aus dem Menschenfresserhaus das Ende mit einer grotesken Schuldzuschiebung krönt. Da ist es dem gewitzten Knaben oder dem beherzten Geschwisterpaar gelungen, die Tochter der Hexe oder die Frau des Dämons zu töten, im Backofen zu schmoren oder im Kessel zu kochen, während die Hexe auf neue Untaten ausgezogen ist oder das Dämonenpaar Gäste zum greulichen Verschmausen der Eingefangenen einlädt. Und nun sitzen wir als Zuhörer auf dem Dach oder in einem Baum vor dieser Mordstätte und beobachten gelassen, wie die Hexe ihre Tochter, oder wie der Dämon, allein oder mit seinem Anhang, die eigene Frau verzehrt. Gipfel der Szene ist unsere Wechselrede mit den Dämonen: die Bloßstellung ihrer Selbstzerstörung.[8]

Ob in weiblicher oder männlicher Rolle: Es lassen sich immer noch mehr Märchen aufreihen, in denen wir den eigenen Tod grausig vor Augen haben und flugs die Medaille umkehren, um unsererseits mit den

Gegenspielern abzurechnen. Recht betrachtet, sind diese Gegenspieler aber ein Stück von uns selbst. Was bereinigt werden muß, ist nichts anderes als eine zur tödlichen Gefahr gewordene Seite unserer innersten Beziehungen zur Mutter, zum Vater. Beziehungen aber nähren sich sowohl von den guten und lebensstärkenden Kräften, als auch von den schlimmen und zerstörerischen Ansprüchen – beider Seiten einer Beziehung, muß man hinzufügen.

Das ließe sich in besonders augenfälliger Weise mit den Märchen von der verräterischen Mutter oder ihrer Deck-, Verwandlungs-, Übergangsfigur von der verräterischen Schwester exemplifizieren, zwei Märchentypen, die wohl nicht ganz zufällig in der Grimmschen Sammlung fehlen.[9] Und was das schauerliche Drama der Auseinandersetzung einer Tochter mit ihrer Mutter betrifft, ihren Kampf um Autonomie und ihren Traum vom eigenen Kind, so dürfte das Märchen vom tausendfleckigen Wila, von der Mißgeburt oder von Hans Wunderlich[10] ein unübertreffliches Lehrstück sein. Um die Tochter zu vernichten, versetzt die Rabenmutter das Mädchen auf magische Weise in Umstände und beschert ihr ein Ungeheuer als Kind. Sie zieht es allein auf in der Wildnis, ein Aussetzungsmärchen also auch dieses.

Die tödliche Gefährdung des anderen überwinden

Doch das Baugesetz des Zaubermärchens, Gewinnung der Autonomie auch gegen ein erdrückendes Vernichtungs- und Dämonisierungsaufgebot, wird im zweiten und letzten Teil oft auf eigentümliche Weise in neuen Versatzstücken und mit neuer Figuration wieder aufgegriffen und zu einem absolut gesetzten Ende geführt. Schließt im ersten Teil die Ablösung einer heranreifenden Hauptgestalt mit ihrer Selbstfindung, so schließt der zweite Teil mit dem nicht mehr zerstörbaren Zueinanderfinden eines Paares. Was die beiden Stücke unterscheidet, dürfte folgendes sein: In Teil eins setzt sich die weibliche oder männliche Hauptgestalt mit der ihr oder ihm selbst aufgegebenen Vernichtungsdrohung auseinander – im Teil zwei, nachdem wir als Mitspielende begriffen haben, daß pure Autonomie plus Besitzanspruch auf einen Partner eine groteske, ja tödliche Fehleinschätzung des Lebens ist, wenden wir uns nunmehr und ohne wenn und aber, und vor allem ohne Zurückhängen und heimliches Festhalten an längst überständigen

Beziehungen, dem bereits verlorenen Partner und dessen inneren Bedrohungen zu. Jetzt ist der Augenblick da, daß wir seine wahre Gefährdung zum ersten Mal überhaupt begreifen. Die junge Frau tritt, mit ihrem Kind, die große Suchwanderung an – wie es Christiane Lesch in ihrem bewundernswerten Bilderbuch dargestellt hat: »Der verzauberte Eber« (Stuttgart: Freies Greistesleben, 1986) – um herauszufinden, in welche schwarze Trollwelt der junge Mann zurückgefallen ist, der Vielgeliebte, der ihr ehedem in seiner Tiergestalt, doch zugleich auch in seinem hinreißenden Lebensentwurf begegnet ist. Nun hat sie ihn nicht nur verloren, sondern ist auch in eine ausweglose, tödliche Welt zurückgestoßen. So ist der jungen Frau neuer Ansatz zugleich Einsicht in die eigene Unreife und tödliche Eigengefährdung, sowie Verstehen der Unreife und tödlichen Gefährdung des anderen.

In einer größeren Märchengruppe ruft der rückhaltlose und die eigene Vernichtungsangst überwindende Einsatz der jungen Frau nach der Trennung den ebenso rückhaltlosen Einsatz des verlassenen jungen Mannes hervor. So im dänischen Zaubermärchen vom König Lindwurm,[11] über das Bengt Holbek so wichtige Dinge gesagt hat.[12]

Die aufeinander folgenden Einsätze der beiden Hauptgestalten, der Hirtentochter und des Königs Lindwurm, unterscheiden sich freilich auf denkwürdige Weise. Die junge Frau, die im Teil eins in ihrer Todesangst Rat geholt hat bei einer wissenden Alten, läßt sich in der Hochzeitsnacht nicht wie ihre Vorgängerinnen zerreißen und verschlingen. Sie bleibt dem Untier überlegen. Der junge und nunmehr von seiner Tiergestalt befreite Mann aber, der seine Frau im Kindbett allein gelassen hat, durchschaut, Teil zwei, nach der Trennung, seine immer noch verborgen vorhandene tödliche Mutter-Abhängigkeit. Da macht er sich auf den Weg und lernt, daß er eine neue Aufgabe in einem neuen Beziehungsgeflecht hat: in den Beziehungen vielfältiger Art zwischen seiner Frau, ihm und den Kindern. Er muß lernen, daß auch seine Söhne ihre Zeit brauchen, die Beziehung zur Mutter auszureifen, und daß ihnen seine unerwartete Einsicht und Achtung mehr nützt als wir, uns identifizierend, vielleicht erwartet haben.

Auch der unsterbliche Dämon wird überwunden

Aber es finden sich auch Beispiele genug für einen zweifach männlichen Anlauf zur Selbst- und Du-Findung. Da dürfte die Vernichtungsmotivik in den Märchen vom unsterblichen Dämon und der Heldenjungfrau Marja Morevna[13] eine bemerkenswerte Aufforderung zum Überdenken des Miterlebensprozesses darstellen. Unwissentlich hat der Held, nachdem er die Heldenjungfrau gewonnen hat, einen Dämon befreit – den unsterblichen Vaterdämon der Braut nämlich, der ihm die eingangs so selbstsicher erscheinende Braut entführt, und der ihn beim dritten Versuch sie wiederzugewinnen gnadenlos zerstückt und die Leichenteile in einem Faß ins Meer stößt. Das ist der bildlich zum äußersten gebrachte Tod des Helden – aber es retten ihn die Tierschwäger. Sie suchen ihn, setzen die Glieder zusammen, schenken ihm ein neues Leben. Sie eröffnen ihm also den ganz anderen Neuansatz, in dem er den Vaterdämon seiner Braut überwinden wird. Was aber ist das ganz Andere und Neue dieses Ansatzes?

Verfolgt man die Beziehung des jungen Mannes zu seinen Schwägern zurück bis in ihren Ursprung, so muß sich der Schlüssel in der Rolle finden, die der junge Bursche ehemals gespielt hat, als es galt, einen Mann für seine drei Schwestern zu finden. Denn mit dieser Aufgabe hatten die sterbenden Eltern ihn auf ihrem Totenbett betraut. Der junge Mann hat seine Aufgabe aber ganz anders erfüllt, als die Eltern es beabsichtigt hatten. Er hieß die Elementar-Einbrüche von drei Tierfreiern gut, versuchte also nicht, und das hätte nahegelegen, die eigene verlorene Mutterbindung durch eine Schwesterbindung zu ersetzen.

Von der Bedeutung geschwisterlicher Übergangsbeziehungen

Aber mit diesem Gedanken sind wir auf ein Phänomen gestoßen, das uns in unserem täglichen Leben ebenso vertraut ist wie es dem Märchenerzähler geläufig ist, und das wir im eigenen Leben ebenso gern leugnen und verdrängen, wie wir seine motivische Ausprägung im Märchen geflissentlich übersehen. Es ist das Phänomen der Übergangsbeziehungen. Für einen Knaben ist die Beziehung zur Lieblingsschwester eine Besinnungs- und Lehrzeit auf dem Weg der Mutterablösung zur eigenständigen Partnerin und zur vollgültigen Liebesbeziehung.

Und einem Mädchen kann vor allem die Bruderbeziehung helfen, aus der unlösbar scheinenden Gefühlsverwirrung zwischen der Liebe zum Vater und dem Haß auf die Mutter zu sich selbst und der Eigenständigkeit ihrer zukünftigen Partnerbeziehung zu gelangen. Unsere Märchen sind überaus reich an höchst dramatischen Geschwisterbeziehungen, von denen freilich keine einzige stehen bleibt. Sie sind, so bildkräftig sie auch ausgespielt sein mögen, Übergang. Deutlicher kann die Rolle der Brüder in den Halewijnballaden[14] und den Märchen von Fitchers Vogel oder Blaubart nicht herausgestellt werden. Oder, wie es in der von Ludwig Uhland mitgeteilten Strophe heißt: »Ir bruder über den hof ein reit und einer zu dem andern seit: mich dunkt in all meim sinne, ich hör meiner schwester stimme«.[15]

So ist es eigentlich zu bedauern, daß die Brüder Grimm ihr Sneewittchen nicht in das Waldlager einer brüderlichen Räuberbande sondern zu Zwergen haben geraten lassen, in denen wir heutzutage kaum noch dämonische Unterirdische, sondern eher Vorgarten-Verzierungen sehen. Da wäre es doch geraten, sich einmal in den mittelmeerischen oder russischen Überlieferungen umzutun. Die Beziehung des Mädchens ist eine Übergangsbeziehung. Der tödliche Haß der Mutter gilt nämlich der stillen Vaterbindung ihrer Tochter. Daß es nicht in der Macht der Brüder liegt, diesen elementaren Triangulationskonflikt aufzulösen, entspricht unserer Lebenserfahrung. Ohne den ganz Anderen und ohne den Aufbau der wahren Du-Beziehung gibt es für Sneewittchen keinen Ausweg. Es muß sterben. Freilich sollten wir abermals unser Bedauern anmelden: Aus dem den Tod wahrhaft zur Schau stellenden Sarg holt das Grimmsche Märchen Sneewittchen heraus, ohne daß ihr oder ihrem Erlöser auch nur der geringste Einsatz zur Auflösung des Konfliktes und, damit verschränkt, zum Aufbau der eigentlichen Dubeziehung abverlangt wird. Das heißt aber nicht mehr und nicht weniger, daß auch uns als Mitspielenden nichts abverlangt wird. Doch so wohlfeil sind weder der Tod noch die Zuversicht, das neugeschenkte Leben aufzunehmen. Da sollte dem Märchenleser besser empfohlen werden, sich zum Vergleich sowohl in Aleksandr Afanas'evs Märchen vom Zauberspiegel[16] zu vertiefen als auch in Giambattista Basiles dramatisch literarisierte Küchenmagd *(La schiavottella)*.[17]

Von der Pateninstanz

Zu klären bleiben wenigstens noch drei größere Märchenkomplexe, wenn wir davon absehen, daß der Tod gelegentlich die Rolle des zweigesichtigen, dämonischen Paten und Ziehvaters im Märchen übernehmen kann und damit auch die alten biblischen und iranischen Vorstellungen vom Todesengel ins Spiel gelangen läßt. Darüber dürfen wir nie die Zweigesichtigkeit der Pateninstanz vergessen: das Alte sterben zu lassen und das neue Leben mit um so tieferer Beseelung zu beginnen. Das gilt für die Vater-Deckfigur ebenso wie für die Mutter-Deckfigur der Verschlingungsdämonin. Am besten zu überdenken wäre das beim Nachlesen des Märchens von der wunderschönen Vasilisa[18] und ihrem Gang zur Baba Jaga. Vasilisa überlebt, weil sie das von der Mutter auf dem Totenbett ihr übergebene Püppchen zu nähren weiß. In anderen Märchen tritt, nicht von ungefähr, eine Marien-Ikone an diese Stelle – nachzulesen in Felix Karlingers spanischen Märchen (Das wundertätige Madonnenbild)[19]. Sowohl die männliche als auch die weibliche, über Tod und Leben entscheidende Pateninstanz prüft uns auf die Verinnerlichung der guten oder schlimmen Beziehungen zum Vater oder zur Mutter.

Tötung der Tiergestalt, Verwandlung und Rückverwandlung

Nun, ich will lediglich des Gesamtgefüges der Märchen halber nicht auf drei Hinweise auf Erzähltypen verzichten, die in je besonderer Weise die Thematik des Sterbens und Dämonisierens, des Tötens und Neubeginnens zum Schlüssel ihres Verständnisses gemacht haben: Da sind die Märchen von der Helferin in unscheinbarster Gestalt, die getötet werden muß, um ihr wahres Sein zu erkennen und den Einsatz füreinander auf eine neue Bezugsebene zu verlegen. Dazu gehören die Märchen von der Maus oder Kröte als Braut[20] ebenso wie die Liombruno-Märchen von der aus der Dunkelgestalt erlösten, dann aber in die Jenseitswelt versetzten Dämonentochter.[21] Da sind weiter die Märchen, in denen sich der dank schwesterlicher Hilfe errettete und von der Verschlingungsdämonin befreite Bruder doch wieder zurückfallen läßt, vom Fett der im Ofen zu Tode Geschmorten trotz schwesterlicher Warnung kostet – und zum Tier verwandelt wird – eine durchaus logische Verbindung des Hänsel-und-Gretel-Märchens mit dem Märchen vom Rehbruder.[22]

Und da ist drittens der Bereich jener Erzählungen, die aus der zielsicheren Dramaturgie der Konfliktverarbeitung und Menschwerdung herausfallen, weil sie mit dem zentralen Konflikt nicht fertig werden und die Dubeziehung im Haß der Geschlechter ertrinkt. Ich meine das grausige 1001 – Nacht – Märchen vom Hund des Sidi Numan, in dem sich die Frau nachts davonstiehlt, um sich von Leichen zu nähren, ihren Mann, als sie sich entdeckt sieht, beinahe zu Tode prügelt oder zu kastrieren sucht, am Ende in einen Hund verwandelt. Der Hündische aber gibt keine Ruhe, bis er wieder Macht über seine Frau gewinnt, sie in ein Pferd verwandeln und täglich wie ein Besessener schinden kann. Diese Haßorgie, in Makedonien als das Märchen von den drei Vampirmädchen bekannt, sollte man sich vor Augen halten, um zu begreifen, welche lebensbestärkende Funktion die Fülle des eigentlichen Märchenschatzes der Welt durch unsere Miterlebens- und Verarbeitensbereitschaft erhält.[23]

Vom dankbaren Toten und der wahren Aussöhnung mit uns selbst

Nun bleibt noch ein letztes, rätelhaftes Kapitel zu entwerfen: die Bedeutung der Märchen vom dankbaren Helfer und brüderlichen Begleiter des Helden bei der Brautwerbung, und vom Helfer, der getötet wird: Märchen männlicher Identifikation. Ein weibliches Gegenstück ist mir nicht bekannt.

Sie kennen den »Reisekameraden« Hans Christian Andersens, vielleicht auch August Eys Aufzeichnung aus dem Harz, »Die verwünschte Königstochter«.[24] Ein junger Mann hat Mitleid mit einem Menschen, der nicht bestattet wird, weil er seine Schuld nicht hat einlösen können. Der junge Mann gibt sein ganzes Erbe dafür hin – und plötzlich begleitet ihn der dankbare Tote, der ihm beisteht, die Königstochter zu gewinnen und sie, trotz tödlicher Gefährdung, aus der Bindung an ihren Vaterdämon zu befreien. Wer ist der Tote, der gleichsam als das andere Ich den jungen Mann, also uns, begleitet? Erinnern wir uns an den Anfang? Der junge Mann nimmt Abschied von seinem sterbenden Vater, ein Märcheneingang, der für H. C. Andersen von besonderer Bedeutung gewesen sein muß, denn sein Vater, der krank vom Militärdienst zurückkam und allzu früh starb, war des einsamen Knaben innerer Halt. Wir können hier weder das Märchen und seine Figurenketten untersuchen noch H. C. Andersens Biografie an uns vorüberziehen lassen, um die besondere Bedeutung gerade für ihn zu verstehen – für Andersen, der als junger Mann im Hause seines reichen Gönners Edvard Collin eine seiner tiefsten Erschütterungen erfuhr, als er den würdigen Herrn bat, wie zu einem Vater Du sagen zu dürfen, und Collin es ihm erschrocken verweigert hat. Es wird also kein Zufall sein, daß H. C. Andersen ein ebenfalls in diesen Umkreis gehöriges Märchen für die Bühne zu bearbeiten suchte: Ich meine das Märchen vom treuen Johannes, den der sterbende König zum Begleiter seines Sohnes bestellt, und der in die Gefährdungen hinauszulauschen versteht und dreimal den jungen Mann vor dem sicheren Tod rettet – dessen letzte Tat der junge König aber nicht mehr als Freundeshilfe, sondern als Rivalität in seiner jungen Ehe sieht.[25] Plötzlich erscheint der bisher so Vertrauensvolle als ein anderer und sehr Unreifer gegenüber dem Freund, als hätte ein altgehegter Haß, wohl ein Vaterhaß, auf diese Stunde gewartet. Jedem von uns bleibt die Szene unvergessen: Der junge König nötigt den Freund zu sprechen, liefert ihn, den Getreuen, dem Tod aus. Wer ist dieser Freund, den der König, als das Unwiderrufliche geschehen ist, wiederum plötzlich so hoch zu schätzen weiß, daß er ihn in seiner und seiner Frau Schlafkammer aufstellt, Jahre über ihn nachsinnt und, als er endlich die Stimme des Versteinerten wieder vernimmt, sofort bereit ist, sein Liebstes, seine Kinder, dem Freund zu opfern? Auch seine Frau hat in diesen Jahren das gleiche begriffen: Das alter ego ihres Mannes war tot und verstummt.

Des Rätsels Lösung bietet sich an, wenn wir, männlich Miterlebende und Mitagierende dieses Dramas, uns nach den Auseinandersetzungen mit unserem Vater fragen, unserer Rivalität mit ihm, unserem Haß auf ihn und unser im Lauf eines langen Lebens vielleicht wachsendes Verständnis für ihn zulassen, für sein eigenständiges Leben, seine Fehler, seine Vorzüge. Der Prozeß, in dem ein junger, auf Ablösung drängender Mann aus den bedenklichen Seiten seines Vaters einen Popanz aufbaut, dem er den Garaus machen will, ist vielleicht längst glücklich durchstanden. Aber das in wirklichem Einklang-Sein mit den guten Seiten des verinnerlichten Vaters läßt oft ein ganzes Leben auf sich warten. In der Angst, unsere Frau zu verlieren (an ihn zu verlieren?), klingt die Trennungsangst von der Mutter ebenso nach wie die Schuldangst gegenüber dem Vater. Ist das nicht bereinigt, so sagt das

Märchen, dann steht die bessere, wissende Hälfte unseres Selbstes versteint in der Schlafkammer – als eine unglaubliche Provokation unserer ehelichen Beziehungen.

Nicht umsonst gehen wir bedingungslos den Weg des jungen Mannes in einem Märchen mit, eines jungen Mannes in einer dramatischen Verwandlungs-Auseinandersetzung ohnegleichen gegenüber einem Machthaber, der sich mit der verräterischen Frau verbunden hat, Gestalt und Leben dabei mehrfach verliert – um am Ende heil und strahlend wir selbst zu werden. Das aber ist das Kernstück des ältest überlieferten Zaubermärchens überhaupt, des ägyptischen Brüdermärchens, wie es noch heute überliefert wird und Ende des vorigen Jahrhunderts in Pommern unter dem Titel aufgezeichnet worden ist: »Wie aus einem Schweinehirten ein König ward«[26]

Die Märchen haben nicht überlebt, weil sie wie Museumsstücke sorgfältig gesammelt und restauriert worden sind. Warum übersehen wir das eigentlich? Sie müssen zu allen Zeiten ihrer Existenz, über die wir noch lange rätseln werden, in allen Kulturen und Gesellschaften und Schichten eine große Faszination ausgeübt haben und jedermann in ihrer elementaren Bedeutung verständlich gewesen sein.[27] Das hat sich auch mit ihrer literarisierten Form nicht geändert. Die große Faszination geht von ihren dramatischen Konstellationen aus und von ihrer dramaturgischen Zielsicherheit.[28] Die Bedeutung aber, so scheint es mir, liegt in den Verarbeitungsprozessen, denen sich unentwegt sowohl ihre Erzähler als auch ihre Zuhörer, Leser und unbewußt agierenden Mitspieler unterziehen. Die Märchen geben dem Kind die Möglichkeit, seine aktuellen Konflikte unmittelbar und die Konflikte der Heranwachsenden und Erwachsenen im Vorgriff durchzuarbeiten. Sie begleiten die Heranwachsenden und Erwachsenen wie Expeditionsleiter zu Ausfahrten in die Dramatik des Menschenlebens. Möglicherweise haben sie uns auch jahrzehntelang lediglich als Erinnerung an die Erschütterungen unserer kindlichen Vorgriffserlebnisse begleitet – ohne uns auch nur einen Schritt vom Fleck zu rühren.

Ihr Schlüsselthema aber ist unsere Angst, vernichtet zu werden, ist Trennungsangst, ein Thema bereits des kindlichsten aller Kindermärchen, das Märchens vom Wolf und den sieben jungen Geißlein.[29] Ihr

Thema ist Schuldangst, Angst des Knaben vor der Erstbegegnung mit der Frau, Angst des Mädchens, das in der Begegnung mit dem Mann, der ihr zuerst als Vaterdämon entgegentritt, in zwei Anläufen voll panischer Angst den Kopf verliert – aber im dritten Anlauf zu sich selbst und zu ihrer Liebesfähigkeit findet.[30] Die Faszination des Märchens geht von der Angst aus, vernichtet zu werden, und zugleich von dem Wissen, daß das Verleugnen, die Flucht vor der Wahrheit, alles Verweigern der Verarbeitungsprozesse menschlicher Reifung – den Tod brächte.

Gilt also, so fragt man sich am Schluß, das Märchen nur für Menschen, so lange sie nicht alt werden und ihnen der Tod ihres Bruders Esel, ihres Leibes, noch nicht vor Augen steht? Offenbar überläßt das Märchen die Antwort auf diese Frage uns selbst. Friedrich Georg Jünger hat ein unvergeßliches Gedicht mit den Zeilen enden lassen:

Heil wie du auf diese Welt gekommen,
unzerstörbar wirst du fortgenommen.[31]

1 Hans, der Grafensohn, und die schwarze Prinzessin (AT 935 + 307), Nr 16 in Ulrich Jahn: Volksmärchen aus Pommern und Rügen. Norden und Leipzig 1891.
2 AT 365: außer Gottfried August Bürgers Ballade vgl Vom Fräulein und seinem Kavalier, Nr 19 in Helena Kapełuś, Julian Krzyżanowski: Die Kuhhaut. Polnische Märchen. Kassel 1987.
3 O mój rozmarynie, rozwijaj się! Polnisches Ulanenlied, gesungen von Krystyna Kulicskowska, 1978 in Pergine.
4 AT 675: Bei Gianfrancesco Straparola die 1. Erzählung des 3. Tages: Der Narr Pietro; bei Wilhelm Wisser: Fuuldowat, Nr 51 in Wisser: Plattdeutsche Märchen. Hrsg. von Kurt Ranke. Düsseldorf, Köln 1970.
5 AT 465 A: Bei Aleksandr Afanas'ev Nr 212; in Lutz Röhrichs Ausgabe S.490–508.
6 So in dem Märchen Das weiße Hemd, das schwere Schwert und der goldene Ring, AT 590, Nr 15 in Johann Wilhelm Wolf: Deutsche Hausmärchen. Göttingen und Leipzig 1851. – Otfried Preußler hat dieses Motiv als Todeslos für den Freund Tonka in seinem Krabat ausgespielt.
7 So in der Fassung vom Skandalos, AT 328: Bd 2, S. 178–180; oder von Zozos und der Lamia, S. 181–182 in Johann Georg von Hahn: Griechische und albanesische Märchen. Leipzig 1964.
8 So in der Marburger Archivaufzeichnung ZA 135 033 vom ostpreußischen Galileiszizek (AT 327 F): Knurks, knurks! Galileiszizeks Knochen! – Stimme aus dem Baum: Knurks, knurks! Die Knochen der alten Hexe! – Die Hexentochter droht dem vermeintlichen Vogel: Reizt du mich, so freß ich dich! Sie frißt weiter an einem anderen Knochen: Knurks...
9 Zu AT 590 vgl. Anm. 6; zum Märchen von der verräterischen Schwester, AT 315 A: Elena die Wunderschöne (nach Nikiforov), Nr 1 in Isidor Levin: Zarensohn am Feuerfluß, Kassel 1984.
10 AT 708: Der tausendfleckige Wila, Nr 20 in Josef Haltrich: Deutsche Volksmärchen aus dem Sachsenlande in Siebenbürgen. 3. Aufl. Wien 1882. – Hans Wunderlich, Nr 13 in Ulrich Jahn: Volksmärchen aus Pommern und Rügen. Norden und Leipzig 1891.
11 AT 433 B: König Lindwurm, Nr 1 in Klara Stroebe: Nordische Volksmärchen, Bd 1, Jena 1915.
12 Bengt Holbek: Several versions of one tale type (AT 433B), in Holbek: Interpretation of fairy tales. Helsinki 1987, S.457–498.
13 AT 552 A + 302 C*: Marja Morevna, bei Afanas'ev Nr 159; in Lutz Röhrichs Ausgabe S.322–332.
14 W. Scherf: Mädchenräuber. In: Räuber- und Landsknechtslieder. Frankfurt 1981. S.13–21.
15 Ulinger: Nr 74 A in Ludwig Uhland: Alte hoch- und niederdeutsche Volkslieder, Bd 1, Stuttgart und Berlin. – Auch als Nr 41a in Ludwig Erk, Franz Magnus Böhme: Deutscher Liederhort. 2. Aufl. Hildesheim, New York 1972.
16 AT 709 + 451: Der Zauberspiegel, Nr 31 in Felix Karlinger: Italienische Volksmärchen, Düsseldorf und Köln 1973.
17 AT 709 C*: bei Giambattista Basile die 8. Erzählung des 2. Tages. – Zu Sneewittchen und der Parallele in Goethes Wilhelm Meister: Peter Dettmering in Stork: Das Märchen – ein Märchen? Stuttgart-Bad Cannstatt 1987, S.47–62.
18 AT 334 C*: Vasilisa die Wunderschöne, bei Aleksandr Afanas'ev Nr 104; in Lutz Röhrichs Ausgabe S.118–127.

19 AT 334 C*: Das wundertätige Madonnenbild, Nr 63 in Harri Meier, Felix Karlinger: Spanische Märchen, Düsseldorf und Köln 1961.

20 AT 402: Die drei Federn, Grimm KHM 63.

21 AT 400: Der König vom goldenen Berge, Grimm KHM 92.

22 AT 327 A + 450: Pil' cš, der kahlköpfige Bruder, Nr 6 in Yrjö Wichmann: Sprichwörter, Rätsel, Märchen, Sagen und Erzählungen. Helsinki 1901.

23 AT 449: Die Geschichte von Sîdi Nu'mân, in Enno Littmanns Ausgabe von 1001 Nacht, Bd 6, S. 257–272.

24 AT 507 A: Der Reisekamerad, 1835 von Hans Christian Andersen zuerst veröffentlicht. – Die verwünschte Königstochter, Nr 24 in August Ey: Harzmärchenbuch, Stade 1862.

25 AT 516: Der treue Johannes, Grimm KHM 6; vgl dazu Jochen Stork: Der treue Johannes oder die Analyse eines jungen Mannes. In Stork: Das Märchen – ein Märchen? Stuttgart-Bad Cannstatt 1987, S. 117–136.

26 AT 569 + 318: Wie aus einem Schweinehirten ein König ward, Nr 33 in Ulrich Jahn: Volksmärchen aus Pommern und Rügen, Norden und Soltau 1891.

27 Bengt Holbek: Conclusions, S.601–607 (wie Anm. 12): They are a means of transforming what one sees, of re-creating reality (S.601); Tales must be understood in terms of the culture in which they are used (S.602).

28 W. Scherf: Funktion und Bedeutung der Kindermärchen heute. Strukturanalytische Betrachtungen zur mündlichen und domestizierten Überlieferung. In: Hans-Jörg Uther: Märchen in unserer Zeit, München 1990, S. 170–180.

29 AT 123: Der Wolf und die sieben jungen Geißlein, Grimm KHM 5; vgl dazu W. Scherf in: Die Herausforderung des Dämons. München, New York, London, Oxford, Paris 1987. S. 83–90.

30 AT 311: Fitchers Vogel, Grimm KHM 46; vgl auch W. Scherf: Fantastische Vorstellungen und weibliche Selbstfindung. In: Janning, Gobyn: Liebe und Eros im Märchen. Kassel 1988, S. 110–131, 211–212.

31 Friedrich Georg Jünger: Geleitspruch. In Jünger: Der Westwind. Frankfurt 1946, S. 8.

Rainer Wehse
IN SIEDENDEM ÖL GEGART – DIE TODESSTRAFE IM MÄRCHEN

Gehen wir zu Beginn gleich in medias res mit der Schilderung einer durch den Bösewicht selbst herbeigeführten doppelten Todesstrafe. Der Inhalt des gesamten Märchens, aus dem ich nur die Strafpassage wörtlich wiedergebe, läßt sich folgendermaßen zusammenfassen:

Cecella wird von ihrer Stiefmutter mißhandelt, aber von drei Feen beschenkt, weshalb die Stiefmutter voll Neid auch ihre rechte Tochter hinschickt, welche aber nur verhöhnt wird. Sie sendet daher Cecella die Schweine weiden, wobei sich zwar ein vornehmer Herr in sie verliebt, jedoch durch eine List der Stiefmutter statt ihrer die häßliche Tochter erhält. Die Stiefmutter sperrt Cecella in ein Faß, um sie mit siedendem Wasser zu begießen. Der Herr jedoch entdeckt den Betrug und steckt statt jener die leibliche Tochter hinein. Darauf übergießt die Stiefmutter ihre eigene Tochter mit heißem Wasser und tötet sich, nachdem sie ihr Versehen wahrgenommen hat.

Und nun die eigentliche Szenerie des Strafvollzugs:

Kaum war nun Caradonia mit einem großen Bund Holz nach Hause zurückgekehrt, so machte sie ein großmächtiges Feuer, setzte einen gewaltigen Kessel mit Wasser über, und sobald dies zu sieden anfing, ließ sie es durch das Spundloch in das Faß laufen, so daß Grannizia, über und über verbrüht, mit den Zähnen knirschte, als wenn sie das sardinische Kraut gegessen hätte, und die Haut sich ihr ablöste wie einer Schlange, wenn sie ihren Balg wechselt. Als es aber Caradonia schien, daß Cecella gehörig abgesotten sein und alle Viere von sich gestreckt haben müßte, zerschlug sie das Faß, und indem sie nun, (o Himmel, welch' ein Anblick!) ihre eigene Tochter vor sich sah, die von ihrer leiblichen Mutter auf so grausame Weise war abgekocht worden, riß sie sich die Haare aus, zerkratzte sich das Gesicht, zerfleischte sich die Brust, zerbiß

sich die Hände, rannte mit dem Kopfe an die Mauer, stampfte mit den Füßen und machte ein solches Geschrei und Getöse, daß der ganze Ort zusammenlief. Nachdem sie sich nun so lange Zeit wie eine Wahnsinnige gebärdet hatte, dergestalt, daß kein Trost sie beruhigen und kein Zureden sie besänftigen konnte, rannte sie mit einem Male spornstreichs nach dem Brunnen und plumps! stürzte sie sich mit dem Kopfe voran hinunter, indem sie auf diese Weise die Wahrheit des Sprüchworts bewies:
»Wer Andern eine Grube gräbt, fällt selbst hinein.«

Sicherlich hat den Leser ein gewisses Unbehagen befallen bei dieser Schilderung: Einerseits handelt es sich zwar um typische Märchenstrafen einer typischen Märchensituation, in welcher der Bösewicht sich selbst schädigt, andererseits ist nach gängiger Auffassung vom Volksmärchen der Stil nicht stimmig. Man vermißt besonders die fast lakonische Kürze, mit der Todesstrafen am Ende des Märchens abgehandelt werden. Und tatsächlich handelt es sich um ein wohl stark literarisch überformtes Märchen der Barockzeit, nämlich um »Die drei Feen«, das 10. Märchen des 3. Tags aus Basiles »Pentamerone«[1]. Der Neapolitaner Giambattista Basile (1575–1632) erzählt barock und durchwirkt seine Geschichten mit ganzen Girlanden von Wortvariationen und mutwilligen Schnörkeln, von Vergleichen, Allegorien, Anspielungen, Wortspielen, das Ganze gewürzt durch Witz, Humor und Ironie. Basile schöpft zwar aus der mündlichen Überlieferung und erzählt ganz im Geist eines lebhaften, witzigen und scherzhaften Volks, aber doch wohl auch sehr individuell abgewandelt und, dem literarischen Zeitgeist entsprechend, zuweilen bis zur Unerträglichkeit barockisierend.

Zwar sind Märchen immer abhängig von einer bestimmten Epoche, dem jeweiligen gesellschaftlichen Milieu, einem persönlich geprägten Erzählstil des Überlieferungsträgers, aber das Volksmärchen trägt ebenfalls verallgemeinerbare Züge. Und dieser ›Prototyp‹ des ›echten‹ Volksmärchens soll im folgenden Beispiel vorgestellt werden. Gewählt wurde ein neueres österreichisches Märchen, das verhältnismäßig ausführlich wiedergegeben werden soll.[2] Beweggrund dafür ist die Darstellung des Verhältnisses zwischen Gesamtgeschehen und den typischen kurzen, fast nebensächlichen Anmerkungen, mit denen von einer Bestrafung der Übeltäter berichtet wird.

Der sprechende Vogel, der singende Baum und das goldene Wasser

Vor langen Zeiten lebte einmal ein König. Als er eines Abends ausging, sah er in einem Hause noch Licht brennen. Er trat näher und schaute beim Fenster hinein. Drinnen erblickte er drei Schwestern, die hielten Rat, wie es ihnen im Leben gutgehen könne. Die Älteste sprach gerade: »Mir gefiele es am besten, wenn ich den Gärtner des Königs heiraten könnte, dann hätte ich alles, was mein Herz begehrt.«

»Und mir«, sprach die zweite, »wäre es am liebsten, wenn ich den königlichen Bäcker heiraten könnte, dann hätte ich zeitlebens ein gutes Hausen.«

Die Jüngste aber schwieg, so daß die Schwestern sie fragten: »Was wünschest du dir denn?« – »Ich wünsche mir nichts, weil was ich gern möchte, doch nie in Erfüllung geht«, entgegnete das Mädchen. »Sag es uns doch, es ist ja weiter nichts dabei«, drängten wieder die beiden. »Wenn ihr es durchaus wissen möchtet, ich hätte gern den König selbst zum Gemahl, dann wären alle meine Wünsche erfüllt.«

Als der König das gehört hatte, entfernte er sich. Schon am nächsten Morgen aber schickte er einen prächtigen Wagen und zwei Diener, die sollten die drei Mädchen in sein Schloß holen.

»Was sollen wir beim König«, sagten die Schwestern, »wir gehen nicht mit euch.« Aber die Diener antworteten: »Wir müssen euch mitbringen, der König verlangt es von uns!« Schließlich fügten sie sich, kleideten sich so gut sie konnten und fuhren mit.

Der König empfing sie in einem schönen Saale und sprach: »Jetzt erzählt mir, was ihr euch gestern abend gewünscht habt. Ihr könnt nichts verschweigen, denn ich habe alles gehört!«

Die älteste Schwester begann: »Herr König, ich habe nur einen Wunsch: ich möchte euren Gärtner heiraten!« – »Das kann geschehen«, sprach der König. »Was aber hast du dir gewünscht?« fragte er die mittlere Schwester. »Herr König, ich möchte gern euren Bäcker heiraten«, sprach sie. »Auch das kann geschehen, aber nun sag auch du, was du dir gestern gewünscht hast!«

Die Jüngste wollte indes nicht gestehen, was sie gestern ihren Schwestern bekannt hatte. »Ich kann es nicht sagen, Herr König, es ist ja auch nicht möglich.«

»Wenn du nicht bekennst, was du gestern gesagt hast, so mußt du sterben«, drohte der König.

Nun gab sie es endlich zu: »Weil meine Schwestern sagten, sie wollten an

Euren königlichen Hof heiraten, so habe ich mir gewünscht, die Frau Königin zu werden.«
»Auch das wird geschehen«, sprach der König. »Du sollst meine Gemahlin werden!«

Er ließ sogleich die Vorbereitungen für ein großes Fest treffen, und am gleichen Tage, an dem ihre Schwestern mit dem Gärtner und dem Bäcker vermählt wurden, hielt er Hochzeit mit der Jüngsten. Die Schwestern aber wurden bald von Neid erfüllt, weil die Jüngste von ihnen Königin geworden war.

Als nach einem Jahre die junge Königin ein Kindlein erwartete, mußte ihr Gemahl verreisen. Jetzt machte sich die älteste Schwester an sie heran, verabreichte ihr einen Schlaftrunk und legte ein junges Hündlein in die Wiege. Den kleinen Prinzen aber tat sie in ein Faß, verschloß dieses und warf es in die Donau.
Das Faß trieb den Strom hinab, an das andere Ufer, wo ein alter Fischer gerade seine Netze ausgeworfen hatte. Wie er das Faß abfing und an Land zog, hörte er darin ein Kindlein schreien. Rasch eilte er mit seinem Funde heim: »Schau, Weib, was ich heute für einen Fang bringe! Das Kind ist in einem Fasse den Fluß herabgekommen. Wir werden es als unser eigenes Kind aufziehen, wer weiß, was das bedeutet.«
Bei der Rückkehr erschrak der König, als ihm die beiden Schwägerinnen erzählten, in der Wiege liege ein kleines Hündlein. Er eilte zu seiner Frau, doch diese sagte: »Ich weiß nicht, was es gegeben hat, ich lag im tiefen Schlafe; vielleicht haben meine Schwestern ein Unheil angerichtet.«

Der König war anfangs recht böse über das Mißgeschick, aber mit der Zeit tröstete er sich, denn er hoffte noch immer auf einen Erben für sein Reich.

Eine ähnliche Unterschiebung ereignet sich noch zwei weitere Male, zuletzt durch ein Holzscheit. Die beiden anderen Kinder werden ebenfalls von dem Fischer aufgezogen.

Als dem König bei der Rückkehr das Holzscheit gezeigt wurde, ergrimmte er furchtbar. Er wollte aber das Leben seiner Frau schonen, und so bestimmte er, daß sie nahe dem Wege, an dem viele Leute vorbeikämen, eingemauert werde. Und jeder, der vorübergehe, müsse ausspucken. So verlebte die arme Königin viele Jahre in dem Gemach, sie bekam Speise und Trank, wurde aber wie eine Übeltäterin schimpflich gefangengehalten.

Die beiden Brüder wuchsen heran, und auch die Schwester konnte schon den Haushalt führen. Sie gingen des öfteren jagen, und einmal trafen sie im Walde auf den König.
»Was macht ihr Jungen hier?« fragte er sie, denn die beiden gefielen ihm sogleich.
»Herr König, unser Vater ist schon so alt, daß er seit langem nicht mehr arbeiten kann. Wir gehen hier auf die Jagd, um für unseren Unterhalt zu sorgen, und die Schwester kocht daheim für uns.«
»So schöne Kinder, wie ihr seid, hätte ich gern, das wäre mir eine rechte Freude«, sprach der König, dann entließ er sie.

Bald danach starb der alte Fischer, und sie begruben ihn in Ehren. Eines Tages, als die beiden Brüder wieder auf der Jagd waren, kam ein alter Mann zur Schwester und sprach: »Ihr habt es hier ganz schön, ihr benötigt nichts mehr als den sprechenden Vogel, den singenden Baum und das goldene Wasser, das in die Höhe schießt.«
»Wo können wir das finden?« fragte das Mädchen. »Weit über den Berg müßt ihr, es ist nicht leicht, hinzukommen, schon mancher ist auf dem Wege zu Stein geworden.« – »Wir möchten es aber wagen, sag uns nur, wie wir es machen müssen!«
»Ihr habt drei Rosse im Stall, eins schöner als das andere«, sprach der Alte, »reitet so weit, bis der Wald zu Ende geht. Dort steht ein alter Mann, der euch den Weg weist.«

Als die Brüder heimkamen, erzählte das Mädchen, was der Greis gesagt hatte. Der ältere war sogleich bereit, auszuziehen, nahm seinen Braunen aus dem Stall und ritt zu dem alten Manne.
»Nun, Junger, wo willst du denn hin?« fragte der.
»Ich suche den sprechenden Vogel, den singenden Baum und das goldene Wasser.«
»Mein Lieber, das wirst du nicht zustande bringen, da sind schon viele hingeritten, aber alle sind zu Stein geworden.«

Und tatsächlich ergeht es den beiden Brüdern so.

Vergeblich wartete die Schwester drei Tage lang. Am vierten aber schwang sie sich auf den Schimmel und ritt zu dem Alten. »Lieber Vater, kannst du mir sagen, wie ich das gewinnen kann, wonach meine Brüder ausgezogen sind, und wie ich sie erlösen kann?«
»Das wirst du nicht vollbringen können, gutes Dirndl«, sagte der Alte.
»Ich will es aber versuchen, vielleicht kann ich meinen Brüdern doch helfen«, sprach das Mädchen.

Sie zieht aus und erhält mit Hilfe des goldenen Vogels eine Zaubergerte und das goldene Wasser. Nachdem sie ihre Brüder befreit hat, kehren sie gemeinsam nach Hause zurück, pflanzen auf Anweisung des Vogels die Gerte ein und gießen sie mit dem Wasser. Aus der Gerte erwächst der singende Baum, und aus einem Brunnen springt das goldene Wasser in die Höhe.

Jetzt sagte der Vogel: »Ladet für morgen den König zum Mittagmahle, kocht ihm aber nur Tollkirschen als Speise!« Das wollten die Geschwister doch nicht tun, denn sie befürchteten eine arge Strafe, aber der Vogel sagte: »Laßt dann nur mich reden, so wird alles gut werden!« Jetzt vertrauten sie ihm und überbrachten dem Könige die Einladung.
Als der König am nächsten Tage eintraf, erblickte er zu seinem Staunen das goldene Wasser und den singenden Baum und fand daran großen Gefallen. Wie ihm aber die giftige Speise vorgesetzt wurde, erzürnte er heftig und rief: »Wie könnt ihr mir so etwas vorsetzen, ich werde euch sogleich einsperren und hart bestrafen lassen!«
Nun aber ließ sich der Vogel in der Steige vernehmen und sagte: »Sowenig diese Speise zu essen ist, sowenig kann eine Frau ein Holzscheit, eine Katze und einen Hund zur Welt bringen! Herr König, das hier sind deine drei Kinder!« Jetzt wurde der König ganz bestürzt, doch der Vogel erzählte auch noch vom Anschlag der beiden neidischen Schwestern und wie der Fischer die Kinder gerettet hatte.
Darauf sprach der König: »Setzt euch auf, fahrt mit in mein Schloß, den Vogel aber nehmen wir in der Steige mit!«
Alsbald brachen sie auf. Sogleich bei der Ankunft holte der König seine Gemahlin aus der Haft und ließ sie durch ihre Kinder in seinen Gemächern pflegen. Nach zwei Wochen hatte sie sich so weit erholt, daß er ein großes Gastmahl ansetzte und dazu auch seine Schwägerinnen mit ihren Männern einladen ließ.

Nach der Mahlzeit blieben alle beisammen, und jetzt sollte jeder auf Wunsch des Königs seinen Lebenslauf erzählen. Die älteste Schwester begann und tischte dabei wieder ihre alten Lügen auf, um die Königin, die sie nicht erkannten, zu schmähen.
Da sagte der König: »Vogel, jetzt sprich du!«, und der Vogel rief, daß es alle deutlich vernahmen: »Die beiden Schwestern haben die königlichen Kinder in der Donau ausgesetzt, um sie zu töten, doch ein Fischer hat sie gerettet und aufgezogen. Hier sind die drei Kinder des Königs!« Nach den Worten des Vogels wurde den Missetätern ihr Urteil gesprochen, und noch am selben Tage ließ der König sie hinrichten.
Die Königin gesundete bald ganz und lebte mit ihrem Gemahl und den drei Kindern noch lange, glückliche Jahre.

Der gesamte gedruckte Märchentext umfaßt ungefähr 300 Zeilen, zweieinhalb von ihnen sind jedoch nur der Schilderung des Urteils und der Hinrichtung gewidmet. Die Qual der Verurteilten wird nicht ausgemalt, kein Blut spritzt, man hört kein Stöhnen der Sterbenden. Das sonst so bildhafte, phantasieanregende Märchen gibt sich bei der Schilderung von Urteil und Strafausführung seltsam nüchtern, ja sogar nebensächlich. Der Hörer oder Leser nimmt die Strafen, selbst Todesstrafen, als unvermeidliche Tatsache und erwarteten Abschluß, ohne groß darüber zu reflektieren. Er bleibt emotional weitgehend unberührt, registriert lediglich, daß die Gerechtigkeit ihren verdienten und erwarteten Verlauf genommen hat. Anders schon reagiert der heutige Rezipient, wenn man ihm diese Rechtspraktiken durch Bildquellen früherer Jahrhunderte vermittelt: trotz der zeitlichen Distanz und oft stilisierten Darstellung können jeweils einige den Anblick dieser ›Grausamkeiten‹ nicht ertragen.

Hierin liegt übrigens auch eine der Schwierigkeiten bei der Inszenierung von Märchen auf der Bühne. Dieser – auf die Gesamterzählung bezogen – geradezu die Phantasie unterdrückende märchentypische Erzählpassus der Strafe und ihrer Ausführung muß für das Theater visualisiert werden und zerstört damit ein wesentliches Märchencharakteristikum.

Gänzlich verfehlt wäre es nun, dem Märchen wegen seiner Todesstrafen Grausamkeit vorzuwerfen, wie es auch heute noch häufig getan wird. Grausamkeit ist per definitionem die *willkürliche, ungerechtfertigte*

Auferlegung von Schmerzen, Leiden oder Tod. Willkürlich und ungerechtfertigt kann man die Todesstrafe, die über den Bösewicht für seine Untaten verhängt wird, aber nun wirklich nicht nennen. Sie trifft vielmehr zu Recht. Findet ein Unschuldiger den Tod – der jedoch im Märchen normalerweise wieder zum Leben erweckt wird, dann kann man dem Märchen ebenfalls nicht den Vorwurf der Grausamkeit machen: Nicht das *Märchen* ist grausam, sondern grausam ist eine in ihm geschilderte *Wirklichkeit* – weitab von jeder heilen Welt, welche wiederum andere Kritiker im Märchen sehen wollen. Wäre das *Märchen* grausam, so würde es uns mit der lustvollen Ausmalung brutaler Szenen konfrontieren, mit dem Ziel, daß sich die Hörer just daran delektieren, nach Art mancher Filme und Videos – und genau dies vermeidet das Märchen!

Nicht jedes Märchen endet mit der Todesstrafe für die Gegner des Helden. Im ›Pentamerone‹ sind es nur 13 von 50 Texten, in K. Haidings »Österreichischem Märchenschatz«, aus dem das letzte Textbeispiel stammt, 11 von 71, in O. Sirovátkas »Tschechischen Volksmärchen«[3] 6 von 50. Das typische Märchen endet also keineswegs nur mit einer tödlichen Leibstrafe.

Strafen setzen ein begangenes Unrecht voraus. »Ethisch ist Strafe nur zu rechtfertigen, wenn und soweit sie nicht gegen die Gerechtigkeit verstößt.« »Positiv begründet ist [sie] als Akt ausgleichender Gerechtigkeit durch Vergeltung nach dem Maß der Schuld.« »Im Rechtssinne ist die Strafe eine Sanktion für schuldhafte Verletzung von Gesetzen oder anderen Normen.«[4] Obwohl Märchenstoffe aus den verschiedensten Epochen und Ländern auf uns überkommen sind, hat diese moderne Definition und Beschreibung der Strafe für das Märchen unbedingte Gültigkeit. Es ist in dieser Beziehung moralisch, ethisch und gerecht.

Das Thema Gerechtigkeit und Ungerechtigkeit wird [in der Volkserzählung] wenig gattungsspezifisch gestaltet. Allerdings deutet sich eine Entwicklungslinie vom Mythos über Märchen, Sage, Legende bis hin zu Schwank und Witz an: Im Mythos gilt, unter den Göttern selbst, eine gnadenlose Gerechtigkeit. Märchen, Sage und Legende kennen bereits den Begriff der Gnade und Barmherzigkeit, vertreten aber ansonsten eine strikte Ahndung der Ungerechtigkeit. Schwank und Witz umgehen

Gerechtigkeitsprinzipien, parodieren oder negieren sie. Die »Verkehrte Welt« (AaTh 1935 u.a.) und das »Schlaraffenland« (AaTh 1930) letzendlich vertauschen die positive und negative Besetzung von Gerechtigkeit und Ungerechtigkeit.

Die bei alledem zugrundeliegenden abstrakten Rechtsvorstellungen orientieren sich weniger an den jeweiligen zeitgebundenen Rechtspraktiken oder speziellen Gesetzestexten als an überzeitlichen, interkulturell wenig voneinander abweichenden, grundsätzlichen Vorstellungen von Gerechtigkeit und Ungerechtigkeit.

Der Erzähltext gibt [jedoch] nicht immer eindeutig Auskunft über die ihm zugrundeliegenden Gerechtigkeitsvorstellungen oder Rechtsverhältnisse. Zum einen können z.B. von der Erzählintention und Publikumsrezeption sozialkritisch zu verstehende Volkserzählungen oder Lieder z.T. erst aus dem Kontext ihres Vortrags heraus interpretiert werden, zum anderen ist eine unter bestimmten Bedingungen und Umständen entstandene Erzählung nicht unbedingt Widerspiegelung ihrer Zeit, sondern sie kann auch ein Zeichen dafür sein, daß die Zeit diese Erzählung braucht. Weiterhin müssen von der Textaussage festgelegte Vorstellungen von Gerechtigkeit und Ungerechtigkeit sich nicht immer mit den Auffassungen der Hörer decken.[5]

Vergehen, die im Märchen mit Todesstrafen geahndet werden, gelten im allgemeinen auch heute noch als höchst verwerflich: Mord, Ehebruch, Verleumdung, Diebstahl, Desertion, Bestechung, Menschenfresserei, Betrug – um nur einige wichtige Verfehlungen zu nennen.[6] Dem heutigen mitteleuropäischen Rechtsempfinden nach steht die Schwere der Strafe jedoch teilweise in keinem Verhältnis zur Untat. Wir müssen uns aber vergegenwärtigen, daß es sich hier um eine archaische Strafart handelt, die von K.B. Leder als älteste aller menschlichen Strafen überhaupt bezeichnet wird.[7] Er sieht den Ursprung der Todestrafe im Weltbild des Animismus, der sich die ganze Welt, auch die dingliche, als belebt und beseelt vorstellt. Tabugebote waren die erste und älteste Form einer Gesetzgebung. Bei Verstößen gegen sie wurde der Zorn der Überirdischen gefürchtet, was zur Forderung nach der Trennung von den Delinquenten führte, um die restlichen Mitglieder der Gemeinschaft vor diesem Zorn zu schützen. Eine Trennung vom allgemeinen sozialen Kontakt jedoch bedeutete in der Frühzeit der Menschheit den sicheren Tod, war also die Urform der Todesstrafe. Nicht die Suche nach der Gerechtigkeit war also in jenem Stadium der Menschheitsentwicklung das Ausschlaggebende.[8]

Obwohl auch der Märchenstrafe noch etwas Archaisches anhaftet, wird sie doch nach dem modernen Konzept der Gerechtigkeit und Sühne auferlegt. Archaisch ist lediglich die Beibehaltung früherer Rechtspraktiken, die sich im Märchen spiegeln: Fast kaum eine Todesstrafe im Märchen, die nicht auch in alten Rechtsbräuchen nachweisbar wäre.[9] Dabei kann das Märchen jedoch nicht ohne Einschränkungen als getreuer Spiegel der Rechtswirklichkeit gesehen werden, denn nur die eher Phantasie anregenden Institutionen finden in ihm, z.T. übersteigert, ihren Niederschlag. So ist das Nagelfaß viel häufiger erwähnt als in den alten Rechtsquellen.

Im einzelnen finden wir im deutschsprachigen Märchen folgende Strafen: Lebendig–Begraben, Lebendig–Einmauern, Hängen, Enthaupten, Ertränken, Sieden, Verbrennen, Zerreißen, Totschleifen, Rädern, Zersägen, Faßstrafen, Steinigen, Erschießen.[10]

Schauen wir uns einige wenige davon genauer an:[11] Die stolze Königstochter, die alle erfolglosen Freier köpfen läßt, begegnet besonders eindrucksvoll im Grimmschen Märchen vom Meerhäschen (KHM 191). Die Köpfe von 99 Bewerbern sind schon auf Pfählen vor dem Schloß aufgespießt, als der Held erscheint. In den meisten Varianten werden die unglücklichen Rätselrater geköpft. Diese Todesart ist jedoch als Vergünstigung aufzufassen: Nur Adlige verloren ihr Leben durch das Schwert, gemeines Volk wurde gehenkt, sonst auch eine typische Diebsstrafe. Der gräßliche Palisadenschmuck aufgespießter Köpfe scheint auf einen orientalischen Kriegsbrauch zurückzugehen, und schon für die Skythen ist bezeugt, daß die Schädel der Besiegten am Tempel als Kranz aufgehängt wurden.

Dieses grausame Motiv hat ›Eindruck gemacht‹, es wurde zu einem Topos grausamer Behandlung und nicht verdienter Strafe. Mit diesem Heraustreten aus seinem kulturgeschichtlichen Milieu in Gebiete, in dem ähnliche Realvorkommnisse fehlten, wird dieses Motiv aber zugleich epischen Gesetzen unterworfen. Es ist ganz deutlich, daß erzähltechnisch von diesem Motiv eine abschreckende Wirkung ausgehen soll, und dies nicht nur im realen, sondern eben im epischen Sinne: Die Leistung des Helden wirkt um so gewaltiger, je größer die Gefahr geschildert wird, der er zunächst ausgesetzt war. Dem entspricht auch die Zahl von 99 hingerichteten Vorgängern des Helden, eine ausgesprochen epische Zahl, die nach einer Abrundung drängt. Für die epische Wirkung kann das Risiko, das der Held eingeht, nicht groß genug sein, die grausame Strafe im Fall des Mißlingens nicht abschreckend genug geschildert werden.[12]

Was hier gesagt ist, kann im übertragenen Sinn allgemein für die Strafen im Märchen behauptet werden: Nicht eine ungefilterte Rechtstradition wird wiedergegeben, sondern das Märchen selektiert und formt um nach gattungsimmanenten Kriterien: holzschnittartig gerade Linienführung mit scharfkantigen Grenzen zwischen schwarz und weiß, Konfrontation extremster Extreme besonders von Gut und Böse, Nutzen und Schaden, Moral und Unmoral.

Nur Frauen gegenüber angewandt wird die Strafe des Lebendig–Begrabens oder Einmauerns. In diesem Fall spiegeln sich genaue kulturhistorische Tatbestände, denn das Lebendig–Begraben war noch bis spät ins Mittelalter hinein *die* Todesstrafe für Frauen für jene Verbrechen, um derentwillen Männer gehenkt oder gerädert wurden. Das gleiche gilt für das Ertränken und Verbrennen. Kultstrafen im germanischen Sinn sind diese Hinrichtungsarten zweifellos nicht, wie man früher angenommen hat, dennoch stehen sie in Bezug zum Volksglauben:

Diese Strafen sind grausam, aber sie sind grausam nicht in unserem heutigen Sinne, denn sie sind keine Tortur als Selbstzweck, sie sind nicht dazu erdacht, um die Opfer bestialisch zu quälen. Von dem Verbrecher als unheimlich-schadenbringendem Wesen mußte man sich **reinigen***: Feuer und Wasser sind nun die reinigenden Elemente schlechthin, und deshalb wurden – und nicht nur bei den Germanen – die Hexen und Zauberer verbrannt oder ertränkt. Zugleich ist die Flamme das radikalste Mittel, das schadenbringende Wesen auszutilgen und am Wiederkommen zu hindern. Zum Teil erscheint die Hinrichtung als Zauberhandlung, sogar als eine Art Wiedergutmachungs–Zauber: Diese in den* *geschichtlichen Quellen oft nicht mehr recht greifbare, weil durch die spätere christliche Teufels- und Dämonenlehre verdrängte Auffassung, wird gerade in den Märchen noch deutlich. Durch die Bestrafung der Hexe wird auch der von ihr angerichtete Schadenzauber wieder beseitigt. Im Grimmschen Zweibrüdermärchen z.B. (KHM 60) löst sich der Schadenzauber der Hexe ganz von selbst, als diese verbrannt wird. Der Zauberwald tut sich auf und wird licht und hell, und ähnlich im »Brüderchen und Schwesterchen« (KHM 11): In dem Augenblick, als die Hexe zu Asche verbrannt ist, erhält das von ihr in ein Reh verwandelte Brüderchen seine menschliche Gestalt wieder (ebenso KHM 47). Das Verbrennen der Hexe geschieht nicht aus primärer Grausamkeit, sondern ihre bösen Taten werden dadurch offenbar revidiert.*[13]

Das Zerreißen durch Pferde hat eine lange, von der römischen Antike bis in die Neuzeit reichende Geschichte. Die Hinrichtung in der Nageltonne, deren modernere Variante die Eiserne Jungfrau darstellt, ist als angebliche Todesstrafe der Karthager zuerst bezeugt.

Strafen haben häufig einen Sinnbezug zum Verbrechen, gründend auf einem primitiven ›wie du mir, so ich dir.‹ Derartiges nennt man spiegelnde Strafe. Ganz buchstäblich verwirklicht z.B. das Grimmsche Märchen von den beiden Wanderern (KHM 107) diesen Grundsatz des ›Auge um Auge‹: Der Handwerksbursche, der seinem Wandergenossen für Brot beide Augen ausgestochen hat, wird am Schluß der Geschichte selbst geblendet. – Häufig fällt auch der Angeklagte das Urteil selbst. Dem Verbrecher wird sein eigener Rechtsfall vorgelegt nach dem Schema: ›Was verdient einer, der das und das getan hat?‹ Er selbst spricht dann sein eigenes Urteil, ohne es zu wissen.[14] Abgesehen von der epischen Wirksamkeit entbindet diese Strafzuteilung die Richtenden von ihrer eigenen Verantwortung.

Nicht jede Todesstrafe im Märchen ist jedoch an eine bestimmte Verfehlung gebunden: Corvetto[15] wird von anderen Höflingen beneidet. Diese bewegen den König, ihm gefährliche unlösbare Aufgaben aufzuerlegen, um ihn so in den Tod ›wegzuloben.‹ Als dritte derartige Aufgabe soll Corvetto das Schloß des Wilden Mannes für den König requirieren:

Corvetto nun, welcher bei jeder Gelegenheit gleich Feuer fing, und sich eine Sache nicht zweimal heißen ließ, nahm sogleich die Beine über den Buckel und, in dem Palast des wilden Mannes anlangend, fand er, daß die Frau desselben von einem niedlichen, wilden Männlein entbunden worden war, er selbst aber sich fortbegeben hatte, um seine Vettern einzuladen, während die Wöchnerin, aus dem Bette aufgestanden, voller Geschäftigkeit alle Anstalten zu dem Schmause traf. Sobald daher Corvetto in den Palast trat, sprach er zu ihr: »Grüß euch Gott, wackere Frau, ihr seid eine tüchtige Hauswirthin; warum plaget ihr euch denn aber gar sehr ab? Gestern erst war eure Niederkunft und heute schon arbeitet ihr so sehr darauf los, ohne alles Mitleid mit euch selbst?« – »Was soll ich thun,« versetzte die Frau, »wenn Niemand da ist, der mir helfen kann!« – »Ich bin ja da,« erwiderte Corvetto, »und will euch aus allen Kräften beistehen.« – »So seid mir vielmal willkommen,« entgegnete die Frau, »und da ihr mir so freundlich eure Dienste anbietet, so helfet mir diese paar Stücke Holz spalten.« – »Sehr gern,« antwortete Corvetto, »und wenn diese paar Stücke nicht genug sind, spalte ich mehr;« und indem er eine frischgeschliffene Axt ergriff, hieb er, statt in das Holz, der wilden Frau auf den Schädel, so daß sie stracks zur Erde stürzte, lief dann sogleich vor den Eingang des Palastes, machte eine tiefe, tiefe Grube, und nachdem er sie mit Zweigen und Erde bedeckt, paßte er hinter dem Thore auf, bis er den wilden Mann mit den Vettern ankommen sah, worauf er innerhalb des Hofes zu rufen anfing: »Halt da, ich will's euch gerathen haben! Es lebe der König von Breitenfluß!« Als der wilde Mann diese Herausforderung vernahm, eilte er nebst den Uebrigen wie besessen auf Corvetto los, um aus ihm Ragout zu machen; indem sie jedoch blindlings unter die Vorhalle des Thores liefen, fielen sie sammt und sonders in die Grube. Sobald sie nun hinuntergestürzt waren und Corvetto sie mit Steinwürfen in einen Brei verwandelt hatte, verschloß er das Thor des Palastes und brachte die Schlüssel dem Könige.

An Unholden außerirdischer Natur wird – ganz im Gegensatz zur sonstigen Rechtspraxis der Märchen – nicht ein bestimmtes *Delikt* geahndet. Sie personifizieren das Böse an sich, sind vogelfrei, dürfen also jederzeit getötet werden. Gericht wird hier nicht gehalten über eine bestimmte Untat, sondern über das böse Prinzip, gegen das es nur ein wirksames Mittel gibt: Austilgung durch Tod.

Wer spricht nun das Urteil? Häufig ist es der Held selbst, der dann sozusagen gleichzeitig Richter und Henker ist. Oberster Gerichtsherr jedoch ist der König (selten, wie in der Sage, der Kaiser). Gleichzeitig ist er auch oberste Instanz. Nur selten verhängt er eine unverdiente Todesstrafe. Alle Urteile werden auch ausgeführt, es sei denn, der Übeltäter würde begnadigt, könnte seinen Hals lösen (etwa durch die richtige Beantwortung einer Rätselfrage), würde losgekauft oder losgeheiratet. Entgegen der Rechtswirklichkeit können im Märchen auch Frauen (Königinnen, Prinzessinnen) Urteile sprechen. Einen sehr urtümlichen Zug hat das Märchen bewahrt, wenn es von der Gesamtgemeinde als Gerichtsgemeinde erzählt.[16] Erkennen Menschen Verbrechen nicht, oder der Täter kann wegen seiner hohen Stellung nicht bestraft werden, so richten überirdische bzw. unterirdische Wesen: Gott, Maria, der Teufel, das kleine Volk usw. Sonst spielt die Ständefrage bei Klage und Urteil keine Rolle. Eine Mischform bildet das Gottesurteil: Feuer-, Wasser-, Bahr- und Kampfproben, die jedoch im Märchen gegenüber der Sage eine recht geringe Rolle spielen.

Das Urteil vollstrecken kann die ganze Gemeinde, der Kläger, was einer Rechtslage vor Einführung des staatlichen Strafrechts entspricht (nur im Tiermärchen), selten der Henker, als Rechtsnachfolger des Klägers der Scharfrichter (der im Märchen ohne Makel ist) und bei außergerichtlicher Vollstreckung auch ein ›Nachrichter‹ wie der Jäger im Schneewittchen-Märchen.

Todesstrafen innerhalb und außerhalb des Märchens werden heute in weiten Teilen der Welt als grausam und brutal empfunden, das »Urteil der Unmenschlichkeit ist das einzig mögliche,«[17] lautet ein typisches Verdikt. Die Todesstrafe will jedoch aus der Zeit heraus interpretiert werden, aus der sie stammt, aus der Gesellschaft heraus, in deren Kontext sie gehört(e). Das Leben im Mittelalter z.B., auch davor und danach, war rauh, eine Schaubühne, auf der freudvolles wie leidvolles Spektakel seinen Platz dicht nebeneinander hatte. Ein Beispiel noch aus dem 16. Jahrhundert mag dies verdeutlichen:

Im Zentrum der damaligen Kultur, Paris, gehörte es zum Unterhaltungsprogramm des Johannistags, ein oder zwei Dutzend Katzen zu verbrennen. Zu diesem berühmten Schauspiel versammelte sich das

Volk unter den Klängen von Musik. Ein Scheiterhaufen wurde errichtet, über dem man an einem Gerüst einen Sack oder Korb mit Katzen aufhängte. Die Behälter fingen Feuer, die Katzen fielen in den Scheiterhaufen und verbrannten, während die Menge sich an ihren Schreien und dem Miauen weidete. Hof und König waren in der Regel anwesend. Auf besonderen Wunsch von Karl IX. wurde bei einer Gelegenheit ein Fuchs mitverbrannt, König oder Dauphin hatten zudem die Ehre, den Scheiterhaufen anzünden zu dürfen. »Es war jedenfalls ein Spektakel im wahrsten Sinne des Wortes, ein Fest für Auge und Ohr, für die gesamte Sinnlichkeit in ihrer unmittelbaren Lebendigkeit.«[18]

Dem Mittelalter ging es bei der Strafe nicht um eine Abschreckungswirkung. Man dachte erst während der Aufklärung funktionell-rational. Deshalb tragen diese Grausamkeiten auch ›theatralische‹ Züge. Sie folgen fast ästhetischen Gesetzen. Die von Foucault geprägten Begriffe des ›Strafschauspiels‹ und des ›düsteren Festes der Strafe‹ treffen zu. Die Situation im Barock war kaum abweichend.

Der Mensch des Mittelalters, der Epoche, in der das Märchen sich ausbildete und aus der es bis heute noch vieles bewahrt, besaß ein grundlegend anderes Verhältnis zu Strafe, Tod und Schmerz. Der Mensch jener Zeit war Mißbill in viel höherem Maße ausgesetzt als wir heute, er nahm es selbstverständlicher, abgehärteter. Auch gingen viele davon aus, daß Gott ihnen Schmerzen zur Buße und Prüfung nach der Tradition Hiobs auferlegt habe. Es wird berichtet, daß manche Missetäter den Scharfrichter um besonders qualvolle Behandlung baten, um so das ewige Seelenheil zu erlangen. Sicherlich hat man damals eine Hinrichtung auch nicht in der Weise empfunden, wie wir das heute tun würden.

Das gesamte mittelalterliche Leben war – mit unseren Augen gesehen – vergleichbar einem Spiel, es war dramatisch, eine zeremonielle Handlung; alles stand im Zeichen des Triumphes des Guten, des guten Gottes. Deshalb wurde eigentlich kein Übeltäter hingerichtet, sondern es wurde feierlich der Sieg über das Böse zelebriert, was zugleich Anlaß eines freudigen Festes war; und auch weil die Menschen auf diese Weise den durch die sündhafte Übeltat als beleidigt betrachteten Gott wieder besänftigen und seine Vergeltungsmaßnahmen, wie Seuchen, Mißernten, Hungersnöte, abwenden konnten.[20]

In diesem Zusammenhang müssen auch die sogenannten ›Grausamkeiten‹ gewertet werden, die das Märchen überliefert. Diese Welt, diese Haltung ist besonders in der Todesstrafe des Märchens noch latent vorhanden, jedoch mit einer entscheidenden Veränderung: Sie ist nicht mehr auch lüsternes Spektakel, an dem man sich delektieren kann. Sie ist vielmehr strikt und ohne Floskeln Erfüllung einer klaren Gerechtigkeitsnorm in kürzestmöglicher, jedoch episch höchst wirkungsvoller Darstellung.

Anmerkungen

1 Basile, G.: Der Pentamerone oder das Märchen aller Märchen. Breslau 1846, Nachdruck Hildesheim/New York 1973.
2 Haiding, K.: Österreichs Märchenschatz. Wien 1980, Nr. 27, S. 144–152.
3 Sirovátka, O.: Tschechische Volksmärchen. Düsseldorf/Köln 1969.
4 Artikel ›Strafe‹. In: Brockhaus Enzyklopädie, Bd. 18. Wiesbaden 1973, S. 173 f.
5 Wehse, R.: Gerechtigkeit und Ungerechtigkeit. In: Enzyklopädie des Märchens, Bd. 5, Hrsg. R.W. Brednich. Berlin/New York 1987, Sp. 1050–1064, hier 1051 f.
6 Ludwig, O.: Richter und Gericht im deutschen Märchen. Bühl-Baden 1935, S. 55–58.
7 Leder, K.B.: Todesstrafe. Ursprung, Geschichte, Opfer. Wien/München [2] 1986, S. 13.
8 Leder, wie Anm. 7, S. 13–30.
9 Zeiger, R.: Märchen und Schwank im Spiegel der Rechtsgeschichte. Das Motiv des betrogenen Betrügers u.ä. (Arbeitstitel). Diss. iur. München (in Vorbereitung).
10 Ludwig, wie Anm. 6, S. 55–58.
11 Die folgenden Ausführungen in enger Anlehnung an Röhrich, L.: Märchen und Wirklichkeit. Wiesbaden [3] 1974, S. 140 – 150.
12 Röhrich, wie Anm. 11, S. 142.
13 Röhrich, wie Anm. 11, S. 145.
14 Vgl. Lüthi, M.: Aspekte des Volksmärchens und der Volkssage. In: Germanisch-romanische Monatsschrift 48 (1966) 337–350; abgedruckt bei Karlinger, F. (Hrsg.): Wege der Märchenforschung. Darmstadt 1973, S. 408–427, hier 422.
15 Basile, wie Anm. 1, 3. Tag, 8. Märchen.
16 Ludwig, wie Anm. 6, S. 21.
17 Schild, W.: Alte Gerichtsbarkeit. München 1980, S. 93.
18 Schild, wie Anm. 17, S. 93 f.
19 Schild, wie Anm. 17, S. 94.
20 Schild, wie Anm. 17, S. 98.

Nelly Naumann

DAS VERBORGENE BILD DES TODES IM JAPANISCHEN MÄRCHEN

Die uns geläufige Vorstellung des personifizierten Todes: der Sensenmann, der Knochenmann der Darstellungen des ausgehenden Mittelalters, die uns sofort vor Augen treten – diese Vorstellung ist im japanischen, ja überhaupt im ostasiatischen Bereich undenkbar. Selbst sprachlich könnte eine solche Art der Personifizierung nicht zum Ausdruck gebracht werden. Es ist also nur selbstverständlich, daß wir den solcherart personifizierten Tod auch im Märchen nicht vorfinden: nach einem Gevatter Tod halten wir vergeblich Ausschau. Das Wissen um den Tod ist indessen etwas so Elementares, daß es höchst merkwürdig wäre, wenn nicht auch das Märchen etwas davon bewahrt hätte. Die Frage ist nur, wie wir dies aufspüren können!

Nun ist gewiß, daß dem japanischen Märchen die Daseinsebenen des Diesseits wie des Jenseits ebenso geläufig sind wie dem europäischen Volksmärchen, und daß Jenseitswesen verschiedener Art als Helfer oder Feinde des Märchenhelden in Erscheinung treten. Wenn wir dem Tod begegnen wollen, kann es nur in der Gestalt eines solchen Jenseitswesens sein. Gleichzeitig ist der Tod auf den Menschen bezogen, so sollten wir also nach Motiven Ausschau halten, die den Menschen mit der jenseitigen Welt und den Jenseitswesen in Berührung bringen: den Gang des Helden in die jenseitige Welt, die Aufgabe, von dort einen bestimmten Gegenstand, z.B. das Lebenswasser, zu holen, oder die Antwort auf eine bestimmte Frage zu erhalten, ferner die Rückkehr des Helden von dort, die oft zur magischen Flucht wird. Hier aber müssen wir bereits innehalten. Alle diese Motive sind zwar auch im japanischen Märchen belegt, sie sind aber vor allem wesentlicher Bestandteil einer älteren und ernster zu nehmenden Gattung, nämlich des Mythos, der in Japan zu Beginn des 8. Jahrhunderts aufgezeichnet wurde. Wir müssen also unseren Blick zuerst auf die Mythen lenken, wenn es uns gelingen soll, der Gestalt des Todes im Märchen auf die

Spur zu kommen. Zwar dürfen wir dabei die übrigen Motive nicht vernachlässigen, doch vor allen anderen zeigt uns das Motiv der magischen Flucht, daß wir hier der Gestalt des Todes bereits unmittelbar gegenüberstehen.

Der Mythos, von dem hier die Rede ist, erzählt, wie die ganze Welt mit allem, was in ihr ist, von einem Urpaar gezeugt und von der Urmutter Izanami geboren wurde. Doch an der Geburt des Feuergottes starb diese Urmutter. Sie, die allem das Leben gegeben hat, war die erste Tote. Dem Urvater Izanagi gefiel es gar nicht, daß seine Gattin dahingegangen war. So begab er sich selbst ins Jenseits, in das Land des Dunkels oder der Finsternis, um sie zurückzuholen. Dort trat sie ihm entgegen wie zu Lebzeiten. Sie sagte, sie wollte gerne mit ihm zurückkehren, doch habe sie schon vom Kochherd dieses Landes gegessen, nun müsse sie sich erst beraten. Er solle warten, aber er dürfe nicht nach ihr sehen. Doch ihm wird die Zeit zu lang, er bricht einen Zahn vom Kamm ab, den er im Haar stecken hat und zündet ihn an. Da sieht er seine Gattin, mit der er doch eben gesprochen hatte, als aufgedunsenen, verwesenden Leichnam vor sich liegen. »Du hast mir Schande zugefügt«, schreit sie heraus, und er ergreift die Flucht vor all dem Schrecklichen, das vor seinen Augen liegt. Sie schickt ihm die ›Scheußlichen Weiber des Dunkellandes‹ nach. Wie diese ihn schon fast erreicht haben, wirft er ihnen die Ranken vor, die er als Kopfschmuck getragen hat: sie verwandeln sich in Trauben, und die Weiber stürzen sich gierig darauf, um sie zu verspeisen. Doch bald haben sie ihn wieder eingeholt, da wirft er seinen Kamm hinter sich, der sich in Bambusschößlinge verwandelt. Und wiederum halten sich die Weiber auf, um diese zu verschlingen. Beim dritten Mal wirft Izanagi ihnen zauberkräftige Pfirsiche entgegen, die sie am Weiterlaufen hindern. Nach einer anderen Version läßt er Wasser gegen einen Baum, das sich in einen reißenden Strom verwandelt. Nun macht sich seine tote Gattin Izanami selbst an die Verfolgung, er aber wälzt einen schweren Stein heran, den er als Grenze zwischen Jenseits und Diesseits setzt, die keiner aus dem Jenseits überschreiten kann; dazu spricht er die Scheidungsformel aus. Da meldet sich die gekränkte Gattin zu Wort: von nun an will sie jeden Tag tausend Häupter seiner Menschen erwürgen! Und Izanagi entgegnet ihr, dann wolle er jeden Tag 1500 Gebärhütten errichten lassen! So werden denn gewiß jeden Tag tausend Menschen sterben, und 1500 Menschen geboren werden. Von nun an aber heißt diese Göttin die ›Große Göttin des Dunkels‹ oder die ›Auf dem Weg Einholende Große Gottheit‹.[1]

Der Mythos zeigt uns die Unerbittlichkeit des Todes. Darüberhinaus aber sehen wir die Todesgöttin, die zuvor der Inbegriff des Lebens selbst war, zunächst buchstäblich in der Gestalt des Lebenden Leichnams, dann aber in derjenigen der Verfolgerin, der Würgerin, der keiner entgehen wird. Damit potenziert sie gewissermaßen die Eigenschaften des Lebenden Leichnams, dessen Bestreben es ist, als Wiedergänger andere nach sich zu ziehen. Im gleichen Sinne dürfen wir in ihr auch die Eigenschaften der Scheußlichen Weiber potenziert sehen, die sich als Fresserinnen, als Verschlingerinnen erwiesen.

Wer die japanischen Märchen kennt, wird hier sofort eine Übereinstimmung mit dem Märchen von den »Drei Amulettzetteln« erkennen. Das Märchen ist auch unter dem Titel »Die Yama'uba und der Klosterschüler« bekannt. Ein kleiner Junge, ein Klosterschüler, will im Wald Blumen pflücken oder Früchte sammeln. Der Priester warnt ihn: im Wald ist es nicht geheuer! Da der Junge sich aber nicht abhalten lassen will, gibt er ihm drei Amulettzettel mit. Natürlich gerät der Junge im Wald in die Gewalt der Yama'uba, der Berg- oder Waldfrau, die ihn zu sich nimmt. In der Nacht wacht er auf und sieht die Bergfrau in ihrer wahren, dämonischen Gestalt. Sie feilt ihre Zähne, wetzt das Messer, richtet das Salz her, ja bestreut ihn schon damit und fängt an zu lecken... Der Junge gibt vor, auf ein Örtchen zu müssen – vorsorglich bindet sie ihn an ein Seil. Der Abortgott erweist sich als Helfer, er bindet den Jungen los und antwortet an seiner Stelle. Schließlich aber merkt die Bergfrau, woran sie ist und hetzt dem Jungen nach. Der wirft nacheinander seine Amulettzettel hin, die sich in Berg oder Gebüsch, in Wasser und Feuer verwandeln – der Junge erreicht den rettenden Tempel, die Bergfrau kommt im Wasser oder Feuer um, oder sie wird im Verwandlungswettstreit mit dem Priester von diesem verschluckt, sobald sie sich in eine Bohne verwandelt. Und in einigen Versionen gibt sie einfach die Verfolgung auf.[2]

In der menschenfressenden Bergfrau, der Yama'uba, haben wir also nichts anderes vor uns, als den märchenhaften Abklatsch der Todesgöttin Izanami, der Würgerin und Verschlingerin, die der Tod selbst ist.

Das Märchen bekräftigt geradezu das wahre Wesen dieser Todesgöttin als das einer Verschlingerin.

Doch nicht nur in diesem, in der direkten Tradition des Mythos stehenden Märchen erscheint die Yama'uba als *die* Menschenfresserin; es gibt solcher Märchen eine ganze Reihe. Unter diesen allen ist für uns von besonderer Bedeutung das Märchen von der Yama'uba und den Kindern; gewöhnlich trägt es den Titel »Sonne, laß die eiserne Kette herab«. Eine Mutter muß für eine Weile ihre Kinder alleine lassen und ermahnt sie, niemanden einzulassen. Unterwegs begegnet ihr eine alte Frau, die sie ausfragt: Die Alte entpuppt sich als Yama'uba. Sie frißt die Mutter und zieht deren Kleider an. Dann versucht sie wie der Wolf im Märchen vom »Wolf und den Sieben Geißlein« die Kinder zu täuschen, was ihr am Ende auch gelingt. Die falsche Mutter nimmt das kleine Brüderchen zu sich ins Bett. In der Nacht wachen die beiden Schwestern auf und hören die Mutter essen. Wie sie auch um etwas bitten, fliegt ihnen ein Finger vom Brüderchen zu. Nun ahnen sie, wer ihre Mutter ist. Auch sie nehmen ein kleines Geschäftchen zum Vorwand und klettern draußen auf einen hohen Baum. Die Yama'uba, die ihnen nacheilt, sieht entweder das Spiegelbild der Kinder im Teich oder Brunnen unter dem Baum, stürzt sich in diesen und ertrinkt, oder sie klettert den Kindern auf den Baum nach. In ihrer Angst rufen die Kinder die Sonne an und bitten um eine eiserne Kette. An dieser klettern sie in den Himmel. Die Yama'uba bittet um irgendein Seil, und wenns verrottet wäre, und stürzt sich zu Tode, da das Seil reißt.[3]

Dieses Märchen ist auch in Korea und China weit verbreitet. An die Stelle der Yama'uba tritt hier entweder einfach die ›Menschenfresserin‹, meist aber der Tiger.[4] Daß jedoch in diesen Versionen des Märchens die Yama'uba oder die Menschenfresserin durch den Tiger ersetzt wird, ist für uns höchst bedeutsam. Wir werden dadurch bestärkt in der Annahme, daß in der menschenfressenden Yama'uba die märchenhaft umgestaltete Todesgöttin Izanami weiterlebt. Zudem aber wird sich zeigen, daß wir damit für die zugrundeliegenden Vorstellungen in eine große zeitliche Tiefe vorstoßen.

Aus dem 2. Jahrtausend v. Chr., aus den Gräbern des altchinesischen Shang-Reiches, sind zahlreiche Kultgefäße aus Bronze auf uns gekommen. Ihr Dekor ist keineswegs nur von kunsthistorischer Bedeutung, er ist ein offenes Bilderbuch der Shang-Religion für den, der die Symbole zu entschlüsseln vermag. Das hervorstechendste, in verschiedenen Abwandlungen immer wiederkehrende Motiv ist eine Tigermaske, die bereits seit ältester Zeit als *T'ao-t'ieh* bezeichnet wird. *T'ao-t'ieh* selbst wird erläutert als der ›Fresser‹ oder ›Verschlinger‹. Dieser Tiger, eine Erdgottheit, ist aber nicht nur ein Verschlinger, und auch nicht nur ein Verschlinger des Menschen. Er ist auch ein Verschlinger des Lichts, ein Verschlinger von kosmischem Ausmaß. Doch was er einmal verschlungen hat, was durch ihn den Tod erlitten hat, das speit er wieder aus zu neuem Leben. Er ist Urvater oder Urmutter der Menschheit – höchst eindrucksvoll dargestellt an einem Bronzegefäß in der Gestalt des Tigers selbst, der den Menschen liebevoll in seinen Armen hält, zu sehen im Cernuschi-Museum in Paris, in einer weiteren Version in einem Museum in Kyoto.[5]

Daher erscheint die Maske des Tigerdämons einmal bewehrt mit schrecklichen Fangzähnen, einmal zahnlos. Im letzteren Fall sind auf der herausgestreckten Zunge häufig Wasserlinien zu sehen, während auf der Rückseite der Zunge manchmal eine Zikade erscheint. Sie ist ein Symbol der Wiedergeburt. Die Kombination Zunge + Wasser ist auch ein Schriftzeichen, es bedeutet *Leben*. Wasser auf der Zunge ist indessen nichts anderes als Speichel. So kommen wir zu der bemerkenswerten Feststellung, daß der Speichel des Tigerdämons, der das Lebendige verschlingt, um es zu töten und es wieder zu neuem Leben auszuspeien, das Lebenswasser selbst ist.[6]

Das religiöse Denken der Shang-Zeit hat sich freilich im Laufe der Zeit gewandelt, wenn auch die Rolle des Tigers noch nicht ausgespielt war. Als ›weißer Tiger‹ wird er zum Symboltier des Westens, assoziiert mit Niedergang, Herbst, Tod. Er wird ferner assoziiert mit Hsi-wang-mu, der Königin-Mutter des Westens, deren Begleit- und Reittier er ist. Ursprünglich aber ist er die Erscheinungsform der Königin–Mutter des Westens. Diese ist nicht nur Besitzerin des Lebenswassers, sie hütet auch ein Paradies, in dem die Pfirsiche des ewigen Lebens wachsen. Gleichzeitig ist sie mit dem Mond verbunden, jenem Himmelskörper, der wie kein anderer das Sterben und Wiedererstehen vor Augen führt. Dort verarbeitet der Mondhase das Kraut der Unsterblichkeit zu Pillen.

Mit diesen und ähnlichen, vom Religiösen immer mehr ins rein Märchenhafte gleitenden Vorstellungen nähern wir uns bereits den Ideen und Geschichten des Vulgärtaoismus und schließlich einer Zeit, die im Tiger nur noch den Todesdämon, den Verschlinger sah – wie ihn unser Märchen zeigt. Nicht zu trennen hiervon ist dann aber auch die Vorstellung des Wer–Tigers, der ein vom Tiger gerissener Mensch ist, der nun seinerseits als Tiger einen Menschen reißen muß, um erlöst zu werden.[7]

Der menschenverschlingende Tiger des Märchens, die menschenfressende Yama'uba – beide sind die märchenhaft abgewandelten Gestalten des Todes selbst. Beiden fällt diese Rolle zu, nachdem das religiöse oder mythische Urbild seine Kraft verloren hat. Beide sind nur noch Schreckgestalten, vor denen das Märchen warnt.

Das Märchen kennt jedoch noch andere Menschenfresser. Sind auch sie Gestalten des Todes? An die Stelle der Yama'uba tritt in manchen Märchen ein Dämon, dessen Bezeichnung *oni* meist mit ›Teufel‹ wiedergegeben wird, denn als Teufel mit Hörnern und Fangzähnen, bekleidet mit einem Schurz aus Tigerfell, wird der *oni* in den buddhistischen Höllenbildern dargestellt, die sein volkstümliches Erscheinungsbild prägten. Hier aber haben wir ausreichend Belege, die zeigen, daß der japanische *oni* ein individueller Totengeist, ein Wiedergänger, war, ehe er ins Märchen Eingang fand – nicht jedoch der Tod an sich.[8]

In einem der am meisten verbreiteten Märchen Japans tritt uns jedoch noch ein weiterer Menschenfresser entgegen. Er führt den Namen Amanojaku und hat offensichtlich weder mit der Yama'uba, noch mit dem Märchenteufel etwas zu tun. Amanojaku aber scheint ein verballhorntes Wort, von dem wir nur die ersten drei Silben: *ama.no* ›himmlisch‹ verstehen können. Dieses ›himmlisch‹ weist aber unmißverständlich auf eine ehemalige Göttergestalt und damit ebenfalls auf ein mythisches Vorbild. Hier aber liegen die Dinge nicht so einfach wie beim Motiv der magischen Flucht und der Gestalt der Yama'uba.

Das Märchen, um das es sich hier handelt, trägt den schönen Namen Uri(ko)-hime, ›Prinzessin Melone(nkind)‹.[9] Doch in manchen Gegenden heißt das Mädchen nicht Uri- sondern Ori(ko)-hime, Prinzessin

Weberin – ein, wie wir sehen werden, sehr wichtiges Detail, das vollkommen unter den Tisch fällt, wenn man etwa nur den Typenkatalog von Hiroko Ikeda benützt. Uri- oder Uriko-hime, Prinzessin Melone, wird das Mädchen genannt, weil es von einem kinderlosen alten Ehepaar in einer Melone gefunden wurde, die den Fluß herabgeschwommen kam. Dies ist sozusagen eine Parallele zur Einleitung des Märchens von Momotarô, dem ›Pfirsichjungen‹, der aus einem Pfirsich zum Vorschein kam. Es war aber gerade diese Parallelität der Einleitungen, welche die japanischen Märchenforscher dazu verführt hat, diese Einleitung vom Melonenkind besonders herauszustellen und die Tatsache einer ebenso verbreiteten, anderen Einleitung zu verdrängen.

Bei einem Großteil der Märchen, vor allem in den Fassungen aus Nordostjapan, bringt man nämlich manchmal zwar eine selbstgezogene Melone vom Acker nach Hause, in der das Mädchen sitzt, doch häufig ist überhaupt von gar keiner Melone die Rede, sondern schlicht von Vater, Mutter und Töchterchen, oder sogar nur von einem Mädchen, das ganz außerordentlich geschickt im Weben ist und daher Prinzessin Weberin, Ori-hime, heißt. Und selbst in manchen Versionen, wo von der Geburt aus der Melone berichtet wird, oder wo es stattdessen heißt, daß das Mädchen in einem Kästchen angeschwommen kam, sitzt Ori- oder Uri-hime, wenn sie entdeckt wird, an einem winzigen Webstuhl und webt. Und in *sämtlichen* Fassungen des Märchens kommt zur Sprache, daß Ori- oder Uri-hime tagein tagaus webt, oder daß sie besonders geschickt im Weben ist. Es zeigt sich also mit aller Deutlichkeit, daß das Weben als solches ganz wesentlich zu dieser Märchenheldin gehört, daß Ori-hime demnach nicht zufällig am Webstuhl sitzt und webt, wenn in Abwesenheit der Eltern der Unhold Amanojaku anklopft und Einlaß begehrt. Sie soll aber niemandem die Tür öffnen, das haben ihr die Eltern beim Weggehen strengstens befohlen. Natürlich bringt es Amanojaku fertig, Ori-hime zu überreden, wenigstens ein Spältchen zu öffnen, und damit ist es um Ori-hime, wie wir sie nun der Einfachheit halber nennen wollen, geschehen. Von diesem Punkt an wird das Märchen jedoch in zwei verschiedenen Fassungen zu Ende erzählt.

In Mittel- und Südjapan lockt Amanojaku das Mädchen nach draußen, raubt ihm die Kleider und bindet es an einen Baum. Dann setzt sich

Amanojaku in den Kleidern der Ori-hime an den Webstuhl und webt, wenn die Eltern mit den für Ori-hime gekauften Brautkleidern zurückkommen. Die Eltern wundern sich zwar, weil das rhythmische Geräusch des Webens so anders klingt als gewöhnlich, oder daß Ori-hime die Leckerbissen, die sie ihr mitbringen, so unmanierlich herunterschlingt – doch die falsche Ori-hime wird schließlich unerkannt in die Brautsänfte gesetzt und soll dem jungen Fürsten als Braut zugeführt werden. Unterwegs aber läßt sich die am Baum festgebundene Orihime hören und man erfährt, daß Amanojaku als falsche Braut in der Sänfte sitzt. Amanojaku wird getötet, der Dämon erhält seine Strafe.

Demgegenüber ist die nordjapanische Fassung entschieden drastischer. Hier dringt Amanojaku ins Haus ein und tötet Ori-hime. Er zieht ihr die Haut ab und verwandelt sich damit in die Gestalt der Ori-hime. Wenn dann der Brautzug unterwegs ist, verrät der Gesang eines Vogels, daß Ori-hime tot ist und Amanojaku als falsche Braut in der Sänfte sitzt. Auf verschiedene Kontaminationsformen mit anderen Märchen brauchen wir hier nicht einzugehen.

Es ist offensichtlich, daß bei diesem Warn- oder Schreckmärchen die Erzählform mit tragischem Ausgang das Ursprüngliche, die Fassung mit gutem Ausgang eine Annäherung an das Glücksmärchen darstellt: die Erzählung wird durch den glücklichen Schluß erst richtig ›märchengerecht‹ gemacht. Was aber steht hinter der ursprünglichen Erzählung?

Das Motiv des Webens, das, wie wir gesehen haben, wesentlich zu unserer Märchenheldin gehört, gibt uns einen ersten Hinweis. Auch der Mythos kennt eine Weberin, die auf merkwürdige Weise zu Tode gebracht wird. Sie fällt nämlich vor Schreck vom Webstuhl, sticht sich dabei mit dem Weberschiffchen in die Scham und stirbt, weil der Gott Susanowo ein himmlisches geschecktes Pferd umgekehrt geschunden und die Haut durchs Dach in die himmlische Webehalle geworfen hatte. Diese Tat hat weitere Folgen: die Sonnengöttin zieht sich in die himmlische Felsenhöhle zurück und die Welt versinkt im Dunkel. Den Göttern bleibt es überlassen, Mittel und Wege zu finden, um die Sonnengöttin wieder hervorzulocken und die Welt wieder licht werden zu lassen.[10]

Um diesen Mythos in seinen wesentlichen Zügen zu erfassen, und damit auch den Hintergrund unseres Märchens zu verstehen, bedarf es allerdings weiteren Aufgreifens, das hier nur in Form einer fertigen Analyse erfolgen kann.[11] Amanojaku, der Menschenfresser unseres Märchens, der Ori-hime tötet und in einigen Fassungen auch verschlingt, muß offenbar dem Gott Susanowo entsprechen, der den Tod der himmlischen Weberin verursacht. So müssen wir nun zuerst fragen, wer ist dieser Gott Susanowo? Jedenfalls ist Susanowo nicht der Sturmgott, als der er in den meisten Büchern erscheint, die sich mit der japanischen Mythologie und den japanischen Göttern befassen. Dazu haben ihn erst die Naturmythologen des vorigen Jahrhunderts gemacht, weil nämlich Susanowo entstanden ist, als der Urvater Izanagi nach der Rückkehr aus dem Land der Finsternis seine Nase wusch – und mit der Nase schnaubt man ja bekanntlich. Zudem tobt Susanowo im Himmel herum, wobei er, wie gerade festgestellt, sogar den Tod einer Weberin verursacht. Diese höchst oberflächliche Sicht wollen wir zuerst durch die Feststellung korrigieren, daß die Nase dasjenige Organ ist, mit dem man atmet; Atem aber ist Leben, und das drückt sich mehr als deutlich in der japanischen Sprache aus: *iki* heißt sowohl ›Atem‹ als auch ›Leben‹. So dürfen wir in Susanowo seinem vorbestimmten Wesen nach zuerst einen Gott des Lebens vermuten. Diese Sicht der Dinge wird bestätigt, wenn wir beachten, daß bei der gleichen Gelegenheit Sonne und Mond entstanden, als Izanagi sein linkes bzw. sein rechtes Auge wusch. Auch Licht ist – wenn auch in anderem Sinne – Leben. All dies geschieht, wie schon gesagt, bei der Rückkehr aus dem schrecklichen Land der Finsternis. Das heißt aber, Leben und Licht werden ganz bewußt dem Tod und dem Dunkel entgegengesetzt.

Doch nun erfahren wir etwas höchst Merkwürdiges. Dieser Gott Susanowo sollte der Herr der Welt werden. Doch statt seine Herrschaft anzutreten, weint er immerzu. Sein Weinen aber trocknete die Flüsse und Meere aus, ließ Kräuter und Bäume verdorren und viele Menschen vorzeitig sterben. So müssen wir in Susanowo – entgegen seiner eigentlichen Bestimmung – einen Todesgott sehen, denn seine Tränen sind offensichtlich ein ›Wasser des Todes‹, das der gesamten Natur den Tod brachte. Daher soll jetzt *Ne no kuni*, das ›Wurzelland‹, sein Herrschaftsgebiet sein. Auch dies ist ein Reich des Todes, doch der Name ›Wurzelland‹ bringt eine ganz andere Vorstellung zum Ausdruck als diejenige, die dem Land der Finsternis zugrundeliegt: aus den Wurzeln ersteht das neue Leben. Bevor aber Susanowo diese Herrschaft antritt, steigt er zum Himmel empor, häutet verkehrt herum ein Pferd und tötet die Weberin. Diese ist offensichtlich eine Parallelgestalt zur Sonnengöttin, denn sie webt das Licht. So vernichtet Susanowo nicht nur das irdische Leben, sondern auch das himmlische; seine Macht, den Tod zu bringen, erstreckt sich über den ganzen Kosmos.

Schon durch die Parallelisierung von Sonnengöttin und Licht-Weberin zeigt sich, daß in diesem Mythos, so wie er uns vorliegt, zwei verschiedene, wenn auch inhaltlich ähnliche Mythen verschmolzen wurden. Eine entsprechende Parallelisierung ergibt sich auch hinsichtlich der Unternehmungen der Götter, die kosmische Ordnung wiederherzustellen. Ich greife hier jedoch nur das heraus, was für unseren Gedankengang wesentlich ist. Es sind dies innerhalb dieses Mythos die ältesten Bruchstücke, die in ihrer Altertümlichkeit teilweise schon von den Kompilatoren des 8. Jahrhunderts nicht mehr verstanden wurden.

Der Gott Susanowo hat das Unheil, das er verschuldet hat, wieder gut zu machen. Dabei schneidet man ihm – unter anderem – Finger- und Zehennägel ab, und zwar als ein Exorzismus, durch den das Negative, Dämonische seines Wesens ausgetrieben, seine positiven, lebenbringenden Kräfte eingeladen werden sollen. Er wird also zu dem gemacht, was er seinem eigentlichen Wesen nach sein sollte: nicht ein Gott des Todes, sondern ein Gott des Lebens. Doch das Leben kommt aus dem Tode, ohne Tod ist Leben nicht denkbar. Da Susanowo den Tod gebracht hat, muß er nun Leben spenden, muß er das Tote wieder beleben, muß aus seinem Todeswasser ein Wasser des Lebens werden. Gerade dies kommt in einer Götterhandlung zum Ausdruck, die nur in diesem Zusammenhang verständlich wird. Es heißt, die Götter nahmen seinen Nasenfluß und machten ihn zu grünen weichen Opfergaben, und sie nahmen seinen Speichel, und machten ihn zu weißen weichen Opfergaben. Hier stehen wir ganz unverhofft einem Gedankengang gegenüber, der bereits vorhin innerhalb des chinesischen Materials angedeutet war: der Speichel als das Wasser des Lebens – dort auf der Zunge des Tigerdämons, der Tod *und* Leben verleiht, hier der Speichel des Gottes Susanowo, zusammen mit Tränen und Nasenfluß des Gottes. Auch Susanowo, das mythische Vorbild des Märchendämons und

Menschenfressers Amanojaku, ist ein Gott, der Tod *und* Leben verleiht.

Die Korrumpiertheit der Überlieferung zeugt für das hohe Alter der Vorstellungen, die hinter ihr stehen. Über die Gestalt des Gottes Susanowo, die mit dieser Überlieferung verbunden ist, können wir diese Vorstellungen in der Tat bis in das Neolithikum zurückverfolgen. Im dritten vorchristlichen Jahrtausend begegnen wir in Mitteljapan kleinen Tonfigürchen, die uns eine solche ›weinende‹ Gottheit zeigen: aus Augen, Nase und Mund solcher Figuren fließt das Wasser, angedeutet durch Striche oder Punktreihen. Diese Figürchen haben wiederum ein Vorbild im chinesischen Neolithikum. Weitere ikonographische Einzelheiten des japanischen wie chinesischen Materials lassen keinen Zweifel daran, daß mit der weinenden, das Wasser des Lebens und das Wasser des Todes besitzenden Gottheit ursprünglich der Mond oder eine Mondgottheit gemeint war. Wir sehen, wie alle diese Vorstellungen ineinandergreifen.[12]

Von hier bis Amanojaku führt ein langer Weg, auf dem schon früh Wesentliches verlorenging oder entstellt wurde. Dennoch haben sich ein paar wenige zusätzliche Überlieferungen erhalten, die bestätigen, daß auch in Amanojaku, der rätselhaftesten der japanischen Menschenfresser-Figuren, eine der ehemaligen großen Göttergestalten in recht armseliger Weise weiterlebt.[13]

Die ausführlichste einer kleinen Gruppe von Erzählungen berichtet von der Zeit, als es den Menschen noch sehr viel besser ging. Da hingen die Pflanzen von der Wurzel bis zur Spitze voller Früchte, es gab kein Unkraut, ja, es war immer Achter Monat – nämlich Erntezeit – und jede Nacht war Vollmond. Da dachte Amanojaku, daß es den Menschen doch zu gut gehe, und er sorgte dafür, daß der Überfluß eingedämmt wurde, daß auch Unkraut gedieh, daß ein kalter Winter und ein heißer Sommer die Einförmigkeit aufhoben, und daß es auch dunkle Nächte gab. Die Geschichte macht also aus Amanojaku einen Gegenspieler der Menschen, einen, der es böse mit ihnen meint. In Wahrheit jedoch zeigt sich hier Amanojaku als derjenige, der die richtige kosmische Ordnung herstellt.

Dieser Wesenszug ergibt sich aus einer weiteren, ebenfalls nur korrumpiert überlieferten Geschichte, derjenigen vom Schuß auf die Sonnen. Der vor allem aus China wohlbekannte Mythos, der vom Erscheinen überzähliger Sonnen berichtet, welche die Erde verbrennen und daher vom Himmel herunterzuschießen sind, um die kosmische Ordnung wiederherzustellen, wird hier wiederum in sein Gegenteil verkehrt, die gute Tat zum Wohle der Menschheit, nun von Amanojaku ausgeführt, als Vergehen ausgelegt.

Die Parallele zu Susanowo, der in den Mythen gemeinhin ebenfalls als der große göttliche Bösewicht hingestellt wird, ist offenkundig. Hatte man schon bei der Niederschrift der Mythen das eigentliche Wesen des Gottes Susanowo verkannt und seine Taten falsch interpretiert – wenngleich man getreulich noch manches aufzeichnete, was man nicht mehr verstand – so gilt das natürlich erst recht für den in seiner Nachfolge stehenden Märchendämon Amanojaku. Darum muß auch im Märchen von Ori-hime die Rolle des Amanojaku auf diejenige des tötenden Dämons beschränkt bleiben. Höchst bemerkenswert ist, daß hierbei ein wesentliches, lange verkanntes Element des Mythos, wenn auch in entstellter Form, weiterlebt, nämlich das Motiv des Häutens und der neuen Haut.

Im Märchen wird Ori-hime getötet und der Dämon verwandelt sich mit Hilfe dieser Haut in das Mädchen. Im Mythos hat Susanowo ein Pferd umgekehrt gehäutet und verursacht damit den Tod der Weberin. Wie ist das zu verstehen? Die Symbolik der neues Leben verleihenden neuen Haut ist so wohl bekannt, daß ich mich auf das Wesentliche beschränken kann. Die Schlange als natürliches Vorbild für diesen Vorgang – indem sie sich häutet, ersteht sie zu neuem Leben – besitzt diese Fähigkeit, da sie am Wasser des Lebens teilhat, wie verschiedene Mythen berichten. Doch auch der Mond, der eigentliche und ursprüngliche Besitzer des Lebenswassers, häutet sich allmonatlich zu neuem Leben. Das Bekleiden mit einer neuen Haut ist also ein Vorgang, der Leben verleiht, gleichgültig, ob diese neue Haut am eigenen Körper gewachsen oder einem anderen abgezogen worden ist, wie z.B. im altamerikanischen Ritus der Wiederbelebung des Frühlingsgottes Xipe Totec. Durch eine totale Umkehr innerhalb der Polarität von Leben und Tod muß dem Leben verleihenden Vorgang jedoch ein entgegengesetzter Vorgang: das Verursachen des Todes, entsprechen. Der japanische Mythos führt uns genau dies vor Augen: das ›umgekehrt‹ vorgenommene Abziehen der Haut und das Bekleiden mit dieser Haut verursacht den Tod. Die Haut des umgekehrt gehäuteten Pferdes wirkt als Todeszauber für die Weberin, der die Haut zugeworfen wurde. Doch so, wie Amanojaku zur lächerlichen Märchenfigur verkommen ist, hat auch das Häuten in diesem Märchen seinen eigentlichen Sinn verloren. Es dient lediglich der Verkleidung des Unholds.

Im japanischen Märchen leben dergestalt zwei ihrem mythischen Ursprung nach höchst unterschiedliche Gestalten weiter, beide umgestaltet zu bösen, dämonischen Menschenfressern, die am Ende zu Tode gebracht werden – gehört es doch unabdingbar zum Wesen des Märchens, daß das Böse bestraft wird.

Ich habe zu Beginn auf Märchenmotive hingewiesen, die uns möglicherweise zu Jenseitsgestalten führen könnten, hinter denen sich der Tod verbirgt. Dazu gehört auch der Gang des Helden in die jenseitige Welt, um das Lebenswasser oder Antwort auf eine Frage zu holen. In Märchen dieser Art gewinnt bei uns der Held am Ende eine Prinzessin und ein Königreich. Einem solchen Jenseitsgang kommt wohl das japanische Märchen *Naranashi tori,* »Nara-Birnen holen« noch am nächsten.[14]

Drei Brüder machen sich auf, um die Birnen zu holen, welche die kranken Eltern heilen sollen. Nur der Jüngste, der auf die Ratschläge eines Männleins hört, hat Erfolg. Er erlöst dann auch die beiden Brüder, die von dem Dämon verschlungen wurden, der die Birnen hütet. Er tötet den Dämon, heilt die Eltern. Das Märchen ist also viel schlichter, als vergleichbare europäische wie z.B. das vom »Teufel mit den drei goldenen Haaren«. Das ist aber um so verwunderlicher, als auch hier ein komplexes mythisches Vorbild vorliegt, das uns in das schon genannte Wurzelland und zu Susanowo, dem Gott des Todes und des Lebens, führt.

Ōnamuchi, ein Sohn des Susanowo, ist mit seinen Brüdern auf Brautfahrt unterwegs, wobei ihm die Rolle des Dummlings zukommt. Doch gerade er gewinnt die Prinzessin, da er sich um einen seines

Kleides beraubten Hasen kümmert, dessen Qualen durch Ōnamuchis Brüder noch vermehrt worden waren. Doch jetzt stellen ihm die Brüder nach: zweimal töten sie ihn, zweimal erweckt ihn seine Mutter zu neuem Leben. Ehe es zum dritten Mal kommt, schickt sie ihn zu seinem Vater Susanowo in das Wurzelland, um Rat zu holen. Dort trifft Ōnamuchi als erstes Suseri-bime, Susanowos Tochter, und die beiden vermählen sich. Drei Prüfungen erlegt Susanowo nun dem Ōnamuchi auf: Schlafen im Wespengemach, Schlafen im Schlangengemach, Auffinden eines in die Ferne geschossenen Pfeils, wobei ringsum Feuer gelegt wird. Mit Hilfe der Suseri-bime besteht Ōnamuchi die Prüfungen. Nun darf er Susanowo lausen, und Susanowo schläft ein. Das Paar beschließt zu fliehen: sie binden Susanowos Haare an den Dachsparren fest und nehmen das Schwert des Lebens, Bogen und Pfeile des Lebens, sowie die himmlische sprechende Zither mit. Fast haben sie die Grenze des Wurzellandes erreicht, da stößt die Zither an einen Baum, Susanowo erwacht. Er hat Mühe mit seinen Haaren, doch dann ruft er Ōnamuchi nach, dieser solle mit dem Schwert des Lebens und mit Bogen und Pfeilen des Lebens seine Brüder unterwerfen und mit Suseri-bime als Gattin das Mittelland der Schilfgefilde, nämlich die zwischen Himmel und Unterwelt befindliche Menschenwelt, beherrschen.[15]

Mit den Waffen ›des Lebens‹ also ist die Welt der Menschen zu erobern und zu regieren: ein merkwürdiges Paradoxon, das uns doch nur erneut Tod und Leben in ihrer sich gegenseitig bedingenden Gegensätzlichkeit vor Augen führt. Gleichzeitig zeigt das Beispiel, daß es der Herr über Tod und Leben ist, der die Legitimation zur Herrschaft verleiht.

Von hier müssen wir einen kurzen Blick zurückwerfen auf die Episode mit dem seines Felles, d.h. seiner Haut, beraubten Hasen.[16] Der Hase erzählt Ōnamuchi, wie er sein Fell verlor: er befand sich auf einer Insel und wollte zurück aufs Festland – doch wie war das zu bewerkstelligen? Er verfiel auf eine List und sagte zu einem Krokodil, sie sollten in einen Wettstreit treten, wer von ihnen wohl mehr Artgenossen habe. Dazu sollte das Krokodil alle Artgenossen versammeln und in einer langen Reihe zum Festland hin aufreihen. Der Hase wollte dann darüber hinweglaufen und sie zählen. Und so geschah es. Doch am Ende konnte sich der Hase nicht bezähmen und verriet, daß er die Krokodile betrogen habe. Da packte ihn das letzte Krokodil und zog ihm die Haut ab. Ōnamuchi verhilft dann dem Hasen zu einer neuen Haut.

Wir stehen also erneut vor der Symbolik der neuen Haut, die zu neuem Leben verhilft, denn das Abziehen der Haut ist – wie aus zahlreichen Parallel–Geschichten hervorgeht – eine Analogie für das Verschlungenwerden, für den Tod. Der Hase selbst aber ist das Mondtier par excellence, er steht hier für den Mond, während das Krokodil in Südchina und in weiten Teilen des Pazifik seinerseits die Rolle des Tigers als Verschlinger und Todesdämon übernimmt, der aus seinem Rachen zu neuem Leben entläßt, was er vorher verschlungen hat. Auch dies ist übrigens bereits auf einer Shang-Bronze aus dem 2. Jahrtausend v.Chr. bildlich dargestellt – ganz zu schweigen von den Initiationsfeiern, wie sie bis in unsere Zeit bei pazifischen Völkern zu finden waren, z.B. bei den Sepik auf Neuguinea, wo das ganze Drama des Verschlungenwerdens und der Wiedergeburt aus dem Rachen des Krokodils an den Initianden durchgespielt wird. Klaus Antoni hat darauf hingewiesen,[17] daß der Hase in der japanischen Geschichte dem Gott Ōnamuchi mit seiner Erzählung letztlich ein Rätsel vorlegt: Ōnamuchi löst es, indem er dem Hasen ein neues Fell, eine neue Haut, und damit ein neues Leben verschafft. Damit zeigt er, daß er – im Gegensatz zu seinen Brüdern – das den ganzen Kosmos umspannende Prinzip verstanden hat: auf den Tod muß das neue Leben folgen – dann erst ist die Welt in Ordnung.

Anmerkungen

1 Die Mythen sind überliefert in *Kojiki* Fasz.1 sowie *Nihongi (Nihon-shoki)* Fasz.1; Übersetzung in Karl Florenz: Die historischen Quellen der Shinto-Religion. Göttingen 1919, 12–25 sowie 125–143.

2 Keigo Seki: Nihon mukashibanashi taisei, VI, Tokyo [3]1984, 132–154, Typ 240; Hiroko Ikeda: A Type and Motif Index of Japanese Folk-Literature. Helsinki 1971 (FFC 209), 93–95, Typ 334 (Household of the Witch). Übersetzungen: Japanische Volksmärchen (Hrsg. Horst Hammitzsch). Düsseldorf 1964, 231–234: »Die drei Amulette«; Toschio Ozawa: Japanische Märchen, Frankfurt 1974, 27–28: »Die drei Talismane«. Zur Bergfrau *(yama'uba)* s.a. Nelly Naumann: Verschlinger Tod und Menschenfresser. Zur Wandlung eines mythischen Bildes im Märchen. In: Saeculum XXII-1, 1971, 59–70.

3 Seki VI, 226–250, Type 245; Ikeda (1971) 91–92, Type 333A (The Gluttonous Ogress and Children). Übersetzung: Japanische Volksmärchen 84–86: »Die Schwestern und die Berghexe«.

4 Vgl. Wolfram Eberhard: Typen chinesischer Volksmärchen. Helsinki 1937 (FFC 120), 19–23, Typ 11 (Der Tiger und die Kinder); Nai-tung Ting: A Type Index of Chinese Folktales, Helsinki 1978 (FFC 223), 61–64, Type 333C (The Tiger Grandma); In-hak Choi: A Type Index of Korean Folktales. Seoul 1979, 27–28, Typ 100 (The Origin of the Sun and the Moon).

5 Dieses Thema hat Carl Hentze in zahlreichen Schriften behandelt. Hier sei verwiesen auf die zusammenfassende Darstellung in Carl Hentze: Funde in Alt-China. Göttingen 1967, 170–202. Abbildung des erwähnten Gefäßes in Carl Hentze: Bronzegerät, Kultbauten, Religion im ältesten China der Shang-Zeit. Antwerpen 1951, Taf. LXXVI und LXXVII. Weitere Literaturangaben in Naumann (1971) 66–68.

6 Hierzu Hentze (1951) 108–134.

7 Vgl. J.J.M. de Groot: The Religious System of China. Leiden. Book II, Vol. IV (1901), 103 ff., Vol. V (1907), 544 ff.

8 Zum *oni* vgl. Nelly Naumann: Einige volkskundliche Bemerkungen zu Yokoi Yayû's »Oni no den« (Biographie des Teufels). In: Asien. Tradition und Fortschritt. Festschrift für Horst Hammitzsch zu seinem 60. Geburtstag. Wiesbaden 1971, 432–445.

9 Seki III (1978), 86–121, Type 144A; Ikeda (1971) 100–101, Type 408B (Melon Princess); Übersetzungen: Japanische Volksmärchen 87–90: »Melonentöchterchen«; Ozawa (1974) 64–66: »Das Melonenmädchen«. Siehe hierzu Nelly Naumann: Die webende Göttin. In: Nachrichten der Gesellschaft für Natur- und Völkerkunde Ostasiens. Hamburg 1983, Nr. 133, 57–68.

10 Der Mythos wird in *Kojiki* Fasz. 1 sowie in *Nihongi* Fasz. 1 berichtet; Übersetzung: Florenz (1919) 36–41 sowie 153–162.

11 Das Thema wird schrittweise behandelt in den folgenden Arbeiten: Nelly Naumann: Zur ursprünglichen Bedeutung des *harahe*. In: Bonner Zeitschrift für Japanologie Bd. 1, 1979, 169–190; dieselbe: *Sakahagi:* The »Reverse Flaying« of the Heavenly Piebald Horse. In: Asian Folklore Studies Vol. XLI-1, 1982, 7–38; sowie Naumann wie Anm. 9.

12 Vgl. Nelly Naumann: Zu einigen religiösen Vorstellungen der Jômon-Zeit. In: Zeitschrift der Deutschen Morgenländischen Gesellschaft Bd. 127-2, 1977, 398–425.

13 Ausführlich hierzu Naumann, wie Anm. 9, 60–61.

14 Seki IV ([2]1985) 35–44, Type 176; Ikeda (1971) 146–147, Type 551 (The Sons on a Quest); Übersetzung: Japanische Volksmärchen 144–146: »Die Wildbirnensammler«.

15 Dieser Mythos ist nur in *Kojiki* Fasz. 1 überliefert; Übersetzung: Florenz (1919) 46–51.

16 Hierzu siehe Klaus J. Antoni: Der Weiße Hase von Inaba. Vom Mythos zum Märchen. Wiesbaden 1982.

17 Antoni (1982) 291.

Franz Vonessen

DIE GROSSE VERWANDLUNG: SICH FÜRCHTEN LERNEN

Das menschliche Dasein steht unter dem Zwang der Erfahrung. Welt und Leben lehren beständig, und der Mensch ist Schüler auf immer, sollte es wenigstens sein. Der berühmte Pädagoge Comenius hat diese Bedingung des Menschseins auf eine eindrucksvolle Formel gebracht. Er sagte, der Mensch werde von Geburt an von einer Schule zur andern gereicht; wenn ihn eine entlasse, dann nur in die nächste. Und nicht unrichtig könnte man sagen, jede neue Schule sei schwerer, als die vorige war. Ja, wenn der Mensch alt und gebrechlich wird, hat er das Schwerste zu lernen; denn der Inhalt dieses letzten Lehrstücks heißt – sterben. Und weil diese Kunst die größte von allen ist, geschieht es leider, daß viele Menschen sie kaum oder nur halbherzig lernen, so daß sie das Sterben nicht leisten, sondern einfach erleiden. Die Forderung Mark Aurels, der Mensch solle »heiter von hinnen scheiden wie die reife Olive, die im Fallen die Erde preist, der sie entstammt, und Dank weiß dem Baum, der sie hervorgebracht hat«[1], – diese Forderung, selber absolut märchenhaft, wird eigentlich nur im Märchen erfüllt, so wenn der weise alte König »sein Ende herannahen« fühlt. Aber angesichts aller, die für ihr Teil das Märchenhafte nicht zur Realität gebracht haben, wird man sagen müssen, die Kunst der Künste, die *ars moriendi,* zu lernen, sei für den Menschen schwerer, und geschehe unter größeren Mühen und Plagen und natürlich auch Schmerzen, als ein Sechsjähriger sich das Rechnen aneignet. Aller Anfang ist schwer, auch der Anfang vom Ende, in den Augen vieler sogar zu schwer. Manch einer möchte wohl fragen, ob das Leben dem Menschen nicht von Anfang bis Ende, vom Geburtstrauma bis zum Todestrauma, viel zu viel zumute. Die Anforderungen des Daseins erscheinen ihnen zu groß, und vor allem findet so mancher, daß sie immer zu früh kommen, am meisten der Tod, längst ehe man reif dafür ist.

Vom Tode sehen wir vorläufig ab. Aber auch dann bleibt die Behauptung richtig, der Inhalt des Lebens sei Lernen. Nur weniges gibt es, was der Mensch schon fertig ins Dasein mitbringt, was nicht eigens gelernt werden muß, sondern von Natur aus *gekonnt* wird. Zu diesen Dingen gehört vor allem die Furcht, die so etwas wie ein menschlicher Urbesitz, ein Eigentum von Anfang an ist. In der Tat ist sie des Menschen allererste, instinkthafte Antwort auf den Eintritt ins Leben. Wir kennen die Angst der Geburt. Das Licht der Welt wird nicht mit Neugier, sondern mit Schrecken erblickt. Furcht ist die erste Reaktion des Menschen auf die Welt. Leben wird als Gefährdung begriffen. Wir kennen einen Satz aus der Frühzeit der Philosophie, der diesen Sachverhalt ausspricht. Empedokles sagt mit Blick auf die Seele, die, aus ihrer himmlischen Heimat verstoßen, wie durch einen Sturz ins irdische Leben gelangt: »Ach, wie ich weinte und klagte, als ich den ungewohnten Ort erblickte«.[2]

Furcht vor dem Fremden, vor dem irdischen Leben, vor der Gefahr, ist die erste Regung des Lebens, ein Urphänomen. Diese Ausgangslage des Daseins stellt das »Märchen von einem der auszog, das Fürchten zu lernen« auf witzige Weise in Frage. Da ist einer, der nicht weiß, was das ist – die Furcht, von der alle anderen sprechen; aber er freut sich nicht seiner Furcht-losigkeit, sondern beklagt das Fehlen als Fehler. Er kann nicht glücklich sein, solange er nicht weiß, was das ist, das alle anderen, Furchtsamen, haben. Nicht das herrliche Leben in einem Königsschloß, das er durch seine Furchtlosigkeit gewinnt, auch nicht die Königsmacht kann ihn trösten, nicht einmal die schöne Königstochter, die er erwarb, läßt seine Sehnsucht verstummen.

So gelesen, ist diese Geschichte ein köstlicher Schwank – ja, förmlich ein Lügenmärchen. Sie stellt die Realität auf den Kopf, schildert uns eine angeborene Eigenschaft, als handle es sich um ein Lernziel, zu dessen Erreichung es einer bestimmten Begabung bedarf. Die *conditio humana* wird einfach geleugnet, Furcht wird zu einer Sache besonderer Eignung erklärt. Dieser Gedanke läßt sich in einer Vielzahl von heiteren Situationen entfalten, und eben das geschieht in unserem Märchen. Der furchtlose Knabe hat nicht, was alle anderen haben; aber während diese es viel lieber nicht hätten, will er es sich unbedingt aneignen. Er verachtet nicht, wie sonst alle Mutigen dieser Erde, die Furchtsamen, sondern bedenkt sie mit Neid. Er beginnt sogar förmlich eine Suchwanderung nach der Furcht und nimmt dabei von der ganzen schönen Welt nicht das Mindeste wahr, weil er unablässig seinen Herzenswunsch vor sich hin murmelt, als wenn es ein Gesetzlein vom Rosenkranz wäre: »Wenn mir nur gruselte, wenn mir nur gruselte.«

Aber während die Gelegenheiten, die er hat, die Furcht zu erlernen, für zehn gewöhnliche Furchtsucher ausgereicht hätten, gelingt es ihm nicht, das ersehnte Kleinod zu finden. Zwar kommt er zu gewaltigem Glück, aber dieses gilt ihm für nichts, solange er das eine, einzige, was er sucht, was er erringen möchte, nicht hat; denn sein Glück, sein *Unum necessarium,* wäre das Fürchten. Furcht zu haben, wäre das Größte, das Schönste. Und er freut sich wie ein Schneekönig, als sie ihm endlich zuteil wird. Freilich, nachträglich erweist sich die Sache als überaus einfach. Vorher hatte er gewissermaßen weder Löwen noch Drachen gescheut, aber mit Hilfe kleiner Fischlein, vielleicht Sprotten, gelingt es ganz leicht, das Gruseln zu lernen, und jetzt ist unser Mann tief befriedigt, sein Glück ist perfekt.

Ein ›Hans im Glück des Fürchtens‹ steht vor uns. Was die Pointe mit den Fischlein betrifft, so lernte ich in Röllekes schönem Aufsatz »Zur Überlieferung und Bedeutung« unseres Märchens, Goethe habe darüber geurteilt: so »platt« der Schluß auch scheinen möge, er sei »meisterhaft erfunden«.[3] Ich gebe das, mit einer Einschränkung, zu.

Goethes Urteil wäre endgültig, wenn die Voraussetzung stimmte, nämlich daß es sich eindeutig um eine schelmische Verkehrung der Realität handelt. Aber diese Voraussetzung trägt nicht; denn der Wunsch, sich fürchten zu lernen, widerspricht in keiner Weise der Natur und den Gesetzen von Seele und Welt. Eine geradezu pathologi- sche Unfähigkeit, sich fürchten zu können, und ein inniges Streben nach Furcht gibt es wirklich; von beidem zu wissen, hat den Rang einer Menschheitserfahrung. Insofern müssen wir prüfen, ob das Märchen nicht gerade diese Sache im Blick hat, ob das Schwankhafte nicht bloßer Schein ist bzw. die heitere Oberfläche einer Darstellung, die selber höchst ernst ist. Sollte das zutreffen, dann böte eine ganz andere

Deutung sich an. Meine These lautet: dieses Märchen weiß, was wir alle wissen könnten, aber gemeinhin nicht wissen oder nicht richtig, nicht klar und deutlich, begreifen. Es weiß von Furchtbarem, zu Fürchtendem, also Fürchterlichem, das wir gemeinhin nicht wahrnehmen, oder dessen furchterregende Seite uns entgeht, so daß wir die Furcht, die wir haben sollten, nicht verspüren. Aber die innerste Seele sucht sie vielleicht?

In der Tat, viele Menschen fürchten manches zu sehr, aber vieles zu wenig. Sie fürchten sich einerseits unnötig, andererseits längst nicht genug. Beispiele für diese Verkehrtheit gibt es in Fülle. Aber ihr Modell ist nur eines. Das Mittelalter kannte eine Allegorie, mit der es das Problem des menschlichen Lebens auch für den schlichtesten Verstand zu klarer Anschauung brachte. Ich meine das Bild der Frau Welt, deren Vorderseite unendlich verführerisch, verlockend und schön ist; aber wenn sie den Menschen erst ganz für sich gewonnen, abhängig gemacht und unwiderruflich an sich gebunden hat, dann zeigt sie ihr wahres Wesen und wendet sich ab, einem anderen zu. Und nun lernt der Enttäuschte ihre Rückseite kennen. Es ist ein wahres Grauen: Unrat und ekles Gewürm. Mittelalterliche Kathedralen stellten dem Beschauer das Bild von Frau Welt zur Warnung vor Augen; aber wen hat es jemals geschreckt, wen hat es abgehalten, die Verführungen des Lebens dennoch heiß zu begehren? Allen Warnungen zum Trotz wirft der Mensch sich der Welt gedankenlos in die Arme; das Fürchten lernt er, wenn überhaupt, so erst später.

Das nächstliegende Beispiel für diese Unvernunft sind wir selbst. Die Neuzeit ist den unerhörten Verlockungen und ›Wundern‹ der Technik seit langem verfallen; mit ihnen hat Frau Welt den modernen Menschen rundum verzaubert. Heute sind wir so gut wie widerstandslos an die technischen Vorzüge unserer Lebensführung gewöhnt und – gebunden; ohne Technik ›geht es nicht mehr‹. Aber nun dreht Frau Welt uns den Rücken. Die Gefahren und Drohungen der Technik werden mehr und mehr deutlich. Das Liebliche, unendlich Lustvolle unserer technikverwöhnten Lebensführung erweist sich als lebenzerstörend. Inzwischen sehen wir schon die ersten Symptome, und das künftige Unheil wird uns von den verschiedensten Wissenschaften glaubhaft gemacht und in Details schon bewiesen; aber noch immer fürchten die meisten sich nicht, und nur ganz wenige sind es, die den Wunsch verspüren, die Furcht anhand von (in kranken Gewässern verendeten) Fischen zu lernen. Im ganzen möchte ich sagen:

Die Gleichgültigkeit, mit der wir die Bedingungen unseres Lebens auf Erden vernichten, mit der wir die Umwelt an den Rand des Ruins bringen und an dem Ast, auf dem wir sitzen, herumsägen, zeigt, daß die Kraft zum Fürchten uns dort, wo sie uns am nötigsten wäre, so gut wie vollständig fehlt. Und sie fehlt uns nicht nur, wir entbehren sie gar nicht. Wir fordern freie Fahrt für freie Bürger und schlagen alle Warnungen leicht in den Wind, stürzen also, wenn ich so sagen darf, die Gespenster, die uns entgegentreten, furchtlos die Treppe hinunter. Wer ängstigt sich denn vor einem Loch, das nicht direkt vor ihm auf dem Fußboden ist, sondern in der Ozonschicht, irgendwo am Himmel, wo man es nicht einmal sieht?

Ich muß noch ein zweites Beispiel anführen, und zwar aus einem Bereich, wo dem heutigen Menschen das Fürchten noch fremder, viel fremder zu sein pflegt als in Bezug auf die Verheerung der Umwelt. Wer hier propagieren würde, es sei allemal rätlich, sich fürchten zu lernen, müßte damit rechnen, von lauter furchtlosen Leuten mit Sturmwellen des Gelächters überschüttet zu werden. Darum rate ich meinerseits gar nichts, sondern stelle nur fest. Es geht um die Furcht vor dem Irrtum in der Liebe, eine Furcht, die die meisten Zeiten gekannt haben, die aber heute in erschreckendem Maß abhanden gekommen ist.

Die alte Mär schildert in liebevoller Ausschmückung, wie der weise Aristoteles von der schönen Phyllis im wörtlichen Sinne zum Tier gemacht wurde, indem sie ihn sattelte – »wie einen Zelter«, heißt es im Text – und ihn zuritt, wie ein Held sein ungebärdiges Pferd, bis er lammfromm war und jedem Zügeldruck folgte.[4] Bei all seiner Weisheit hatte dieser Aristoteles der mittelalterlichen Legende die Furcht nicht gelernt. Und wie immer, so erscheint auch in diesem Fall die »Furcht, die zu spät kommt«, in Gestalt der elenden Reue.

Sicher wäre es lächerlich, die Frauen zu fürchten; niemand ist lieber als sie. Die vernünftige Furcht geht anderswohin. Aber weil die allermeisten nicht ahnen, was die rechte Furcht wäre, nämlich die Vorsicht, die jedermann, auch jede Frau, braucht, bevor sie sich in lebenslange Bindung begeben, kommen so viele in dieser Gefahr um – natürlich meist nicht ums Leben, aber um ihre besten Lebenskräfte, und um eine Lebenszeit, die nicht zurückholbar ist. Uwe Johnson zitiert in den »Jahrestagen« (I 416) einen mecklenburgischen Spruch:

Menich Man lude synghet,
Wenn Me em de Brut bringet.
Weste he, wat me em brochte,
Dat he wol wenen mochte.

Dieser alte Vers, gewiß so alt wie die Märchen, rät dem jungen Menschen eine Furcht an, die nur die allerwenigsten Brautleute kennen. Zu ihrem Unglück; denn niemand weiß sein Schicksal voraus. Dennoch lernt es kaum einer, Unvorsichtigkeit beizeiten zu fürchten. Insofern lautet die niemals überflüssige Mahnung, es sei besser, mit Bedacht, mit Blick auf die Zukunft, als in blinder Verliebtheit zu wählen. Ein bißchen Furcht – mehr soll nicht verlangt werden, nur muß sie von der richtigen Art sein – ein klein wenig Furcht wäre auch bei einem so erfreulichen Lebensentschluß wie dem zum Ehebund höchst gesund und hätte die glücklichsten Folgen.

Dieser Gedanke führt zu einem Begriff. Man findet es nicht schlimm, sich einfach nur so auf das süßeste Gefühl zu verlassen. Aber eben, man *findet* es nicht – jenes Schlimme, um das es hier geht; zu unserem Schaden bleibt es gewöhnlich verborgen. An dem, was zu fürchten wäre, *findet* man nur ein höchst positives Interesse, es verspricht Liebreiz und Wollust. Das heißt, man findet keine Gründe zur Furcht, nur Anlaß zur Freude – aber zu einer, die oft genug allzu zeitig vergeht. Auf das *Finden* also käme es an, und vor dem Finden stünde das *Suchen.*

Der Leichtsinn des Menschen im Umgang mit seinem Leben und seinem Schicksal, mit seiner Zukunft, hat zahlreiche Züge. Aber immer ist es das Leben, dessen Glück auf dem Spiel steht. Das haben alle Zeiten gewußt. So kommt es zu jenem merkwürdigen, scheinbar widersinnigen Gebet, das David im 39. Psalm spricht: »Herr, lehre mich doch, daß es ein Ende mit mir haben muß und mein Leben ein Ziel hat und ich davon muß«. David weiß natürlich, daß er sterben muß, sonst könnte er nicht in dieser

Art reden, und im übrigen weiß dies ja jeder, selbst (wie wir zu sagen pflegen) ›der Dümmste‹. Demnach ist klar: was Gott den Psalmisten lehren soll, ist keinesfalls das Wissen an sich. Aber zu bedenken, was jeder weiß – das offenbar ist das Schwere, die Aufgabe die kaum einer löst, und die doch, in diesem Zusammenhang, die weitaus wichtigste wäre. Man lebt so, als sei es für immer, auch wenn es besser gewußt wird. Aber David ist wenigstens einer, der den Wunsch hat, die Furcht zu lernen, die es hier braucht; er bittet um die Gnade, sich fürchten zu können, und jeder versteht, daß Furcht an dieser Stelle nicht Schwäche wäre, sondern Kraft – eine Kraft, die überaus wünschbar ist, nach der man streben möchte, weil sie Vernunft ist und vielleicht sogar Tugend, nämlich Weisheit, die ja schon vorzeiten als Tugend, sogar als höchste von allen, als Mutter aller anderen Tugenden, bestimmt worden ist. Wohl in diesem Sinne heißt es in einem anderen Psalm, die rechte Furcht sei »der Weisheit Anfang« (111, 10). Aber aller Anfang ist schwer, und dieser womöglich am meisten. Die Menschen fürchten viel zu viel Unnötiges, als daß sie sich ohne triftige Gründe die Zeit nehmen möchten, noch eigens nach weiteren Furchtgegenständen zu suchen. So kommt es, daß sie für das wahrhaft zu Fürchtende gar keinen Blick haben.

Insofern müssen wir folgern: das Nichtfürchtenkönnen ist die wahre Gefahr, die gefürchtet sein will. Um das Paradoxe dieses Gedankens voll ans Licht zu heben, will ich die anstößige Formulierung nicht scheuen: Das in Wahrheit und am meisten zu Fürchtende ist das Nichtfürchten. Das aber bedeutet, daß der Kern dessen, was zu fürchten wäre, nur in uns selbst liegt, nirgendwo anders. Nicht die Braut soll der Brautwerber fürchten, sondern sich selbst, seinen Leichtsinn, seine Blindheit beim Lieben, also seine Verblendung. Aber eher *findet* ein Mensch die ganze Welt schlecht, als daß er das Falsche und Verderbliche in sich selber gewahrte. Das Entscheidende fürchtet der, der die Tücke der Welt zu fürchten gelernt hat, immer noch nicht.

Verstockte Furchtlosigkeit

An dieser Stelle ergibt sich die Frage: was weiß das Märchen von allem Gesagten? Ist es denkbar, daß es eine Furcht von der geschilderten Art im Auge hat und uns bewußt machen kann? Indem ich diesen Satz formuliere, hoffe ich, daß begreiflich ist, wie unverständig er klingt; denn das Märchen hat ja seine Bedeutung gerade darin, daß es mehr Wissen festhält als wir, daß es Weisheiten aufbewahrt, die eine veränderte Gesinnung nicht mehr verstand, die sie nach Kräften auszuräumen versuchte, die ihr aber, in den Rätselbildern des Märchens verborgen, entgingen und so überlebten. Viel Erinnerung wird, wenn auch verborgenerweise, im Märchen bewahrt. Ob diese Vermutung, oft bewährt, auch in diesem Fall richtig ist, will ich prüfen.

Auf den ersten Blick mag es scheinen, als sei keine Hoffnung, in unserem Märchen etwas von jener höheren Furcht, die wir kennenlernten, zu finden. Die Pointen sind allzu bescheiden. Etliche Fassungen enden, ohne daß das Fürchten überhaupt gelernt worden wäre.[5] Den meisten anderen genügt ein schnurriger Einfall, mit dem sie es für erworben erklären: Ein Eimer kalten Wassers wird über den Schläfer gegossen, oder jemand steckt ihm einen Aal, eine Maus, einen Kaulbarsch unter den Arm. Bei der Maus wird man sich natürlich sofort erinnern, daß sie das klassische Beispiel für Objekte einer übertriebenen und geräuschvollen Angstäußerung ist. Aber ob Helden sich nicht anders fürchten als Angsthasen, ist eine Frage, auf die ich nicht antworten muß.

In einer weiteren Fassung kommt die Hoffnung, das Fürchten zu lernen, ans Ziel, als aus einer verdeckten Schüssel, die man öffnet, ein Sperling herausfliegt; und den zuvor ganz unerschütterlichen Helden erschreckt das in einer Weise, daß ihn jeder einigermaßen nervenstarke Zehnjährige auslachen möchte. Solche Lösungen kann man nicht ernst nehmen, falls man sich selber ernst nehmen will. Hier haben Erzähler gewirkt, die zu der Furcht, die der Furchtlose lernen sollte, keinen Bezug hatten. Ich erwähne noch eine letzte Version. Der Held, der das Fürchten unbedingt lernen möchte, wird zu einem Gerät geführt, das er nicht kennt, und über das er sich wundert. Es ist aber eine Kanone, und als sie abgeschossen wird, ist das Fürchten gelernt, und der Mann geht – so wörtlich – »vergnügt nach Haus«[6], er ist rundum zufrieden.

Von solchen Fassungen ist wenig zu lernen, im Grund nur das eine, daß viele von jenen Erzählern, die das Märchen überliefert haben, sein Niveau nicht erreichten. Verheißungsvoller erscheinen andere Varianten. Der Held, den nichts zum Fürchten bringen konnte, erschrickt, »als ein Zweig auf die Saiten seiner Zymbel fällt«. Dieses Motiv erinnert an andere Fälle des ›Erschreckens vor scheinbar nichts‹, zum Beispiel an Homers Schilderung vom Streit zwischen Agamemnon und Achilleus. Achill will schon das Schwert gegen seinen Beleidiger ziehen, da erstarrt er mitten im Griff. Die Göttin Athena, die ihn warnen will, steht hinter ihm und zieht ihn am Haar: »ihm allein sichtbar, von den anderen sah sie keiner«.[7] Natürlich folgt Achill der göttlichen Weisung und steckt das Schwert in die Scheide zurück. Im Sinn einer solchen Erzählung kann jedes Ereignis als Wink wirken, wenn die Auffassungsgabe (oder das Gewissen) nur fein genug ist.

Ein anderer Märchenheld gerät in Schrecken, als man ihm einen Faden um den Hals bindet, der ihn »einen Blick in die Hölle tun läßt.« Auch dieser Vorgang ist, wie wir noch sehen werden, von großer Bedeutung. Jedoch beide Motive sind voraussetzungsvoll, sie erklären sich nicht aus sich selbst. Aber es bedürfte schon einer eindeutig klaren Symbolik, sonst bliebe der Sinn des Ganzen letztendlich doch strittig. Glücklicherweise gibt es einige Varianten unseres Märchens, die ihren Sinn so klar erkennen lassen, wie es wünschenswert ist. In mehreren Fassungen, von Rölleke aufgelistet, läßt der Held sich den Kopf abschlagen, weil eine Salbe zur Verfügung steht, mit deren Hilfe man ihn wieder aufsetzen kann. Bei Straparola wird daraus ein Spaß, sozusagen ein Zeitvertreib; der Held und ein gleichgesinnter Freund schlagen sich gegenseitig die Köpfe ab und setzen sie gleich wieder auf. Ein paarmal geht das gut, aber dann wird dem Helden, der sich vor nichts fürchten kann, der Kopf in der Schnelle verkehrt aufgesetzt, und nun wird er »wie wahnsinnig vor Grauen«.[8]

Zu dieser äußersten Aufwallung ist scheinbar kein Grund; er müßte sich den Kopf doch nur ein weiteresmal abschlagen und dann richtig wieder aufsetzen lassen. Demnach kann das Furchtbare, um das es hier geht, nur an anderer Stelle gesucht werden – in einer unerwarteten, tief erschrekkenden Wahrnehmung. Dabei wird es aber nicht, wie man vermutet hat, um die Kenntnisnahme des eigenen Rückens zu tun sein; dieser kann nichts ganz Erstaunliches, erst recht nichts Erschreckendes haben, zumal der Mensch schon in zartester Jugend begreift, daß er auch selber, wie alle anderen Leute, an denen er es reichlich beobachten kann, eine

Kehrseite hat. Das, was gesehen wird, muß den Rang einer absoluten Neuigkeit haben, und zwar einer höchst fatalen, objektiv furcht-baren. Und da steht uns allerdings ein uraltes und nie abhanden gekommenes Motiv zur Verfügung, das hier lückenlos greift.

An dieser Stelle muß ich an eine schon mehrfach mitgeteilte Voraussetzung meiner Deutungsmethode erinnern, die lautet, das Märchen habe für den Interpreten den Wert eines Rätsels. Rätsel sind bekanntlich später als ihre Lösung, zu der man sie ja sozusagen erst hinzuerfinden oder hinzudichten muß. Man hat eine Wahrheit, eine Tatsache, einen Gegenstand im Auge, gewöhnlich etwas ganz Schlichtes und jedem Bekanntes; aber das versteckt man so kunstvoll in eine Beschreibung, daß es, obwohl unverkennbar bezeichnet, nur schwer entdeckt werden kann. Freilich werden Märchen nicht ›gemacht‹ wie die gewöhnlichen Rätsel; doch auch sie sind als Rätselgeschichten entstanden – das heißt, ihre Lösung liegt vor, aus ihr ist das Märchen erwachsen. Darum muß vernünftigerweise nach ihr vor allem gesucht werden; und ich suche aus guter Erfahrung immer zuerst in der Welt der Fabeln, speziell bei Äsop, der mich nur selten im Stich läßt. Auch bei dem »Märchen von einem, der auszog, das Fürchten zu lernen« hat er geholfen. In mehreren Versionen gibt es einen Fabelstoff, der weithin bekannt ist; meinerseits bin ich sicher, ihm schon im Schulbuch begegnet zu sein. Die kürzere Fassung, aus dem lateinischen Phaedrus, heißt »Die zwei Ranzen«:

Zwei Ranzen packte Jupiter uns auf. Worin die eignen Fehler sind, den hängte er auf den Rücken, und den, der schwer von fremden Fehlern, vorn auf die Brust. So kommt's, daß wir die eigenen Gebrechen nicht gewahren; jedoch wenn andre fehlen, spielen wir den Richter.[9]

Wie man sieht, hat das Bild von Frau Welt, die vorn verlockend und schön, jedoch hinten abstoßend, gemein und Entsetzen erregend ist, in den Vorstellungen, die diese Fabel geschaffen haben, eine Art Vorgänger. Aber ich zitiere noch die andere, griechische Fassung, die etwas ausführlicher ist und eine ›Anwendung‹ hat. Sie beruft sich auf den Menschenschöpfer Prometheus und heißt »Die menschlichen Fehler«:

Nachdem Prometheus die Menschen geschaffen hatte, hängte er ihnen zwei Rucksäcke um, einen mit fremden Fehlern, den andern mit eignen.

Vorn plazierte er den mit den fremden, den zweiten hängte er nach hinten. So kommt es, daß die Menschen anderleuts Fehler schon aus der Ferne erspähen, die eigenen dagegen nicht einsehen.

Und als Moral wird hinzugefügt:
diese Geschichte läßt sich auf Menschen anwenden, die, blind für ihre eigenen Angelegenheiten, sich in Dinge einmischen, die sie nicht angehen[10].

Tatsächlich ist die Fabel immer in diesem Sinne benutzt worden, und trotz der Schlichtheit ihres Inhalts hat sie weit und langhin gewirkt. Noch der spätantike Philosoph Themistios (4. Jh. n. Chr.!) fand es nicht überflüssig, sie nochmals nachzuerzählen[11]. Dabei konnte er sich auf eine Autorität stützen, die den Inhalt der Fabel schon siebenhundert Jahre vorher klargestellt hatte. In Platons »Phaidros« (229 ef) führt Sokrates aus, ein Mensch, der den Wunsch habe, sich selbst zu erkennen, müsse damit rechnen, eine bestürzende Entdeckung zu machen. Und nun benutzt er, mit ironischer Übertreibung, folgendes Bild. Vielleicht sei das Wesen, auf das er stoßen werde, schrecklicher als Typhon, welcher das grauenhafteste Ungeheuer der klassischen Mythologie war: ein Drache nämlich von Weltengröße, der die Sterne berührte und beim Kampf nicht mit Felsbrocken warf, sondern mit Bergen. Sokrates will sagen: Herakles hat die Tochter des Typhon, die Hydra, getötet, die zwar schrecklich genug, aber im Verhältnis zu ihrem Vater geradezu schwächlich, ein zartes Töchterchen war. Jedoch wenn ihn angesichts des Typhon keine Furcht überkäme, wäre er kein Held, sondern dumm.

Ein drastischer Vergleich im Horizont unseres Märchens möge an dieser Stelle erlaubt sein. Eine Maus im Bett anzutreffen, ist über die Maßen ekelerregend; nur Helden wird es gelingen, in diesem Fall keinen Schrei auszustoßen. Aber einen Typhon, und zwar in sich selbst, im Herzen, sitzen zu haben, das geht auch für Helden zu weit, jedenfalls sofern sie nicht blind genug sind, um so grobe und fürchterliche Tatsachen einfach nicht zur Kenntnis zu nehmen.

Wir dürfen den Vergleich mit Typhon für übertrieben erklären; trotzdem ist er grundsätzlich wichtig. Überhaupt haben alle Vergleiche, die unser Thema betreffen, etwas scheinbar stark Übertreibendes an sich, und doch sind sie nicht zu entbehren. Warum das so ist, muß hier nicht ausgeführt werden. Ich nenne jetzt nur den berühmtesten Vergleich, der in diese Reihe gehört, das Gleichnis vom Splitter im fremden und vom Balken im eigenen Auge. Wer Phantasie genug hat, um sich vorzustellen, was es wörtlich behauptet, der wird begreifen, daß die scheinbar groteske Übertreibung notwendig ist, um dem Menschen klarzumachen, wie eklatant das Mißverhältnis ist zwischen fremden Fehlern, die er bemerkt, und eigenen, die er sich listig weigert, zur Kenntnis zu nehmen. Wenn die Bibel nicht leichtsinnig spricht, wenn sie nicht wild übertreibt, dann ist sie offensichtlich der Überzeugung, daß einen Balken im Kopf zu haben, etwas Tödliches ist. Das Gleichnis Jesu will dem Menschen, diesem konstitutiv furchtlosen Wesen, dazu verhelfen, endlich die rettende Furcht zu empfinden: die vor sich selbst.

Um die Gewöhnlichkeit und sogar Urtümlichkeit des Gedankens zu bezeugen, daß der Mensch zur Selbsterkenntnis aus guten Gründen ganz unwillig ist, muß ich noch ein paar Belege beibringen. Aus einer, im übrigen nicht erhaltenen, attischen Komödie ist ein Vers überliefert, der den Rang eines Sprichworts besaß und in Streitfällen polemisch zitiert werden konnte: Was siehst du nur bei fremden Fehlern scharf, boshafter Mensch, und übersiehst die eignen?[12]

Dieses Übersehen, griech *parablépo, parablōps,* heißt u.a. schielen. Man schielt sozusagen an den eigenen Fehlern vorbei, um sich für fremde besser interessieren zu können. Das heißt, der Mensch wird erst gesund, wenn er aufhört zu schielen. Und das will ausdrücklich gelernt sein; wer es nicht tut, bleibt, wie die Weisheit der deutschen Sprache uns sagen läßt, lebenslang ein Scheelsüchtiger. Weil er mit krummen Blicken und krummen Gedanken ins Leben schaut, fürchtet er nicht, was die Furcht am meisten verdiente: das Böse im eigenen Herzen, sondern statt dessen erkennt er nur immer die Bosheit der andern – oder noch schlimmer: mit Hilfe des Augenverdrehens schielt er das eigene Böse von sich weg und auf andere zu, das heißt, er macht sich dessen schuldig, was die Psychologie Projektion nennt.

Es gibt auch eine antike Märchengestalt, von der so etwas erzählt wurde – die Lamia. Kerenyi hielt die Geschichten, die von der Lamia umgingen, für Ammenmärchen[13]. Aber leider kennen wir keines dieser Märchen vollständig. In einem von ihnen wurde erzählt, daß die Lamia daheim blind war, sie hob nämlich ihre Augen in einem Kästchen auf und bediente sich ihrer nur, wenn sie ausging. Plutarch erklärt uns dieses Bruchstück einer Geschichte folgendermaßen:

So übelwollend (wie die Lamia) ist auch jeder von uns und setzt außer Haus und gegenüber andern pedantiche Sorgfalt wie ein Auge ein; aber die eigenen Fehler und Schlechtigkeiten bringen uns durch Unwissenheit ins Unglück, weil wir uns weder ihren Anblick gewähren noch Licht hinzutragen.[14]

Überschauen wir die Reihe dieser Belege, so ist unverkennbar, daß die Einsicht, der Mensch brauche Furcht vor sich selber, schon in der Antike ganz allgemein war und den Boden gab für unsere Kultur und unser moralisches Denken. Von hier aus fällt ein neues Licht auf unser Märchen; das Befremdliche, das es hatte, löst sich auf, und wir sehen, es gründet auf einer wohlbekannten Erscheinung. Ein ganz und gar furchtloser Mensch ist stark in Gefahr, mit allem zu spielen; er treibt ›mit dem Entsetzen Scherz‹. Diejenige Furcht, die er überaus nötig hätte, nämlich die Ehr-furcht, kommt in seinem Denken nicht auf. Doch während er sich auf seine rohe Weise belustigt, wird er unvermutet auf eine Erkenntnis gestoßen, die ihn geradezu umwirft und ihm eine Erfahrung verschafft, die absolut neu ist, aber unumstößlich sein wird, und die ihn völlig verwandelt.

Ein Mensch, der weder Löwen noch Drachen fürchtet, ist zu bewundern. Aber seine Gefahr ist die Frivolität. Ja, mehr noch: der von Grund auf Furchtlose scheint geradezu verdammt, ein Rohling oder gar ein Unhold, ein Untier zu werden – etwa in der Art, wie Hebbel in seiner »Judith« den Holofernes dargestellt hat. Daß manche großgeartete Menschen Abgründe in sich tragen, ist sehr zu vermuten. Wenn man ihnen einen Faden um den Hals binden könnte, so daß sie Augen für ihre innere Hölle bekämen, wäre das gut. Aber ob es diesen Faden gibt oder nicht: auf jeden Fall wissen wir von gewissen historischen Persönlichkeiten, daß ihnen die Furcht in einem beklemmenden – sage ich ruhig: furcht-baren Maße gefehlt hat. Die Beherrschung der Furcht oder gar ihre Überwindung, die allen anderen aufgegeben ist, brauchen sie nicht zu lernen. Aber zu lernen haben auch sie. Es fragt sich nur: was? Wohin muß ein Mensch, der die Furcht nicht kennt, sich entwickeln? Er soll ja keineswegs die Tapferkeit einbüßen. Sofern seine Furchtlosigkeit in Feigheit und Furchtsamkeit umschlüge, hätte er sein Bestes verloren; denn daß der Held lernen sollte, sich vor Mäusen oder kleinen Fischen zu fürchten, kann im Ernst nicht die Aufgabe sein. Aber falls er zu seiner nach wie vor intakten Furchtlosigkeit die Furchtsamkeit hinzugewänne, könnte er in das Volle jener Vollkommenheit kommen, auf die hin sein Wesen angelegt ist. Nur wenn er dem Dämonischen in sich selber begegnet, wenn er sich den Finsternissen seines Wesens zuwendet, kann er jenes Gleichgewicht finden, welches die Tollkühnheit – Toll-Kühnheit: schon dem Wort nach eine Art Irrsinn – heilt und einen gefährlichen Abenteurer zum wahren Helden veredelt.

Die Lehre des Aristoteles lautet, Tugend sei die Mitte zwischen zwei falschen Einseitigkeiten. Zum Beispiel Tapferkeit sei das Mittlere zwischen Feigheit und Tollkühnheit – oder anders gesagt: zwischen der Unfähigkeit, Furcht zu überwinden, und der Unfähigkeit, Furcht zu empfinden. Um zur Tapferkeit zu gelangen, gibt es demnach zwei Wege. Der geborene Feigling kann zu dieser Tugend nur durch den Kampf mit seiner kreatürlichen Furcht kommen, und hier müssen wir sagen, daß dieser Kampf nicht unterschätzt werden darf; denn diese Furcht ist selber eine Art Untier – ich vermute, von der Größe eines mittleren Drachens. Trotzdem kann ihm der Kampf nicht erspart werden; anderenfalls bleibt er ein Feigling. Dagegen der Tollkühne, Leichtsinnige, der Bedenken nicht kennt! Er kann nur dadurch zu einem Tapferen werden, daß er die Furcht lernt – nämlich die Furcht vor sich selbst, eine Einstellung, die den Kern der Sittlichkeit ausmacht. Denn vergessen wir nicht: Tapferkeit im Vollsinn des Worts galt immer als Tugend – sogar als die zweite der vier Kardinaltugenden, und zwar gleich hinter der ersten, der Weisheit, von der die Rede schon war.

Werfen wir abschließend einen letzten Blick auf unser Märchen, so zeigt sich, daß sein Humor viel tiefer ist, als er anfangs erschien. Die Suchwanderung nach dem Fürchten hatte alle Züge der Komik. Aber erst jetzt enthüllt sich der wahre Witz. Er liegt darin, daß unser Märchen die zwei Arten des Fürchtens behandelt, als gäbe es nur eine; daß es sie absichtsvoll miteinander verwechselt; daß es scherzhaft durcheinanderwirrt, was getrennt gesehen sein müßte. In dieser Hinsicht hat es besten Rätselcharakter: es will uns verwirren, aber nicht um uns zu täuschen, sondern um uns zu wecken, und zwar für eine Frage, die wir gemeinhin versäumen, die aber von größter Wichtigkeit ist. »Zwei Haltungen«, sagt Platon, »müssen in unseren Seelen gepflegt werden: einerseits, daß wir so furchtlos wie möglich werden, andererseits aber so furchtsam wie möglich«.[15]

Eine Verdeutlichung dieses Gedankens gibt er in einem seiner Unterweltsmärchen.[16] Dort heißt es, beim Totengericht werde den Gerechten, die für den Weg nach oben bestimmt sind, ein Zeichen vorn auf die Brust geheftet, vergleichbar vielleicht dem Orden, den ein König verleiht. Die Ungerechten dagegen, die in den Tartaros müssen, erhalten kein Zeichen; von ihnen wird vielmehr gesagt, sie trügen es schon, und zwar auf dem Rücken. Diese Bemerkung ist im Kontext unseres Märchens unmißverständlich; sie enthält die Mitteilung, daß die Bösen ihre Schuld nicht sehen, nicht einsehen können und darum die Gerechtigkeit des Urteils, das ihnen gesprochen wird, niemals begreifen. Murrend und fluchend werden sie ihre Strafe empfangen. Furchtsam zu werden, bedeutet also in diesem Sinne: beizeiten sehend zu werden für den dämonischen Kern in uns selbst, über den in seinem Beitrag Walter Scherf so eindrucksvoll spricht. Ich sage: beizeiten; denn später gelingt es nicht mehr. Die Antike wußte auch einen Rat, wie man sich um dieses Sehendwerden bemühen solle, und die Überlieferung führte auch ihn auf Platon zurück. Er lautete, wenn man einen bösen Menschen sehe, solle man sich immer fragen: »Bin ich selber etwa auch so einer?«[17]

Dies, glaube ich, ist auch die Lehre unseres Märchens. Es handelt nicht von der Furcht vor dem Ehebett und dem Geschlechts-*kitzel*, wie gewisse Psychoanalytiker meinen. Im Gegenteil! Lynn Snook hat, im Zusammenhang mit Richard Wagners »Siegfried«, überzeugend dargetan, worum es in Wirklichkeit geht, und in welch größerem Rahmen hier die geschlechtliche Zuwendung steht: »Das Rückwärtsschauen, das in mythischer Auffassung den Kontakt mit den jenseitigen Mächten ermöglicht, widerstrebt Siegfrieds Wesen... Nur einmal, als der ›Wanderer‹ ihn von hinten anspricht, wendet er sich um und findet darum den Weg zum Felsen und zu seinem Heil in dieser ihm entgegengesetzten Richtung.« Aber dann trifft er auf die schlafende Frau. Dabei überkommt ihn zwar eine natürliche Scheu vor der »wunderbar fremden, geheimnisvollen Mächtigkeit«, der er hier erstmals begegnet, doch das dauert nur kurz. *Allzu schnell vergeht dieser fromme Schauder. Nachdem Brünnhilde erwacht ist und ihre Liebe seinen Mutwillen von neuem entzündet, vergißt er das kaum erlernte Fürchten wieder. Vergeblich bittet sie ihn, ihre Herkunft aus heiliger Ewigkeit zu beachten. Seine Anwandlung von Furcht ist längst in ein wildes Begehren umgeschlagen, das Brünnhilde mitreißt in die Begeisterung für ein heldisches Dasein, das Verderben und Tod übermütig lachend entgegennimmt.*[18]

Wir sehen, mit dem Hinweis auf eine ›Furcht vor dem Ehebett‹ wird die Furcht, um die es sich in Wirklichkeit handelt, in schwer erträglicher und jedem Erkenntnisbemühen, das diesen Namen verdient, zuwiderlaufender Weise verballhornt. Furcht vor der Geschlechtlichkeit kommt als Erklärung nur so weit in Frage, als der Mangel an Scheu (oder Ehr-furcht) vor der dämonisch-numinosen Kraft des Geschlechts – die Leichtfertigkeit der Meinung, Lust erschöpfe sich im Spiel und sei mehr oder weniger kostenlos – Folgen zeitigt, die in der Tat ›fürchterlich‹ sind; dann kommt es am Ende so weit, daß man Abgründe für Sprunggruben hält und scherzend hineinspringt. Solange gewisse Seelentherapeuten nicht zur Kenntnis nehmen, daß es außer der neurotischen Geschlechtsfurcht noch jene ›heilige Scheu‹ – die altgriechische ›Göttin Aidōs‹ – gibt, ist nicht mit ihnen zu reden.

Unrichtig ist aber genauso die Deutung, die Furcht, von der unser Märchen handelt, sei Furcht vor dem Tod. Auch diese Vermutung scheint mir durch den Text von Lynn Snook widerlegt. Im Gegenteil, es geht hier nicht um eine Furcht, die banal ist, die Krethi mit Plethi verbindet, sondern gerade um eine, die allzu wenige kennen, die wirklich ›gelernt‹ werden muß – nämlich um die Furcht, sich über sich selber zu täuschen, sich selbst für besser oder größer oder auch stärker zu halten, als recht ist. Darüber hat Platon unvergängliche Worte gesagt.[19] Auch die oben benutzte, von Rölleke und anderen zitierte Märchenfassung bestätigt, daß es nicht der Tod ist, den der Held fürchtet, sondern – erstaunlicherweise – das Leben, nämlich ein Leben der Rück-sicht auf die verborgenen Hintergründe unseres Denkens und Handelns, auf den dämonischen Kern in uns selbst.

Von dieser Erkenntnis aus sind die letzten Folgerungen zum Verständnis unseres Märchens zu ziehen. Nur wenn wir begriffen haben, daß es die zwei Begriffe von Furcht, die unterschieden sein wollen, die hohe und die banale, absichtsvoll miteinander vermischt, können wir die scheinbare Konfusion der Erzählung entwirren. Aber dann kann es uns in einer entscheidenden Frage belehren. Gewiß hatten wir schon als Kinder, wenn man es uns erzählte, begriffen, daß sein Sinn nicht darin liegen könne, Helden zu Memmen werden zu lassen. Aber was wir damals nicht wissen konnten, was ein reifes Verstehen erfordert, war die Lehre des Märchens, daß der ausschließlich furchtlose Mann noch kein Held ist, sondern bestenfalls einer zu werden verspricht. Noch hat er das geschilderte Gleich-gewicht nicht. Der normale Mensch, der Furchtsame, hat es, wiewohl nur verkehrt: er fürchtet das nicht zu Fürchtende und fürchtet nicht, wovor er Furcht haben müßte. Dem Furchtlosen dagegen fehlt die Balance. Durch seinen Zustand wird er gedrängt, sie zu suchen, und was er sucht, kann nur das richtige, das gesollte, vernünftige Gleichgewicht sein: denn er fürchtet nicht, was die Furcht nicht verdient, und dabei soll es auch bleiben. Aber zusätzlich soll er fürchten lernen, wovor sich zu fürchten Tugend genannt werden kann. Und dieses schönste Gleichgewicht gewinnt er nicht anders als im Durchgang durch eine Art Tod, nämlich durch den Tod dessen, der er zuvor war. Aber auf diese Weise gelangt er, wie durch eine Pforte, zu einer ›Großen Verwandlung.‹[20]

1 Marc Aurel, *Selbstbetrachtungen,* Buch IV c. 48.
2 Diels–Kranz, *Fragmente der Vorsokratiker,* 31 B 118.
3 in: *Fabula,* Band XXI (1979), S. 193 ff. Vgl. auch Röllekes Artikel »Fürchten lernen« in: *Enzyklopädie des Märchens,* Band V (1987), Sp. 584 ff.
4 Ernst Tegethoff (Hg.), *Märchen, Schwänke und Fabeln* (= Bücher des Mittelalters), München 1925, S. 161 ff und Tafel 10.
5 Bolte–Polivka, *Anmerkungen zu den Kinder-u.Hausmärchen der Brüder Grimm,* Band I S. 22 ff zu KHM Nr. 4, sowie Bd. III, S. 537 f zu KHM Nr. 220 (»Aus dem Nachlasse der Brüder Grimm«).
6 ebd. I 27 f.
7 *Ilias* (Übers.v.W.Schadewaldt), I 188 ff.
8 a.a.O. – Schon bei Rölleke ist angedeutet, daß der umgedrehte Kopf mit dem Motiv von »Frau Welt« zu tun haben könnte.
9 Phaedrus, *Fabulae* (ed.L.Luc.Mueller) Buch IV, c.10.
10 Crusius, *Fabulae Aesopicae* Nr. 66; Chambry, *Esope* Nr. 303; Hausrath, *Corpus fabularum Aesopicarum* Nr. 229.
11 Hausrath, a.a.O. Band II, S. 152.
12 Plutarch, *Moralia* 515 D.
13 *Mythologie der Griechen* S. 43.
14 *Moralia* 516 A.
15 *Gesetze* 649 bc.
16 *Staat* 614 cd.
17 Plutarch, *Moralia* 463 E.
18 »Von einem, der auszog, das Fürchten zu lernen«, in: Programm der Osterfestspiele Salzburg 1969, S. 4.
19 Philebos 48 a ff. Zu dieser Stelle, die den Grundgedanken unseres Märchens enthält, hat Verf. schon vor vielen Jahren einen Kommentar vorgelegt: »Furcht und Mitleid bei Platon«, in. Zs.f.philos. Forschung, Band 28 (1974), S.499 ff.
20 Zur Kardinaltugend Tapferkeit vgl. Verf., »Einheit und Ganzheit der Kardinaltugenden«, in: Zs.f.Ganzheitsforschung (Wien) Bd. 34 (1990), S. 51–67.

ÜBERSICHT